MOLLY'S GAME
APUESTA MAESTRA

MOLLY'S GAME
APUESTA MAESTRA

La historia real de la mujer de 26 años detrás del juego de
póquer clandestino más exclusivo y peligroso del mundo

MOLLY BLOOM

El apasionante libro que ha inspirado
LA PELÍCULA DE AARON SORKIN

HarperCollins *Español*

Editora-en-Jefe: Graciela Lelli

ISBN: 978-1-41859-867-9

Impreso en Estados Unidos de América
18 19 20 21 LSC 7 6 5 4 3 2 1

Este libro está dedicado a mi madre, Charlene Bloom, que me dio la vida no solo una vez, sino dos. Sin tu amor feroz y tu apoyo inquebrantable, nada de esto habría sido posible.

ÍNDICE

NOTA DE LA AUTORA

Los acontecimientos y experiencias que se presentan en estas páginas son todos reales. En algunos lugares, he cambiado los nombres, identidades y otros datos de las personas implicadas con el fin de proteger su privacidad e integridad, y especialmente para respetar su derecho a contar o no sus propias historias si así lo desean. Las conversaciones que recreo proceden de mis nítidos recuerdos, aunque no las he escrito para que representen transcripciones literales. Por el contrario, las he contado de una manera que evoca el verdadero sentimiento y significado de lo que se dijo, de acuerdo con la verdadera esencia, el estado de ánimo y el espíritu de aquellos intercambios.

PRÓLOGO

Estoy en el pasillo. Es muy temprano, tal vez sean las cinco de la mañana. Llevo un camisón transparente de encaje blanco. La fluorescencia de las luces largas me ciega.

—MANOS ARRIBA —grita la voz de un hombre. Suena agresiva aunque sin emoción… Levanto temblando las manos y mis ojos se van ajustando lentamente a la luz.

Estoy frente a un muro de agentes federales de uniforme que se amontonan hasta donde me alcanza la vista. Llevan armas de asalto; me apuntan con metralletas, armas que solo he visto en las películas.

—Camina hacia nosotros, lentamente —me ordena la voz.

En el tono hay desapego, falta de humanidad. Me doy cuenta de que creen que soy una amenaza, que soy ese criminal que capturar para el que los han entrenado.

—¡MÁS DESPACIO! —advierte la voz de forma amenazadora.

Camino con piernas temblorosas, poniendo un pie delante del otro. Es el camino más largo de mi vida.

—PERMANEZCA QUIETA POR COMPLETO, NO HAGA NINGÚN MOVIMIENTO REPENTINO —advierte otra voz profunda.

El miedo se apodera de mi cuerpo y me cuesta respirar; el oscuro pasillo comienza a parecerme borroso. Me preocupa que pueda desmayarme. Me imagino el salto de cama blanco cubierto de sangre, y me obligo a mantenerme consciente.

Finalmente llego al frente de la fila, siento que alguien me agarra y me empuja contra un muro de cemento. Siento manos que me cachean, que me recorren todo el cuerpo; y luego unas esposas de frío acero que me rodean firmemente las muñecas.

—Tengo una perra, se llama Lucy, por favor no le hagan daño —suplico.

Después de que parezca que ha pasado una eternidad, una agente grita:

—¡DESPEJADO!

El hombre que me tiene agarrada me lleva hasta el sofá. Lucy se me acerca y me lame las piernas.

Me mata verla tan asustada e intento no llorar.

—Señor —le digo temblorosa al hombre que me ha esposado—, ¿me puede decir por favor qué está pasando? Creo que debe de haber algún error.

—Eres Molly Bloom, ¿verdad?

Asiento.

—Entonces no hay ningún error.

Coloca frente a mí un trozo de papel. Me inclino hacia delante, con las manos aún esposadas a la espalda. No puedo pasar del primer renglón, que dice con letras en negrita:

Los Estados Unidos de América contra Molly Bloom

PRIMERA PARTE

LA SUERTE DEL PRINCIPIANTE

Suerte del principiante (sustantivo)

El supuesto fenómeno de un principiante en el póquer que experimenta una frecuencia desproporcionada de éxito.

1

Durante las primeras dos décadas de mi vida viví en Colorado, en un pueblo llamado Loveland, a setenta y cuatro kilómetros al norte de Denver.

Mi padre era guapo, carismático y complicado. Trabajaba como psicólogo y era profesor de la Universidad Estatal de Colorado. La educación de sus hijos era de suma importancia para él. Si mis hermanos y yo no traíamos a casa sobresalientes y notables, entonces teníamos un gran problema. Dicho esto, siempre nos animó a perseguir nuestros sueños.

En casa era cariñoso, juguetón y tierno, pero cuando se trataba de nuestro rendimiento en el colegio y en atletismo, nos exigía excelencia. Estaba lleno de una ardiente pasión que a veces llegaba a ser tan intensa que resultaba casi aterradora.

Nada era «ocioso» en nuestra familia; todo servía de lección para sobrepasar los límites y superarnos todo lo que pudiéramos. Recuerdo que un verano mi padre nos despertó temprano para dar un paseo familiar en bicicleta. El «paseo» terminó con una subida vertical agotadora de casi un kilómetro a una altitud que rondaba los 3,4 kilómetros. Mi hermano menor, Jeremy, debía de tener unos seis años y montaba en bicicleta sin marchas. Todavía puedo verlo pedaleando y sacando todas las fuerzas de ese corazoncito para no quedarse atrás, y a mi padre gritándonos y chillando como una *banshee*, tanto a él como a nosotros, para que pedaleáramos más rápido y empujáramos más fuerte, sin que se permitiera una sola queja. Muchos años después le pregunté de dónde procedía su fervor. Hizo una pausa; tenía tres chicos ya mayores que habían superado con mucho cualquier expectativa con la que pudiera haber soñado. En este momento ya era más viejo, menos fiero y más introspectivo.

—Es una de dos —me dijo—. En mi vida y en mi carrera, he visto lo que el mundo le puede hacer a la gente, especialmente a las chicas. Quería asegurarme de que mis chicos tuvieran la mejor de las oportunidades... —Volvió a hacer una pausa—. O bien os veía simplemente como extensiones de mí mismo.

Desde el otro extremo, mi madre nos enseñó a ser compasivos. Creía en la amabilidad para todos los seres vivos y nos guio con su ejemplo. Mi hermosa madre es la persona más dulce y cariñosa que he conocido. Es lista y competente, y en lugar de empujarnos a que conquistáramos y ganásemos, nos animaba a soñar; y se encargó de alimentar y facilitar esos sueños. Cuando era muy joven, me encantaban los disfraces, así que, como es natural, Halloween era mi día festivo favorito. Lo esperaba con ansia cada año, imaginándome quién o qué sería esa vez. En mi quinto Halloween no era capaz de elegir entre pato y hada. Le dije a mi madre que quería ser un hada pato. A mi madre se le puso cara de circunstancias.

—Bueno, pues hada pato serás.

Se quedó despierta toda la noche haciéndome el disfraz. Yo, por supuesto, tenía un aspecto ridículo, pero su apoyo de la individualidad sin prejuicio alguno nos inspiró a mis hermanos y a mí a no vivir encorsetados y a forjar nuestros propios caminos. Arreglaba coches, cortaba el césped, se inventaba juegos educativos, creaba búsquedas del tesoro, asistía a todas las juntas del AMPA y, con todo, se aseguraba de estar siempre guapa y tener una copa en la mano para cuando mi padre llegara a casa del trabajo.

Mis padres utilizaban sus respectivas virtudes para educarnos: la combinación de sus energías femeninas y masculinas fue lo que nos guio a mis hermanos y a mí. Nos moldeó su polaridad.

Mi familia iba a esquiar cada fin de semana cuando yo era niña. Nos apretujábamos en el Wagoner y nos hacíamos dos horas en coche hasta nuestro apartamento de una habitación en Keystone. No importaba qué condiciones tuviéramos: ventiscas, dolores de estómago, dieciséis grados bajo cero... siempre fuimos los primeros en la montaña. Jordan y yo teníamos talento, pero mi hermano Jeremy era un prodigio. Pronto todos llamamos la atención del entrenador del equipo local de la modalidad de esquí acrobático y empezamos a entrenar, e incluso a competir enseguida.

Durante los veranos, pasábamos los días haciendo esquí acuático, ciclismo, carreras, senderismo. Mis hermanos jugaban al fútbol, al béisbol y al baloncesto en categoría infantil. Yo comencé a competir en gimnasia y a correr carreras de cinco mil. Siempre estábamos en movimiento, siempre entrenando para llegar más rápido, ser más fuertes, lograr mayor esfuerzo. No nos molestaba nada. Era lo que conocíamos.

Con doce, estaba corriendo un cinco mil cuando sentí un dolor incandescente entre los omóplatos. Después de una primera, segunda y tercera opinión unánime, me programaron una cirugía espinal de emergencia. Tuve una rápida aparición de escoliosis. Mis padres estuvieron esperando con muchos nervios las siete horas que duró la cirugía; los doctores me abrieron desde el cuello hasta el coxis y me enderezaron cuidadosamente la espina dorsal (que parecía una «S» y tenía una curvatura de sesenta y tres grados). Me extrajeron un hueso de la cadera, me fusionaron las once vértebras curvas y me fijaron varillas metálicas al segmento fundido. Después, el médico me informó con amabilidad, aunque con firmeza, de que mi carrera en las competiciones deportivas había terminado. Soltó monótonamente una lista de todas las actividades que no podía hacer y cómo poder llevar una vida satisfactoria y normal, pero yo ya había dejado de escuchar.

Dejar de esquiar simplemente no era una opción. Era algo con demasiado arraigo entre las tradiciones de mi familia. Pasé un año recuperándome. Tuve que pasar la mayor parte del día en la cama y recibir la educación en casa. Veía ansiosamente cómo, cada fin de semana, mi familia se iba sin mí, y me quedaba sentada en la cama mientras ellos volaban ladera abajo o salían al lago. Sentía vergüenza de mis aparatos de sujeción y de mis limitaciones físicas. Me sentía una extraña. Me volví aún más decidida a no dejar que la cirugía afectara a mi vida. Ansiaba volver a sentirme parte de mi familia; sentir orgullo y escuchar las alabanzas de mi padre, en lugar de la compasión. Cada día que pasaba sola no hacía sino aumentar mi determinación a no dejar mi vida al margen. En cuanto las radiografías demostraron que mis vértebras se habían fusionado con éxito ya estaba de vuelta en la montaña, esquiando con una determinación feroz, y en mitad de la temporada ya ganaba en la categoría correspondiente a mi edad. Para entonces, Jeremy, mi hermano menor, se había apoderado del mundo del esquí de estilo libre. Tenía diez años y ya dominaba el deporte. También era excepcional en la pista y en el campo de fútbol. Sus entrenadores le dijeron a mi padre que nunca habían visto a nadie con tanto talento como Jeremy. Era nuestro chico de oro.

Mi hermano Jordan también era un atleta con talento, aunque su mayor atributo era su mente. Le encantaba aprender. Le apasionaba desmontar cosas y figurarse cómo volver a montarlas. No quería dormirse escuchando historias imaginarias; quería oír historias sobre personas reales de la historia.

Cada noche, mi madre le tenía preparada una nueva sobre grandes líderes mundiales o científicos visionarios, e investigaba los hechos para entrelazarlos y crear relatos con los que atrapar su atención.

Desde muy joven, Jordan sabía que quería ser cirujano. Recuerdo su peluche favorito, Sir Dog. Sir Dog fue el primer paciente de Jordan y se sometió a tantas operaciones que comenzó a parecerse a Frankenstein. Mi padre estaba encantado con su brillante hijo y su ambición.

Los talentos y ambiciones de mis hermanos se presentaron temprano y vi que esos dones les propiciaban los elogios que yo quería desesperadamente. Me encantaba leer y escribir, y cuando era joven vivía la mitad de mi vida entre libros, películas y mi imaginación. En Primaria no quería jugar con otros niños; era tímida y sensible y me sentía intimidada por ellos, así que mi madre habló con la bibliotecaria del colegio. Tina Sekavic me permitía pasar el rato en la biblioteca, por lo que los siguientes años estuve leyendo biografías sobre mujeres que habían cambiado el mundo como Cleopatra, Juana de Arco y la reina Isabel, entre otras. (Fue mi madre la que lo sugirió en un principio, pero a mí me fascinó rápidamente). Me conmovían la valentía y determinación de estas mujeres, y decidí justo allí y entonces que no quería conformarme con una vida normal. Ansiaba la aventura; quería dejar mi propia huella.

Cuando mis hermanos y yo llegamos a la adolescencia, la destreza académica de Jordan continuó superando a sus compañeros. Tenía dos años menos que yo cuando aprobó las clases de Ciencia y Matemáticas de su curso y lo colocaron en el mío. Jeremy batió los récords en pista, llevó al equipo de fútbol al campeonato estatal y era un héroe local. Mis notas eran altas, y yo era buena atleta, a veces genial, pero aun así, no había desenterrado ningún talento tan impresionante como los de mis hermanos. Los sentimientos de insuficiencia aumentaron y me llevaron casi obsesivamente a demostrar de algún modo mi valor.

A medida que crecíamos, veía a mi padre invertir cada vez más en los objetivos y sueños de mis hermanos. Me cansé de quedarme siempre fuera, yo también quería atención y aprobación. La cuestión residía en que yo era una soñadora y las heroínas de mis libros eran las que me inspiraban. Tenía grandes ambiciones que estaban muy lejos del pragmatismo de mi padre. Aunque aún ansiaba desesperadamente su aprobación.

—Jeremy va a ser olímpico y Jordan será médico. ¿Qué debería ser yo, papá? —le pregunté a horas tempranas de la mañana mientras subíamos en telesilla.

—Bueno, a ti te gusta leer y discutir —respondió, con lo que parecía un cumplido espinoso.

Para ser justos, yo era esa molesta adolescente que cuestionaba cada opinión o decisión que tomaran mis padres.

—Deberías ser abogada.

Y así se decretó.

Fui a la universidad, estudié Ciencias Políticas y seguí compitiendo en esquí. En un esfuerzo por tener un perfil completo me inicié en una hermandad de mujeres, pero cuando los requisitos sociales obligatorios de la organización se interpusieron en mis objetivos reales, renuncié. Tuve que trabajar mucho para conseguir las calificaciones que obtuve, e incluso más para superar mis limitaciones físicas en el esquí. Estaba obsesionada con el éxito, me impulsaba una ambición innata, pero más que esta última primaba la necesidad de alabanza y reconocimiento.

El año en que estuve en el equipo nacional de esquí de Estados Unidos, mi padre se sentó a hablar conmigo.

—¿No deberías centrarte en los estudios, Molly? Lo que quiero decir es que no sé hasta dónde quieres llegar con este asunto. Has superado con creces las expectativas que cualquiera pudiera tener de ti.

Aunque nunca me lo dijeron, prácticamente todo el mundo había dejado de tomarse en serio mi carrera de esquí después de la cirugía de espalda.

Estaba devastada. En lugar de aquellas imágenes que tenía de mi padre, en las que me miraba con la misma sonrisa orgullosa que le había ofrecido a Jeremy el año anterior cuando había formado parte de la selección nacional, a mí me estaba tratando de convencer para que lo dejara.

El dolor no hizo sino alimentar aún más mi determinación. Si nadie más creía en mí, sería yo la que creyese en mí misma.

Ese año Jeremy terminó tercero en el país y, para sorpresa de mi familia, también yo. Recuerdo estar en el podio con la cabeza bien alta, la medalla en el cuello y el pelo largo recogido en una cola de caballo.

Cuando llegué a casa aquella noche ignoré el dolor de la espalda y el cuello. Estaba cansada de vivir con dolor y de fingir que no existía. Estaba agotada después de tantos intentos para estar a la par con mi hermano superestrella y en especial me fastidiaba sentir que tenía que probarme constantemente. Aun así, había formado parte del equipo de esquí de Estados Unidos y había quedado tercera en la clasificación general. Me sentía satisfecha. Era el momento de pasar a otra cosa… esta vez con mis propios términos.

Abandoné el esquí. Realmente no quería estar por allí cuando llegaran las repercusiones de aquella decisión, aunque sospechaba que a pesar de mi tercer puesto, mi padre seguiría sintiéndose aliviado. Para marcharme de allí, me inscribí en un programa de estudios en el extranjero para viajar a Grecia. Instantáneamente me enamoré de la falta de familiaridad y de la incertidumbre de estar en un lugar extranjero. Todo era un descubrimiento, un enigma que resolver. De repente mi mundo se había ensanchado más allá de las fronteras en las que solo buscaba la aprobación de mi padre. En algún lugar, alguien más estaba ganando una cinta azul en la modalidad de esquí acrobático para mujeres, o bordando un examen, pero, para ser sincera, no me importaba. Yo estaba especialmente enamorada de los gitanos griegos. Cuando pienso en ellos ahora, veo que no eran tan distintos de los jugadores: buscaban ángulos y aventuras, ignoraban las reglas y vivían una vida libre y sin restricciones. Hice amistad con algunos chicos gitanos en Creta. A los padres los habían detenido y enviado de regreso a Serbia, así que estaban solos. Los griegos son muy cautelosos con los extranjeros, algo comprensible en una nación que ha tenido una larga historia de ocupación. A los chicos les compré comida y también medicinas para el bebé. Podía mantener conversaciones en griego, y su dialecto gitano era lo suficientemente similar como para poder comunicarnos. El líder del clan gitano oyó hablar de lo que había hecho por los niños y me invitó a su campamento. Fue una experiencia increíble. Decidí hacer mi tesis de grado sobre el tratamiento legal de los nómadas. Me entristecía que estas personas no pudieran viajar libremente, como habían hecho durante cientos de años, y me parecía que no tenían defensores ni representantes. Su modo de vida era totalmente libre. Era muy diferente de la vida que había conocido. Les encantaba la música, la comida, el baile, enamorarse y, cuando un lugar perdía su frescura, se iban a otro. Este clan en particular estaba en contra del robo; se centraban, en cambio, en el arte y el comercio para ganarse la vida.

Cuando terminó mi programa en el extranjero me pasé tres meses viajando sola, alojándome en albergues, conociendo a gente interesante y explorando nuevos lugares. Regresé a Estados Unidos convertida en una chica distinta. Me seguían importando los estudios, pero ahora me importaban tanto como las experiencias y las aventuras que ofrecía la vida. Y entonces conocí a Chad.

Chad era guapo, locuaz y brillante; un negociante y un buscavidas. Me enseñó cosas sobre el vino, me invitó a restaurantes caros, me llevó a mi primera ópera y me regaló libros increíbles que leer.

Chad fue quien me llevó a California por primera vez. Nunca olvidaré el trayecto en coche a lo largo de la carretera de la costa del Pacífico. No podía creerme que ese lugar fuera real. Fuimos a Rodeo Drive, almorzamos en el hotel Beverly Hills. El tiempo parecía ralentizarse, como si Los Ángeles fuera un día perfecto sin fin. Miraba a aquella gente guapa... todos se mostraban tan contentos y felices.

Los Ángeles parecía casi un sueño que la realidad no controlaba. Había empezado a replantearme mi plan de vivir en Grecia y Los Ángeles reforzó mi idea. Quería tomarme un año para ser libre, sin planes, sin orden; solo para vivir. Desde que tenía memoria, el invierno (incluso en verano mi hermano y yo asistíamos al campamento de esquí en los glaciares de Columbia Británica) y los sueños de lo que pensaba que mi padre me tenía reservado habían sido mi principal objetivo. Ahora me llenaba de emoción la idea de un camino inexplorado. La facultad de Derecho podía esperar, era solo un año.

Chad lo intentó todo para que me quedara en Colorado, incluso regalarme una adorable perrita beagle. Pero ya lo había decidido. Valoraba lo que Chad me había dado, que eran las herramientas para crear una nueva vida, pero no estaba enamorada de él.

Me dejó quedarme con la perra. La llamé Lucy. Se comportaba tan mal que la echaron de todos los tipos de guardería y clases de adiestramiento para cachorros a los que la llevé. Pero era dulce e inteligente y me quería y me necesitaba. Era bueno sentirse necesaria.

No importa cuánto traté de explicarles mi decisión, mis padres se negaron a financiar aquel periodo impreciso de pausa en California. Había ahorrado unos dos mil dólares con un trabajo de niñera que había tenido durante el verano. Tenía un amigo en L. A. llamado Steve, que había estado conmigo en el equipo de esquí. Había aceptado a regañadientes que me quedara a dormir en su sofá durante un tiempo limitado:

—Tienes que tener algún plan —me sermoneó por teléfono un día mientras conducía hacia Los Ángeles—. L. A. no es como Colorado, aquí no te conoce nadie —me dijo, tratando de prepararme para la dura realidad de este lugar.

Pero cuando pongo mi mente en algo, ni nada ni nadie puede disuadirme; ha sido una fortaleza y, a veces, un enorme perjuicio.

—Ajá… —le dije mirando hacia el horizonte desierto, a mitad de camino a mi próxima aventura.

Lucy iba en el asiento del copiloto, durmiendo.

—¿Cuál es tu plan? ¿Tienes siquiera alguno? —me preguntó Steve.

—Claro, voy a conseguir un trabajo y dejaré tu sofá, y luego me haré cargo del mundo —dije en broma.

Suspiró.

—Conduce con cuidado —me dijo.

Steve siempre le había tenido aversión al riesgo.

Colgué y fijé la mirada en el camino que tenía por delante.

Era casi medianoche cuando la 405 comenzó a descender hacia Los Ángeles. Había tantas luces, y cada luz tenía una historia. Era tan diferente de aquellos tramos de oscuridad en Colorado. En L. A., la luz superaba a la oscuridad… las luces representaban todo un mundo a la espera de ser descubierto. Steve nos había preparado el sofá para Lucy y para mí y caímos redondas tras diecisiete horas de carretera. Me desperté temprano y el sol ya fluía por las ventanas. Llevé a Lucy a dar un paseo. L. A. olía divinamente, como el sol y las flores. Pero si quería quedarme, tenía que conseguir un empleo de inmediato. Tenía algo de experiencia como camarera y me pareció la mejor opción, pues podría ganar propinas enseguida, en lugar de tener que esperar a que me llegara un cheque semanal. Steve estaba levantado cuando regresé.

—Bienvenida a L. A. —me dijo.

—Gracias, Steve. ¿Dónde crees que es el mejor lugar para encontrar un trabajo de camarera?

—Beverly Hills es lo mejor, pero es muy difícil. Todas las chicas guapas, modelos o actrices en paro son camareras, no es como…

—Lo sé, Steve, sé que no es como en Colorado. —Sonreí—. ¿Cómo se llega a Beverly Hills?

Me dio indicaciones y me deseó suerte con la duda en los ojos.

Tenía razón, en la mayoría de los sitios en los que probé no buscaban a nadie. Una tras otra, las guapas encargadas me saludaban con frialdad, me miraban de arriba abajo con desdén y me decían altivas que ya contaban con todo el personal, y que podía rellenar una solicitud, pero que sería una pérdida de tiempo porque había muchas otras candidatas.

Estaba empezando a perder la esperanza cuando entré en el último restaurante de la calle.

—¡Hola! ¿Buscan personal? —pregunté con mi sonrisa más amplia, más brillante, más esperanzada.

En lugar de una de aquellas chicas delgadas, bien plantadas y malvadas, tenía frente a mí a un hombre de unos cuarenta años.

—¿Eres actriz? —preguntó con recelo.

—No.

—¿Modelo?

—No. —Me reí. Yo medía 1,64 en mi día más alto.

—¿Hay alguna razón por la que tuvieras que ir a un *casting*?

—Señor, ni siquiera sé qué significa eso.

Se le relajó la cara.

—Tengo un turno de desayuno. Tienes que estar aquí a las cinco de la mañana, y cuando te digo a las cinco, quiero decir las cuatro cuarenta y cinco.

Sonreí aún más para ocultar mi horror ante aquella hora impía.

—Sin problema —le dije con firmeza.

—Estás contratada —me dijo, y luego me habló del uniforme, que era una camisa de vestir blanca, planchada y fuertemente almidonada, una corbata y pantalones negros.

—No llegues tarde, no tolero la tardanza —me dijo, y se alejó rápidamente para reprender a algún pobre empleado.

Todavía era de noche cuando conduje hasta el restaurante. Le pedí prestada a Steve una corbata y una camisa, que me quedaba grande. Parecía un pingüino hinchado.

Mi nuevo jefe, Ed, ya estaba dentro, junto a otra camarera. Solo había un cliente. Me llevó por el restaurante para explicarme mis tareas y me informó con orgullo de que había trabajado allí durante quince años; y me dijo que, básicamente, en lo que a mí me concernía, él era el dueño del lugar. Era el único al que escuchaba el dueño, que era muy rico y muy importante, y si lo veía, nunca debía dirigirme a él a menos que Ed me hubiera dicho que lo hiciera. El propietario tenía muchos amigos ricos, importantes, conocidos como vips, y debíamos tratarlos como si fueran Dios.

Después de mi sesión de formación, Ed me mandó a servir las mesas.

—Vip —dijo Ed con dramatismo.

Subí los pulgares, tratando de esconder mi desprecio.

El cliente era un viejecito muy mono.

Caminé con una sonrisa resplandeciente.

—¡Hola! ¿Qué tal va por ahora la mañana?

Alzó la vista, entornando sus pálidos ojos acuosos.

—Mírate. ¿Eres nueva?

Sonreí.

—Sí. Es mi primer día.

Asintió.

—Eso me parecía, date la vuelta —me exigió, trazando un círculo en el aire con sus dedos huesudos.

Me volví y miré al frente del restaurante, tratando de ver qué quería que viera. No había nada que llamase la atención.

Volví a mirarlo, confundida.

Movía la cabeza en señal de aprobación.

—Me gustaría que fueras mi amiga especial —dijo—. Te pagaré tus gastos y a cambio tú puedes ayudarme.

Me guiñó un ojo.

Ahora estaba completamente confundida, y se me debió de ver en la cara.

—Soy diabético —comenzó—. Así que no puedo ni siquiera levantarla —continuó, para tranquilizarme—. Solo quiero afecto y atención.

Mi expresión pasó de la confusión al espanto. Dios mío, este viejo que podría haber sido mi abuelo me estaba haciendo una proposición. Estaba mortificada. Sentí cómo me corría la sangre hasta la cara. Quería echarle una bronca, pero me habían enseñado a respetar siempre a mis mayores. No estaba segura de cómo manejar la situación. Tenía que encontrar a Ed.

Murmuré algo y salí corriendo.

Me acerqué a Ed, con la cara ardiendo.

—Ed, sé que es un vip, pero es que él… Y le susurré al oído la proposición.

Ed me miró perplejo.

—¿Entonces cuál es el problema? Pensé que ya te había hablado de la política de los vips.

Lo miré con incredulidad.

—¿En serio? NO pienso volver allí. ¿Puede hacerse cargo de la mesa otra persona? —le pregunté.

—Molly, no llevas ni siquiera dos horas en tu turno y ya estás causando problemas. Deberías considerarte afortunada por haberle gustado a uno de los vips.

Sentí el pecho lleno de ira caliente.

Ed me miró con desdén.

—Esa oferta podría ser la mejor que recibas nunca en esta ciudad.

Salí corriendo de aquel restaurante lo más rápido que pude, pero me brotaban lágrimas a raudales. Me metí en un callejón y traté de recuperarme.

Aún con el uniforme, me fui hacia el coche.

Un brillante Mercedes plateado pasó a una velocidad alarmante y se metió en la acera, justo frente a mí; casi me lleva por delante.

«Perfecto. ¿Podría ser peor el día?». Un chico joven y guapo que llevaba un uniforme militar y una camiseta con un cráneo de diamantes de imitación salió del cupé dando un portazo y gritando por el móvil.

Dejó de gritar cuando pasé por delante de él.

—Oye, ¿eres camarera?

Me miré el uniforme.

—No. Sí. Bueno, quiero decir, yo... —No encontraba las palabras.

—O lo eres o no lo eres, no es una pregunta difícil —exigió impacientemente

—Bueno, sí —le dije.

—Quédate ahí —me ordenó.

—¡ANDREW! —gritó.

Un hombre con chaqueta de chef salió de un restaurante y se nos acercó.

—Mira, ya te he encontrado camarera, así que deja de lloriquear. ¡JODER! ¿Es que lo tengo que hacer yo todo?

—¿Tiene experiencia?

—¿Cómo diablos voy a saberlo? —le gritó al hombre.

Andrew suspiró y dijo:

—Ven conmigo.

Entramos en un restaurante, donde era todo energía frenética: trabajadores de la construcción perforando, golpeando, puliendo; el diseñador casi presa del pánico porque había pedido peonías de color rosa empolvado, y no rosa suave, unos camareros abasteciendo el bar y otros preparando las mesas.

—Esta noche hacemos el ensayo de inauguración —dijo Andrew—. Nos falta personal y ni siquiera han terminado las obras.

No se quejaba. Simplemente estaba agotado.

Lo seguí hasta un hermoso patio cubierto de parra, un oasis en medio del caos. Nos sentamos en un banco de madera, y comenzó a interrogarme.

—¿De qué conoces a Reardon? —me preguntó.

Asumí que Reardon era el hombre aterrador del Mercedes plateado.

—Um, casi me atropella con el coche —contesté.

Andrew rio agradecido.

—Suena bien, ¿cuánto tiempo llevas en L. A.? —me preguntó amablemente.

—Unas treinta y seis horas —dije.

—¿De dónde?

—Colorado.

—Algo me dice que no tienes mucha experiencia en hostelería de lujo.

—Mi madre era la profesora de la clase de buenos modales en mi colegio, y aprendo rápido —le ofrecí como respuesta.

Se rio.

—Está bien, Colorado, tengo la sensación de que me voy a arrepentir, pero te daremos una oportunidad.

—¿Cuál es su política de vip? —le pregunté.

—Esto es Beverly Hills. Todo el mundo es un puto vip —me dijo.

—Así que, hipotéticamente, si un anciano grosero y pervertido intenta ofrecerme dinero, ¿tengo que atenderle?

—Lo echaré a patadas en su culo de viejo.

Sonreí.

—¿Cuándo empiezo?

2

Desde fuera, Boulevard, el restaurante donde me acababan de contratar, parecía un lugar oscuro y misterioso. Cuando entré, vi a la camarilla joven de Hollywood sentada en otomanas de ante y banquetas de cuero. Me sentí como si estuviera colándome en una fiesta privada.

Llegué pensando que sería como los anteriores trabajos que había tenido. Recibiría una sesión de formación y luego empezaría, pero ese no era el tipo de lugar que dirigía Reardon Green: o te hundías o nadabas en su mundo. Toda la gente iba a toda prisa, nadie tenía un segundo para responder a una pregunta, y yo estaba constantemente en medio. Me detuve en el centro del torbellino y respiré hondo. Parecía que no me habían asignado ninguna mesa aún, así que comencé a dar vueltas por el restaurante para retirar platos y rellenar bebidas. Le puse un martini con un toque de limón a una mujer que reconocí de algún programa de televisión.

—Ah, de hecho, ¿puedes traerme el limón entero? —me preguntó.

Se volvió hacia sus comensales.

—Me gusta cortarlo yo misma, solo para asegurarme de que es realmente fresco. Los ves ahí en esos contenedores de plástico cubiertos de moscas.

Hizo como si le diera escalofríos y toda la mesa sintió el escalofrío con ella. Por supuesto, ahora todos querían aderezar sus propias bebidas. Me enviaron a buscar una naranja, un limón y una lima.

De camino a la cocina vi mesas llenas de celebridades y famosos, y traté de no mirar a la gente importante que había visto en revistas, pero nunca en persona. Al empujar las puertas de la cocina, el ruido del comedor se extinguió a mi espalda.

La cocina tenía su propio sonido, una sinfonía de órdenes y aceptaciones, el tintineo de los platos, el ruido de las pesadas ollas de hierro y el silbido de la carne que saltaba sobre la superficie de una sartén. Andrew les gritaba a los *sous-chefs* y metía prisa para que los platos salieran a las mesas. Atravesé todo aquello rápidamente y me dirigí a la cámara frigorífica, tratando de no molestar a nadie ni ponerme en medio. Con las prisas, me metí por el lugar equivocado y me encontré en un armario de suministros donde Cam, uno de los dueños, estaba echado sobre una montaña de toallas de papel con los pantalones por los tobillos. Detuve mis pasos en seco. Este era, con mucho, el momento más humillante de mi vida.

—Lo siento —susurré, aún con el paso congelado.

Me sonrió, afable y sin un ápice de vergüenza.

—¿Qué pasa? —dijo—. ¿Quieres salir en mi película?

Señaló hacia la cámara de seguridad que había en el techo y ensanchó su sonrisa infantil, levantando la mano para que se la chocara. La chica que estaba de rodillas frente a él se rio. No quería ofenderlo, así que me incliné sobre la chica y le choqué rápidamente la mano. Luego salí tan rápido como pude, con la cara ardiendo de vergüenza.

¿Qué es lo que había firmado?

Una semana después de empezar a trabajar en el restaurante, fui a una fiesta con Steve. Estaba allí de pie, escuchando a todos hablar de los pilotos que estaban rodando y de los guiones que estaban escribiendo, y sintiéndome como una extraña, cuando una chica guapa me agarró de la mano.

—¿A quién le importa? —me susurró al oído—. ¡Vamos a tomarnos un chupito!

Vestía de pies a cabeza con ropa de diseñadores, y llevaba un bolso que valía más que mi coche. La seguí hasta la cocina. Tres tequilas más tarde, era mi nueva mejor amiga.

Blair era una de esas chicas que viven de fiesta en fiesta, pero era realista y amable, y parecía no tener una sola preocupación en el mundo. Era la heredera de una fortuna procedente de la mantequilla de cacahuete, y su familia tenía casas por todo el mundo, incluyendo Beverly Hills, donde había pasado su infancia antes de que la enviaran a una escuela privada de lujo en Nueva York.

Entraron en la cocina un par de chicas jóvenes y Blair se encogió. Reconocí a una de ellas de un popular *reality show* de la MTV.

—¡Oh, mierda! —dijo Blair, agarrando la botella de tequila con una mano y mi brazo con la otra. Me arrastró hasta el cuarto de baño que había al fondo del pasillo.

—Me enrollé con el novio de esa chica y nos pilló. ¡Me quiere matar!

Me eché a reír mientras ella inclinaba la botella y echaba un trago. Pasamos la mayor parte de la noche en el enorme baño de mármol, riéndonos y haciéndonos fotos, hablando de nuestras vidas y de nuestros grandes planes para el futuro. Le conté la situación en que vivía, porque en una semana ya no la tendría.

Steve me había dejado las cosas claras.

—¡Ay, qué fuerte! ¡Múdate conmigo! —dijo con un gritito—. Mi apartamento es precioso, te encantará. Y tengo una habitación extra, en serio.

En una noche de borrachera, escondida en un cuarto de baño para no toparnos con una estrella de *realities* despechada, encontré a una nueva compañera y un lugar para vivir.

Así era L. A. Nunca sabías qué iba a pasar cuando salías de casa.

No me gustaba servir mesas y, sinceramente, se me daba bastante mal, pero el restaurante era una manera de acceder a este nuevo y extraño mundo, compuesto de tres capas principales: el personal, los clientes y mis jefes.

El personal no lo formaban los típicos empleados de restaurante. Todos eran aspirantes a músicos, modelos o actrices y la mayoría de ellos tenían verdaderamente mucho talento. Los camareros eran, por lo general, aspirantes a actores que se tomaban su puesto en el restaurante simplemente como un papel que estaban interpretando. Los observaba cuando se metían en el personaje: dejaban de lado su ego y se convertían en quienes necesitaban ser en cada mesa: el ligón, el chico de hermandad, el confidente. Los que trabajaban en el bar solían ser músicos o modelos. Las chicas eran atractivas y glamurosas, y sabían cómo trabajar en una sala. Estudié su habilidad para ser coquetas y tímidas al mismo tiempo. Practiqué para arreglarme el pelo y el maquillaje como ellas y tomé nota de cómo conjuntaban la ropa sexi que llevaban. Traté de empequeñecerme y de absorberlo todo.

La clientela era alucinante: celebridades, estrellas del *rock*, presidentes ejecutivos, magos de las finanzas, príncipes reales; nunca se sabía quién aparecería por allí. La mayoría se sentía con un sano derecho a recibir privilegios, y mantenerlos felices todo el tiempo era prácticamente imposible. Aprendí, no obstante, pequeños trucos, como hablarles siempre a las mujeres primero (en las mesas donde había una cita) o a ser eficiente pero invisible en las comidas de negocios. Era buena a la hora de interpretar el comportamiento humano pero terrible en el momento de servir platos. Se me caían constantemente, olvidaba retirar algunos tenedores y era un desastre al abrir el vino de la manera ceremoniosa que requerían los propietarios.

Pero, para mí, los personajes más interesantes eran Reardon y sus dos socios.

Reardon era brillante, impaciente, volátil e imposible. Era el cerebro de la operación.

Cam era el hijo de uno de los hombres más ricos del mundo. Sus cheques mensuales de valores fiduciarios eran suficientes para comprar una pequeña isla. Parecía interesarse poco por el negocio y, por lo que podía ver, pasaba el tiempo con las mujeres, las fiestas, los juegos de azar y cualquier vicio hedonista que uno pudiera imaginarse. Él era el capital; su papel era firmar como avalista.

Sam había crecido con Cam. Tenía un brillante don de gentes. Era encantador, hilarante y la cháchara se le daba mejor que a nadie que haya visto nunca. Supongo que era quien se encargaba del *marketing* y las relaciones con los clientes.

Ver a los tres interactuar era como observar una nueva especie. No vivían en el mismo mundo que yo conocía desde hacía veintitantos años. Estaban por encima de todo, eran, en consecuencia, imperturbables y demostraban un desprecio total por las reglas y el orden.

La fórmula del restaurante era la misma que la de cualquiera que esperase sobrevivir en Beverly Hills: proporcionarle al cliente más exigente lo mejor. Los socios se habían gastado una pequeña fortuna en ropa de mesa Frette, cristalería Riedel y caldos de los mejores viñedos. Los camareros eran atractivos y profesionales, el chef, mundialmente conocido, y la decoración, una maravilla.

El ambiente acogedor que creaba el personal era parte de la escenografía. Nuestra cortesía era el telón que ocultaba el frenesí que siempre amenazaba con salir a la superficie. Ya sabes, los jefes esperaban perfección y profesionalidad… eso sí, hasta que se bebían un par de copas y se les olvidaban fácilmente aquellos planes cuidadosamente organizados.

Un domingo por la mañana fui a abrir el restaurante para el *brunch*, y descubrí que Sam, un DJ y un puñado de chicas seguían allí de fiesta. Sam había convertido nuestro elegante restaurante en su propio *after hour* cutre. Traté de explicarle que necesitaba descorrer las grandes cortinas de ante y retirar la improvisada cabina de DJ para poder preparar el restaurante para el servicio. Me respondió con galimatías.

—Idiota, idiota, idiota, idiota… —decía confundido y cerró las cortinas con la misma rapidez con la que yo las había abierto.

Llamé a Reardon.

—Sam sigue aquí de fiesta. No se quiere ir y no me deja abrir el restaurante, ¿qué debo hacer?

—¡Joooder! ¡Mierda! Que se ponga Sam. Voy para allá ahora mismo.

Le pasé el teléfono a Sam.

—Idiota, idiota, idiota, idiota… —siguió diciéndole a Reardon, y me pasó de nuevo el teléfono.

—¡Mét, lo en un taxi! —gritó Reardon.

Eché un vistazo a la sala, pero Sam había desaparecido.

—Espera, creo que se ha ido —le dije.

Justo entonces miré por la ventana. Sam, con su Rolex de oro con gran esfera, sus zapatos brillantes de Prada y sus pantalones de seda beis, estaba fuera, subiéndose a un autobús. Corrí para intentar detenerlo. Empecé a reírme por teléfono.

—¿Qué está pasando? ¿Qué está haciendo? —preguntó Reardon.

—Se está subiendo al autobús que va al centro de la ciudad.

—¿Quieres decir en transporte público?

—Sí —le contesté mientras un feliz y derrotado Sam me saludaba alegremente desde su asiento en el autobús.

—Jesús. —Reardon suspiró—. Dile al Hammer que lo recoja.

El Hammer era el segurata de los chicos/conductor de

limusina/recaudador del dinero. Oí que había salido recientemente de la cárcel por algo, pero nadie me decía por qué.

Llamé al Hammer, que a regañadientes accedió a sacar el «trineo», que es como había bautizado Sam a la limusina de la empresa, para buscar a Sam por alguna de las calles del centro. Cuando colgué y me di la vuelta, el DJ y las chicas estaban a punto de abrir una botella de champán Louis XIII de mil dólares.

Me abalancé y agarré la botella.

—¡No, no, no! Hora de irse a casa, chicos —les dije.

Apagué la música como un padre que se carga una fiesta y los conduje hasta la calle.

Me las arreglé para conseguir que el restaurante abriera a tiempo para el *brunch* y el Hammer encontró finalmente a Sam caminando por las calles de Compton con una botella de champán Cristal y algunos amigos interesantes. Parecía como si cada día que pasaba en el restaurante fuera más absurdo que el anterior, pero nunca resultaba aburrido.

3

—Eres la peor puta camarera que hayamos visto nunca —vociferó un día Reardon después de un turno.

Yo era consciente de las limitaciones de mis aptitudes para servir mesas, ¿pero la peor que hubieran visto nunca? ¿De verdad? Se me hizo un nudo en el estómago... ¿Me estaba despidiendo?

—La peor —repitió—. Pero tienes algo. Le gustas a todo el mundo. La gente vuelve solo para hablar contigo.

—¿Gracias? —dije con un tono de indecisión.

—¿Por qué no trabajas para nosotros?

Lo miré confundida.

—Para nuestro fondo de inversión de desarrollo inmobiliario. Acabamos de recaudar doscientos cincuenta millones de dólares.

—¿Y qué tendría que hacer? —pregunté con pies de plomo.

—No hagas preguntas estúpidas. ¿Qué te importa? Es mejor que servir comida y aprenderás mucho.

Resoplé, pensando en todos aquellos ridículos chanchu-
llos que había visto en el último par de meses.

—¿Crees que eres inteligente? No eres inteligente, joder. No sabes nada acerca de cómo funciona el mundo.

No era una oferta de trabajo muy cortés, pero tampoco
me estaban despidiendo.

Así que le dije:

—Vale, lo haré.

—De puta madre —respondió Reardon.

Trabajar en el fondo inmobiliario eliminó el resto de
aspectos de mi vida y todo era Reardon, Sam y Cam, todo
el rato. Eran como su propia fraternidad. Tenían sus propias
reglas, tenían incluso su propio idioma. Huelga decir que
eran de un mundo completamente diferente del que yo venía. Lo que a mí me parecían oportunidades únicas —Sun-
dance, las fiestas de los Óscar, los viajes en yate— eran para
ellos planes esporádicos de fin de semana. Sus amigos eran
celebridades, atletas conocidos, multimillonarios y famosos.

Comencé a pasar mis días y mis noches haciendo varias
tareas para ellos, siempre observando desde el banquillo, esperando secretamente que me invitaran a su club.

Reardon podía entrar en mi oficina a las 20:30 de un
viernes por la noche y decirme:

—Hazme una reserva para las nueve esta noche en [in-
sértese aquí el nombre del restaurante más de moda y con
mayor dificultad para conseguir una reserva].

Yo llamaba y la recepcionista se reía y me colgaba.

—Tienen todo completo —le decía.

Entonces estallaba hecho una furia:

—Eres la mayor idiota que he conocido, joder. ¿Qué te pasa? ¿Cómo esperas llegar a nada en esta vida si ni siquiera puedes conseguir una reserva en un puto restaurante?

Me ponía tan nerviosa que empezaba a confundir palabras o a arrancarme el pelo.

—¡Habla! ¡Habla! No te toques la cara. ¡No seas torpe! —Exigía.

Ese fue el escenario de mi primera curva de aprendizaje; cada día sentía como si estuviera en primera línea de fuego.

Una mañana me llamó a las cinco y media y me despertó.

—Te necesito en la oficina, ahora —me ordenó—. Trae *bagels*.

Colgó. Reardon nunca decía ni «hola» ni «adiós». Era un tipo directo.

Gimoteé y me arrastré hasta la ducha.

Apenas había tenido tiempo de secarme cuando recibí un mensaje de texto que decía: *¿Dónde coño estás?*

Conduje todo lo rápido que pude hasta la oficina con la esperanza de pasar por una tienda de *bagels*. Lo único que vi fue el supermercado Pink Dot. Corrí y cogí unos *bagels* y queso crema. Tenía el pelo mojado y los ojos apenas abiertos, pero llegué a la oficina, con el desayuno, en un tiempo récord.

—¿Dónde están mis *bagels*? —me dijo Reardon, en lugar de un «buenos días».

Puse la bolsa en su mesa.

Rajó la bolsa. Reardon nunca se limitaba a abrir las cosas, lo aniquilaba todo a su paso.

—¿QUÉ COÑO ES ESTO? —berreó.

Di un salto. A esas alturas ya debería haberme acostumbrado a la repentina furia que podía desatar Reardon, pero a veces aún me cogía por sorpresa.

—¿Son de PINK DOT?

Al parecer Pink Dot era una especie de supermercado nocturno y barato.

—¡De paso te podías haber parado en un PUTO refugio para indigentes! —gritó—. YO NO COMO PUTOS *BAGELS* DEL PUTO PINK DOT. SON PUTOS *BAGELS* PARA POBRES.

Me arrojó la bolsa. Y la esquivé justo a tiempo.

—¿De dónde te gustaría que trajese tus *bagels* la próxima vez? —le pregunté con una voz deliberadamente tranquila, con la esperanza de que mi tono adulto le permitiera ver que se comportaba como un niño temperamental de dos años.

—Ve a buscar el coche —vociferó.

Lo llevé en coche hasta Greenblatt's para recoger *bagels* para «jugadores» de verdad.

Hizo que lo llevara a su reunión.

—Espera aquí —me dijo.

—¿Cuánto tiempo? —le pregunté.

—Hasta que vuelva, estúpida. —Se rio, dando un portazo.

Con el tiempo Reardon empezó a llevarme a las reuniones en lugar de hacerme esperar fuera. Lo observaba de cerca. Reardon era un experto negociador. Era capaz de convencer a gente realmente inteligente para que tomase decisiones realmente estúpidas. Entraba en una reunión y, cuando salía, llevaba acuerdos firmados que cumplían con todas sus exigencias insensatas: no asumía ningún riesgo y tenía la última palabra en todas las decisiones. No importaba quién fuera su oponente, siempre lo superaba. Llegué a reconocer ese momento de jaque mate en el que un tipo de la Ivy League, con su traje a medida y sus aires arrogantes, se daba cuenta de repente de que el hombre que llevaba ropa del ejército y una camiseta con un cráneo, ese que se había pasado la vida de fiesta en fiesta hasta la universidad pública, acababa de aplastarlo. Tuve que esconder la sonrisa cuando la expresión elitista del señor Pedigree se desinflaba ante una abrumadora derrota.

No había ninguna universidad en el planeta que pudiera haberme preparado para la educación que recibí de Reardon. Fue un bautismo de fuego. Era frustrante, y resultaba un desafío, pero disfruté con cada lección. Me encantaba el espectáculo. Me encantaba verlo triunfar. Para sobrevivir en su mundo, tuve que aprender a funcionar bien bajo presión, así que él me apretaba los tornillos con el fin de enseñarme. Reardon era una especie de versión más extrema de mi padre: siempre me estaba empujando, nunca me permitía que me tomase las cosas con calma, quería que me volviera dura. Me dio una educación al estilo de Wall Street, de esa clase que los chicos les dan a otros chicos en el suelo o en la mesa de operaciones, de esa clase que las mujeres raramente reciben. Comencé a ver el mundo por lo que era, o al menos su mundo. También vi que había otras rutas hacia el éxito más allá de las tradicionales y seguras.

Reardon se convirtió en mi escuela de posgrado y estudié cómo operaba. La Facultad de Derecho había dejado de tener importancia para mí en esos momentos. Reardon era un experto estratega. Sabía cómo analizar un trato, y si reconocía la oportunidad, le sacaba partido. No importaba si era algo en lo que no tenía experiencia, ya aprendería. Lo estudiaba día y noche, hasta que lo averiguaba.

Las lecciones que recibía de Reardon sobre cómo llevar a cabo los negocios eran, sin embargo, ridículamente escasas en materia de detalles.

—Nos vamos a Mónaco, Molly. Cuida de la empresa.

Se marchaban de fiesta cuatro semanas; durante todo ese tiempo los documentos que necesitaban sus firmas se iban acumulando.

—Oye, Molly, cuida del fideicomiso.

—¿Qué es un fideicomiso?

—Maldita sea, averígualo, idiota.

Si no conseguía o no hacía exactamente lo que Reardon quería, se volvía loco, y cuando finalmente me despachaba, me iba a casa, apagaba todas las luces, me metía en la bañera y lloraba. O bebía vino con Blair después de que ella volviera a casa de estar en una fiesta real con gente real, o en una cita real, y le lloraba por mi inexistente vida social.

—Pues sal de ahí —me decía, sacudiendo la cabeza ante mi estupidez.

Ni siquiera me pagaban demasiado bien; ella no podía entender por qué me aferraba con tanta fuerza a algo que me deprimía tanto.

Blair no veía lo que yo. Por mucho que tuviera la intención de pasarme un año en L. A. siendo joven, espontánea y despreocupada, mi instinto me decía que me quedara.

Necesitaba, no obstante, mantener el equilibrio, así que decidí ofrecerme como voluntaria en el hospital local. Quería trabajar con los niños. El voluntariado siempre había sido importante en mi familia, y mi madre nos llevaba a menudo a dar de comer a los desamparados, o a visitar hogares de ancianos. Conectaba con la sala de los niños de manera muy personal, porque había pasado varios meses entrando y saliendo del hospital después de la cirugía de columna. Había sufrido complicaciones muy graves a raíz de la cirugía. Cuando salí del quirófano, me fallaba el hígado y tenía una infección crítica en la vesícula biliar. Los médicos no podían averiguar qué me fallaba. Incluso, llegado un punto, la teoría era que había contraído una infección misteriosa mientras me operaban, así que me pusieron en la unidad de aislamiento. Parecía algo sacado de una película. Los médicos llevaban trajes de protección especial y toda la zona parecía una burbuja gigante en la que estaba atrapada. No se permitían visitas. Recuerdo el miedo que tenía de morir allí sola.

Con la excepción de aquellos días de aislamiento, mi madre nunca se marchó de mi lado. En la sala de pediatría, me rompió el corazón ver lo difícil que les resultaba a aquellos niños que no tenían ese tipo de apoyo. Tuve la suerte de recuperarme por completo de la cirugía, pero el recuerdo nunca me abandonó.

Una vez que terminé mi etapa de formación en el hospital, empecé a pasar un par de días a la semana después del trabajo con niños que eran enfermos terminales. Nos advirtieron de que la mayoría de ellos moriría, pero nada te prepara para el acontecimiento real. A pesar de estar pálidos y débiles, eran unos pequeños espíritus hermosos y felices. Eran una fuente de inspiración y humildad.

Después de unas semanas, conocí a una niña llamada Grace, y a pesar de su frágil cuerpo estaba llena de una energía ilimitada y grandes sueños. No había estado fuera en mucho tiempo y lo único que quería en este mundo era ser arqueóloga, para descubrir ciudades perdidas. Rogué y supliqué para poder llevarla fuera en silla de ruedas. Finalmente me dieron el permiso.

Corrí hasta el sótano al día siguiente y su habitación estaba vacía.

—Falleció, Molly —me dijo Patrick, mi enfermero favorito, poniéndome una mano en el hombro. A pesar de que mi supervisor ya me había advertido de este momento, y les había pedido a todos los voluntarios que llevaran en privado su duelo para seguir con fuerzas para el resto de los niños y sus familias, no fui capaz. Patrick me llevó al baño.

—Es parte del trabajo. Tienes que ser fuerte para los demás. Tómate un momento —me dijo con amabilidad, y me dejó sollozando en el suelo del baño.

Aunque a menudo reinaba la angustia y la tragedia, a veces sucedían pequeños milagros. Uno de los muchachos, Christopher, estaba venciendo su sentencia de muerte y mejoraba cada día. La luz volvía a sus ojos y su piel blanca como el papel se estaba volviendo rosada. Caminaba por los pasillos contando su historia al resto de los niños y dándoles esperanza. El coraje y el optimismo de Christopher me ayudaron a mantener una perspectiva sana en medio de la locura de mi nuevo mundo.

4

Con el tiempo y bajo la presión de la enérgica tutela de Reardon, me convertí en la asistente que podía conseguir cualquier cosa.

Abrirme paso y colocarme en lo alto de una lista de espera para ese reloj carísimo que acaba de salir, reservar un coche durante la huelga de transportes en la ciudad de Nueva York, limpiar el rastro de un rollo de una noche: podía solventar cualquier cosa. Administrar cuentas de fideicomiso y conseguir reservas en restaurantes que llevaban llenos meses.

Ahora, cuando Reardon me pedía lo imposible, me limitaba a sonreír, asentía y llamaba al restaurante.

—Hola, llamo para confirmar una reserva para cenar esta noche.

—Lo siento, no la tenemos.

Pausa.

—Pero hice esta reserva hace diez meses. Es el cumpleaños de mi jefe, ¡y ha traído en avión desde Nueva York a sus íntimos amigos! Dios mío, me va a despedir. ¿Por favor, puede ayudarme?

Y respondía, sorbiendo los mocos si era necesario.

Pausa.

—¿Cómo me ha dicho que se llamaba?

—Molly Bloom.

—Bien, señorita Bloom. Aquí la veo. Cuatro personas para las ocho.

—Seis.

—Oh, es cierto. Seis. Gracias, señorita Bloom. Sentimos mucho la confusión.

Una noche estaba archivando papeles, mientras escuchaba a los chicos reírse y hablar de recuerdos en la oficina de Reardon. Cam y Sam habían crecido juntos, y Sam y Reardon habían ido juntos a la universidad. Después de terminar los estudios, se dieron cuenta de que además de hacer grandes fiestas juntos, podían crear una empresa basada en lo que cada uno aportaba, y así nació su asociación. Aquella noche estaban de buen humor, celebrando otro gran acuerdo que acababan de cerrar.

—Nos gusta el *Hunny*, ¿verdad, jugador? —preguntó Sam.

«*Hunny*» significaba dinero.

—¿Te acuerdas de cuando le disparaste a la luna, chaval? —le preguntó Sam a Cam—. Eso fue una granujada.

Se rieron. Podía oír que se echaban otra ronda.

—Tienes que contarle a Molly esa historia —dijo Sam.

Agucé el oído y me fui a la habitación a toda prisa.

Cam se puso de pie para ilustrar mejor la historia. Con

sus casi dos metros de estatura, era puro músculo, su energía era efusiva, como un cachorro gigante, fuera de control.

—Estábamos jugando al *paintball* —dijo Cam, haciendo como si sostuviera un rifle con el que nos disparaba a cada uno de nosotros—. Mi padre tenía encima a Buzz Aldrin, ya sabéis, ese viejo que caminó por la luna. Así que me acerqué hasta él y le disparé a corta distancia... ¡PUN!

Continuó simulando la acción.

—Y le dije: «¡Pun, te di, HOMBRE de la Luna!».

Todos se rieron histéricamente.

Comencé a reírme con ellos, imaginándome lo absurdo que estaría Cam, disparando balas de pintura al legendario Buzz Aldrin.

—Sírvele un trago a la pequeña Molly —dijo Reardon—. Nos ha ayudado con este acuerdo.

—Estás empezando a ser una jugadora de verdad, Mol —dijo Sam cariñosamente, y me dio un Macallan 18.

Todos levantamos los vasos.

Deseaba tanto ser parte de ellos. Quería cerrar tratos, disfrutar de la buena vida que llega con el dinero y el estatus. El *whisky* de malta sabía a gasolina, pero sonreí y me reprimí las náuseas.

Cuanto mejor hacía las cosas para los chicos, más esperaban que hiciese. Pero aunque mis responsabilidades iban en aumento, seguía siendo responsable de la vida personal de Reardon. Una gran parte de esa vida personal consistía en mantener felices al alto volumen de novias que tenía. Siempre me mandaba que le hiciera encargos de alto nivel. Durante mi vida en Colorado nunca había tenido ni conocimiento ni interés en la ropa de diseño o en los bolsos. Pero los lujosos regalos que escogía para la chica de la semana de Reardon comenzaron a seducirme, y empecé a imaginarme vestida con aquella ropa, o con los preciosos zapatos que les entregué a Brittny y a Jamie y a quienquiera que Reardon le comprara regalos como compensación. Ya no era tanto que me importaran aquellos artículos con unos precios tan altos, sino que me di cuenta de que la gente te trataba de otra manera, te tomaba más en serio, cuando los tenías. Aquella tarde en particular, Reardon me envió a una tienda que se llamaba Valerie's.

Resultó que Valerie's era una tienda de maquillaje de gama alta de Beverly Hills que ofrecía aplicaciones de maquillaje y mezclas personalizadas para quienes eran alguien en la sociedad de Hollywood y Beverly Hills.

Traspasé la gran puerta y fue como entrar en el país de un cuento de princesas. Cortinas vaporosas, suaves tonos de lavanda, sillones de terciopelo color crema y una gran variedad de hermosos productos.

Una rubia muy guapa me dio la bienvenida.

—Hola, soy Valerie, ¿cómo puedo ayudarte?

—¿Tú has hecho todo esto? —le pregunté a Valerie.

—Yo lo creé todo —dijo.

—Es precioso —respondí con ansia.

Mientras marcaba los productos que Reardon me había encargado casi me ahogo: la cuenta ascendía a mil dólares por tres cosas.

—¡Vaya! —exclamé—. ¿La gente realmente paga todo eso por maquillaje?

Ella sonrió, divertida.

—Ven —me indicó que la siguiera.

Me llevó a su mesa, que parecía el tocador de una antigua estrella de cine de Hollywood. Retiró la silla del espejo y, después de darme unas breves pinceladas, lápiz y rímel, me entregó un espejo de plata. Me había transformado por completo.

Era increíble, como si estuviera mirando a una persona diferente.

—Asombroso —dije mientras me contemplaba.

—El verdadero lujo merece su precio.

Asentí, observando de nuevo cómo me había transformado la cara.

—Vuelve a verme cuando estés lista. —Me guiñó un ojo.

Y aunque me habían dicho toda la vida que el dinero no da la felicidad, me quedaba claro sin ningún género de dudas que sí podía proporcionar algunas mejoras deseables.

El sueldo que me pagaba Reardon cubría mis necesidades básicas, pero decidí que tenía que ganar algo de dinero extra para mejorar mi vestuario. Para complementar mis ingresos, solicité un trabajo a tiempo parcial sirviendo copas.

Solicitar un puesto de camarera de copas era un mundo completamente diferente del típico trabajo en un restaurante. Por ejemplo, la mayoría de los clubes piden fotografías de cara.

Cuando me presenté en Shelter, descubrí que Fred, el gerente, era aquel excéntrico antiguo programador de ordenadores del primer restaurante en el que había trabajado. L. A. era una ciudad llena de personajes que cambiaban constantemente de papel. Fijémonos en Fred, por ejemplo. Un día iba con gafas y corbata fina y organizaba seminarios sobre sistemas operativos de restaurantes; al siguiente, era gerente general de un club basado en la época de los trogloditas y llevaba un traje de Armani.

Tan pronto como me contrató, me explicó que me harían un uniforme a medida y me soltó una tarjeta. El «estudio» del diseñador era un apartamento diminuto y desaliñado en West Hollywood, y el propio diseñador era un personaje colorido y extravagante que derramó su vino blanco con soda sobre mí mientras me tomaba medidas.

—¡Todo terminado, corazón! —dijo con un cantecito, y prometió llamarme cuando estuviera listo.

Un par de días más tarde sonó el teléfono.

—Vente por aquí, bichiiiito. —Escuché—. ¡Ráááápido! ¡Queremos hacer un desfile de moda!

Cuando llegué, el asistente del diseñador me entregó una copa de vino rosado y una pequeña franja de tela, y me llevó a empujones a un pequeño baño.

Me quité la ropa y me puse lo que básicamente era una mínima franja de piel de animal falsa con revestimientos de pelo también falso. Hacía ya tiempo, cuando me presenté al examen de acceso a la Facultad de Derecho, nunca me habría imaginado ni en un millón de años que en lugar de trajes de *yuppie* llevaría este atuendo.

—Oíd, chicos, creo que necesito más tela —supliqué, demasiado cohibida para abrir la puerta.

—No seas loooooooca —me gritaron desde los sofás donde estaban descansando y bebiendo vino el diseñador y sus ayudantes.

—Estás asombrooooooosa.

Para colmo, me dieron unas extensiones, hechas con el mismo pelo falso, para que me fijara una cresta con clips. Les di las gracias y me besaron en el aire al salir por la puerta.

Una parte de mi cerebro decía: «Vas a parecer una chula buscona». La otra: «Lo siento. Las chicas que sirven botellas en Shelter ganan más en una noche de lo que tú en una semana».

El dinero en Shelter era tremendo. El éxito de la noche se debía a los promotores y los principales impulsores de ese club contaban con un fiel grupo de seguidores compuesto por celebridades, multimillonarios y modelos. En las mejores noches, la gente esperaba durante horas fuera, entre cordones de terciopelo, suplicando que la dejaran entrar. Conocí a los promotores y, finalmente, trabajé las mejores noches en todos los clubes más de moda de la ciudad. Muchos de los gerentes y promotores eran alcohólicos desaliñados o drogadictos que aprovechaban su poder sobre quién pasaba los cordones de terciopelo para ligarse a las jóvenes más guapas. Las chicas guapas eran casi todas actrices o aspirantes a modelos, y creían, verdaderamente lo creían, que entrar en el club en una de esas grandes noches las llevaría a que alguien las descubriera. Todo aquello parecía bastante absurdo, pero yo me ocupaba de mis asuntos. Era puntual, responsable y profesional. Mientras el resto de mis compañeros se tomaban chupitos y pasaban el rato, yo me aseguraba de que no faltara nada en mis mesas. Mis propinas siempre superaban el veinte por ciento y, por lo general, vendía más que todos los demás. Estaba allí para ganar dinero, no amigos.

Sin saberlo, mis noches en este club dieron forma a mi educación en L. A. Todas las noches estaba completamente sobria, viendo cómo politiqueaban, ligaban y pasaban el rato los borrachos de Hollywood. El dinero que conseguía como camarera en los clubes me permitía ganar un poco más, y aunque no era suficiente para comprarme zapatos de diseño, sí bastaba para mejorar el vestuario que me había traído de Colorado. También me encantaba poder llevarme a casa al final de la noche ese fajo de billetes en un rulo.

Trabajaba largas horas durante el día y en un club diferente cada noche. Estaba agotada por completo. Pero descubrí que tenía una resistencia sin fin cuando se trataba de ganar dinero.

No importa lo ocupada o cansada que estuviera, nunca decía que no a un trabajo.

5

Durante las últimas dos semanas había oído hablar a Reardon de un lugar llamado Viper Room. Como no me permitían verdaderamente hacer preguntas, en especial durante las negociaciones iniciales, hice mi propia investigación. Descubrí que el Viper Room era uno de los bares más emblemáticos de Los Ángeles. Pintado de un color negro mate, escondido en una franja entre las tiendas de licores y una tienda de puros de Sunset Boulevard, el lugar tenía una rica historia de celebridades y desenfreno. Leí que en los años cuarenta el dueño era Bugsy Siegel y se llamaba Melody Room. Cuando Johnny Depp y Anthony Fox lo cogieron en 1993, Tom Petty tocó en la noche de apertura, y River Phoenix murió allí de una sobredosis en el Halloween de 1994, mientras Depp y Flea estaban tocando en el escenario.

También averigüé que en el año 2000, el socio de Depp, Anthony Fox, demandó a Johnny por los beneficios, y mientras el caso estaba aún abierto, Fox desapareció. Durante la confusión resultante, el Viper Room se puso en manos de un administrador judicial nombrado por el tribunal, que resultó ser un amigo de la familia de Reardon; y así fue como su empresa tuvo la oportunidad de hacerse cargo del Viper Room, que estaba perdiendo por entonces cantidades ingentes de dinero, para tratar de que volviera a ser rentable. Supongo que el trato estaba llegando a su fin porque un día, después de que Reardon le gritara a la gente durante una hora o así, como era su costumbre, me ordenó que cogiera el coche y me dirigiera al aparcamiento del club.

Mientras estacionábamos, Reardon se volvió hacia mí con una mirada seria.

—De acuerdo con las entradas que se han vendido y el inventario, el lugar debería ser rentable, pero ha estado perdiendo el dinero a manos llenas durante los últimos cinco años. El personal que hay es escoria; llevan toda la vida trabajando aquí y se rumorea que ha habido mucho robo. Probablemente los despida a todos, pero necesito que obtengas información de ellos, que averigües cómo funciona el lugar.

Dicho esto, salió del coche y cerró la puerta con tanta fuerza que pensé que la iba a tirar abajo. Para cuando salí yo, él ya había recorrido medio aparcamiento y, como de costumbre, me encontré corriendo para poder seguir su ritmo.

Entramos en el edificio negro por la puerta lateral. De repente el sol de Los Ángeles desapareció y nos encontramos en una cueva siniestra, húmeda, donde nos recibió un hombre con el pelo largo, delineador negro y un sombrero de copa.

—Hola, Sr. Green. Soy Barnaby —dijo, extendiendo la mano.

Reardon lo ignoró y caminó hacia las escaleras.

—Soy Molly —le dije, cogiendo la mano que estaba destinada a Reardon y sonriendo cálidamente para compensar los malos modales de Reardon.

—Barnaby —repitió, y me devolvió la sonrisa.

Seguí a Reardon por una escalera oscura. El personal estaba sentado alrededor de una mesa y ninguno de ellos parecía contento.

—Soy Reardon Green. Dirijo este lugar ahora. Va a haber un montón de cambios por aquí. Si no os gusta, os podéis marchar. Si queréis mantener vuestros puestos, tenéis que cooperar y ayudar a que la transición sea suave. Si lo podéis llevar bien, vuestro trabajo está a salvo. Esta es mi asistente, Molly, hoy va a pasar algo de tiempo con vosotros. Necesito que le enseñéis cómo funcionan las cosas por aquí.

Y se volvió para irse. Sonreí nerviosamente.

—Volveré en un segundo —le dije a la turba enojada.

—Reardon, ¿en serio? ¿Me dejas aquí...? ¿Qué quieres que haga?

—Simplemente no la jodas —dijo, y se marchó.

De repente tomé plena conciencia de mi estúpido vestido veraniego y mi cárdigan cursi.

Examiné las caras de enfado que tenía frente a mí. Los miembros del personal hablaban acaloradamente entre ellos. Todos vestían de negro, la mayoría tenía tatuajes y *piercings*, botas de combate, crestas. Eran duros, eran *rock and roll*, y yo no sabía cómo hablar con ellos. Quería salir fuera corriendo, en dirección al sol de Sunset Boulevard, pero respiré hondo y me acerqué a la multitud enojada. Lo más importante era averiguar de alguna manera cómo conseguir que me vieran como alguien cercano.

—Hola, chicos —dije en voz baja—. Soy Molly. No sé

exactamente qué está pasando. Nadie me ha dado ningún tipo de información antes de que Reardon me dejara aquí. Pero lo que sí sé es que puedo ser vuestra defensora. Trabajo también en el sector servicios, por la noche, y durante el día trato de que el loco al que acabáis de conocer no me grite o me despida. Por cierto, suelo fracasar en lo que se refiere a los gritos. —Escuché un par de resoplidos e incluso una risita—. En cualquier caso, si podemos trabajar juntos y darle a Reardon lo que quiere, creo que todos podremos conservar nuestros puestos.

Una mujer con los ojos perfilados de negro y botas de combate me lanzó una mirada desagradable.

—Te crees que vas a conseguir lo que necesitas y, luego, que nos despidan a todos. No confío en ti ni un poquito —me dijo, señalándome con una uña negra peligrosamente cerca de mi cara.

—¿Es verdad? —preguntó un chico mayor con perilla.

—No lo sé —contesté con sinceridad—. No puedo ofreceros ninguna garantía, pero lo que os puedo decir es que esta es vuestra mejor oportunidad para mantener vuestros puestos, y os doy mi palabra de que lucharé en vuestro nombre.

—Danos un minuto —dijo una rubia con una falda corta escocesa.

Caminé por la sala y me senté en un reservado mugriento, fingiendo que comprobaba el teléfono.

Hubo una discusión acalorada y dos personas se marcharon.

El resto se acercó adonde estaba sentada.

—Me llamo Rex. Soy el gerente. Bueno, lo *era* —me dijo, y extendió la mano.

Los otros se presentaron.

Pasé el resto del día con Rex, que me enseñó cómo organizaba el lugar mientras yo tomaba notas. Me enteré de que tenía esposa e hijo, y de que había estado a cargo del bar durante diez años. Parecía muy buen tipo. Duff se encargaba de hacer la reserva de los grupos que tocaban y me dio su lista general, el horario y me explicó cómo funcionaba el proceso; al final del día tenía un manual de operaciones completamente práctico, contactos de las bandas y de la encargada de las reservas, información de pedidos y de todo lo demás. Les di las gracias efusivamente y les pasé mi número.

—Llamadme en cualquier momento —les dije—. Voy a hablar con Reardon y le diré lo útiles que habéis sido todos.

En lo más profundo de mí sabía que probablemente Reardon los despediría. Me sentí una persona horrible mientras daba aquella larga caminata de vuelta al trabajo. Entré en la oficina de Reardon y le di los cuadernos. Me fui a mi despacho y traté de pensar en la mejor manera de presentar argumentos para darle a aquella gente a la que había conocido una oportunidad.

Reardon entró en mi despacho.

—Molly, esto no es un buen trabajo —me anunció.

Cuando empecé a defenderme me interrumpió:

—Es excelente.

Me quedé tan sorprendida que casi me caigo de la silla.

—Estoy orgulloso de ti —dijo sin más.

Había estado esperado mucho tiempo para escuchar cualquier palabra de ánimo, algún tipo de confirmación de que Reardon no pensaba que yo era la mayor idiota del planeta.

—En cuanto a los empleados…

Él se volvió, con el fogonazo de esos ojos castaños y la mirada que me lanzaba justo antes de lanzarse a una diatriba.

—¿Qué pasa con ellos? —preguntó con severidad.

—No importa —dije, odiándome a mí misma.

—Esta noche sales con nosotros. Estate lista a las siete. Un trabajo realmente bueno hoy.

Mientras conducía de camino a casa sentí destellos de felicidad seguidos de punzadas de culpa.

La limusina me recogió a las siete y todos los chicos estaban dentro.

Reardon abrió una botella de champán.

—Por Molly, que por fin está empezando a enterarse de esta mierda.

Sam y Cam se hicieron eco.

—¡Por Mol!

Sonreí.

Salimos de la limusina frente a Mr. Chow's y los *paparazzi* nos lanzaron sus *flashes* cuando salimos.

—Mira aquí —me gritaban, disparándome *flashes* a la cara.

—No soy… —empecé a decir, pero Reardon me agarró del brazo y apartó a los fotógrafos del camino.

Teníamos una mesa especial reservada para nosotros, en la que nos acompañaron hermosas modelos, famosas infames y algunos de los polémicos pero muy famosos amigos de Reardon. Era viernes por la noche y cada mesa de Mr. Chow's estaba reservada para los ricos y famosos. Cada vez que miraba para abajo tenía un nuevo martini de lichi. Nos marchamos de Mr. Chow's y pusimos rumbo al club más nuevo, en el que era más imposible entrar, de L.A. Todos llevábamos unas copas encima, estábamos felices y contentos. Nos dirigimos directamente al principio de la cola del club y nos llevaron a la mejor mesa.

Yo estaba tan embriagada por las bebidas, el *glamour* sin esfuerzo, la manera de acceder a todo y el prestigio que casi me olvidé de cómo había engañado a los empleados del Viper Room para que confiaran en mí, de cómo los había utilizado para conseguir información y luego había roto mi promesa de luchar por ellos.

Agarré a Reardon por el brazo. Necesitaba intentarlo al menos.

Me sonrió, con los ojos llenos de orgullo.

Eso fue todo lo que siempre había querido, y me sentí tan bien que dejé que los empleados y mis promesas se desvanecieran.

6

A última hora de la tarde de un viernes, estaba en la oficina de un lado para otro tratando de hacer mi trabajo rápidamente para poder salir temprano. Tenía una cita con uno de los camareros de uno de los clubes donde yo también trabajaba. Nunca se lo diría a los chicos porque se burlarían de mí sin parar.

—¡VENTE PARA ACÁ! —gritó Reardon.

Me preparé. Allí estaba, ejercitando esa costumbre que tenía de rellenar un bloc de notas amarillo con garabatos locos, algo que hacía cuando tenía alguna idea nueva. Dibujaba cuadros geométricos que se conectaban y se repetían hasta que llenaba la página. Tenía cuadernos llenos: era su manera de arreglar las cosas que tenía en la cabeza.

—Vamos a organizar una partida de póquer en el Viper Room —dijo mirando el bloc y garabateando incesantemente—. Será el martes por la noche, tú me ayudarás a organizarla.

Sabía que Reardon jugaba al póquer de vez en cuando,

porque había entregado y recogido un par de cheques desde que empecé a trabajar para él.

—Pero esa noche trabajo en el club.

—Confía en mí, esto será bueno para ti.

Levantó la vista de su bloc. Me sonreía con los ojos como si tuviera un secreto.

—Apunta estos nombres y sus números e invítalos. Martes a las siete —vociferó, garabateando sus cuadrados—. Diles que traigan diez de los grandes en efectivo para la primera compra. Las ciegas son cincuenta/cien.

Yo garabateaba frenéticamente, no entendía nada de lo que me decía, pero trataría de descifrar sus palabras por mi cuenta antes de atreverme a hacerle cualquier pregunta.

Empezó a recorrer la agenda de su teléfono, diciendo en voz alta nombres y números.

—Tobey Maguire…

—Leonardo DiCaprio…

—Todd Phillips…

Se me abrieron los ojos de par en par a medida que continuaba la lista.

—Y QUE NO SE TE PASE POR LA PUTA CABEZA DECÍRSELO A NADIE.

—No lo haré —le prometí.

Miré mi bloc amarillo. Con mi letra aparecían los nombres y los números de teléfono de algunos de los hombres más famosos, más poderosos y más ricos del planeta. Ojalá hubiera podido volver años atrás para susurrarle mi secreto a mi yo de trece años, esa soñadora que cayó perdidamente enamorada mientras veía *Titanic*.

Al llegar a casa, busqué en Google las palabras y expresiones que había utilizado Reardon cuando me dio las instrucciones para enviar invitaciones a los jugadores. Por ejemplo, me pidió que le dijera a los chicos que las «ciegas son cincuenta/cien». Una ciega, por lo que averigüé, es una apuesta forzada para iniciar la acción de una partida. Hay ciegas «pequeñas» y ciegas «grandes» y son siempre responsabilidad del jugador a la izquierda del repartidor.

Luego dijo:

—Diles a los jugadores que traigan diez mil para la primera compra.

La compra es la cantidad mínima de fichas que se debe «adquirir para que un jugador» pueda participar en una partida. Armada con algo de entendimiento, comencé a componer un mensaje: *Hola, Tobey, me llamo Molly. Encantada de conocerte.*

¡FRACASADA!, pensé. Que desaparezca ese «encantada de conocerte».

El martes organizo una partida de póquer. Comenzará a las 7 p.m., por favor trae diez mil dólares en efectivo.

¿Demasiado autoritario?

La compra es de diez mil, todos los jugadores lo entregarán en efectivo.

Demasiado pasivo.

Las ciegas son…

Deja de pensar, Molly. No son más que personas a las que les das los detalles de una partida de cartas. Compuse un texto sencillo y pulsé enviar. Me obligué a ducharme para prepararme para mi cita. Me sequé irregularmente y me apliqué mi loción sin perder de vista en ningún momento el teléfono, que estaba al otro lado de la habitación.

Finalmente no pude aguantar más. Corrí y lo cogí.

Cada una de las personas a las que les había enviado el

mensaje me había respondido personalmente, y la mayoría lo había hecho casi de inmediato.

Estoy dentro.

Estoy dentro.

Estoy dentro.

Estoy dentro…

Un delicioso escalofrío me recorrió el cuerpo y, de repente, mi cita con el camarero empezó a parecerme muy poco interesante.

Durante el siguiente par de días intenté averiguar cómo organizar la partida de póquer perfecta. No había mucha información sobre este tema. Busqué en Google cosas como «¿Qué tipo de música les gusta escuchar a los jugadores de póquer?» e hice mezclas para la partida con opciones de canciones más que obvias: *The Gambler* o *Night Moves*.

Mientras probaba mi nueva banda sonora para asegurarme de que funcionaba, me probé todos los vestidos que tenía en el armario. El reflejo en el espejo me decepcionaba con cada intento. Parecía una chica joven de pueblo y poco sofisticada. En mis fantasías, entraba en la partida ataviada con un vestido negro ajustado de una de las tiendas más caras de Rodeo, unos zapatos de aguja sexi de Jimmy Choo (Jimmy Choo era la opción de Reardon cuando regalaba zapatos) y un collar de perlas de Chanel. En la realidad, tenía un vestido azul marino con un lazo en la espalda y mis tacones del mismo color un regalo de Chad cuando estaba en la universidad. Pero habían visto, sin duda, días mejores.

***

El día de la partida hice los recados de Reardon y la empresa a toda prisa, para encontrar tiempo en que recoger una tabla de quesos y otros aperitivos.

Los jugadores me enviaron mensajes de texto, casi compulsivamente, durante todo el día. Querían actualizaciones constantes sobre quién había confirmado. Sentía vértigos cada vez que se iluminaba el teléfono. Era como recibir un mensaje de un chico que realmente te gustaba, pero aún mejor. Reardon me tuvo hasta tarde en la oficina para trabajar en algunos documentos de venta para un nuevo proyecto de desarrollo.

Apenas tuve tiempo de secarme el pelo y echarme un poco de maquillaje. Me puse mi decepcionante ropa corriente y decidí compensar mi falta de elegancia con una actitud ultraamable, servicial y profesional. Corrí al Viper Room con mis cintas de mezclas y mi tabla de quesos. Traté de encender unas velas y de colocar algunos arreglos florales por la sala para que fuera más atractiva, pero no hay nada más sórdido que el sótano del Viper Room, y las flores y las velas no iban a cambiar mucho.

Diego, el repartidor de cartas, apareció el primero. Llevaba unos pantalones chinos y una camisa blanca almidonada; me estrechó la mano y me ofreció una amistosa sonrisa. Reardon lo conocía de jugar al póquer en el Commerce Casino, una sala de juego que no estaba muy lejos de L. A. Diego llevaba más de dos décadas repartiendo cartas en casinos y en partidas privadas, y probablemente había visto casi todos los escenarios que podía generar aquella partida. Pero ni siquiera sus años de experiencia podían prepararlo para la manera en que esta partida nos iba a cambiar las vidas a todos nosotros.

—¿Estás lista? —preguntó mientras montaba una mesa de fieltro verde.

—Más o menos —respondí.

Observaba la rapidez con la que movía las manos mientras contaba y apilaba las fichas.

—¿Necesitas ayuda? —pregunté cortésmente.

—¿Juegas? —respondió burlonamente—. No pareces una jugadora de póquer.

—No —le contesté—. Esta es mi primera vez en una partida.

Se rio.

—No te preocupes. Te ayudaré a pasar por ello.

Respiré algo más relajada. Necesitaba toda la ayuda que pudieran darme.

Barnaby fue el siguiente en aparecer, ataviado con su sombrero de copa. Era uno de los pocos que Reardon había mantenido en plantilla. Se encargaba de la puerta; le entregué la lista de nombres y enfaticé que solo dejara entrar a la gente que estaba en la lista.

—No hay problema, cariño.

—No dejes que entre nadie más —repetí varias veces—. Lo siento, Barnaby, sé que sabes lo que haces, es que estoy tan nerviosa. Quiero que todo salga perfecto.

Me rodeó con el brazo.

—No te preocupes, ángel, todo será mejor que perfecto.

Sonreí agradecida.

—Espero que tengas razón.

A las 6:45 p.m. me coloqué junto a la puerta principal a esperar. Me puse a juguetear con el vestido. Comencé a sentirme insegura acerca de cómo saludar a los jugadores. Sabía sus nombres, ¿pero significaba eso que debía presentarme?

«Basta», me dije mentalmente. Cerré los ojos e intenté calmarme, imaginándome a mí misma como quería ser.

«Molly Bloom, llevas el vestido de tus sueños, estás segura de ti misma, no sientes miedo y estarás perfecta».

Nada de aquello era verdad, por supuesto, pero yo quería que así fuera. Abrí los ojos, levanté la barbilla y relajé los hombros. Comenzaba el espectáculo.

La primera persona que llegó fue Todd Phillips, el guionista y director de *Aquellas juergas universitarias* y la saga de *Resacón en Las Vegas*.

—Hola —le dije, extendiendo la mano—. Soy Molly Bloom.

Le ofrecí una sonrisa genuina.

—Hola, preciosa, soy Todd Phillips, encantado de conocerte en persona.

—¿Te doy a ti la compra? —preguntó.

—Claro —le dije sin perder detalle del gigantesco fajo de billetes de cien dólares.

—¿Puedo traerle algo de beber? —pregunté.

Pidió una Coca-Cola *light*. Fui detrás de la barra y dejé debajo aquella enorme cantidad de dinero.

Después de servirle la bebida, comencé a contar el fajo. Ahí estaban los diez mil dólares. Los puse en la caja registradora con el nombre de Todd. Me sentí genial, nerviosa y temeraria contando tanto dinero. Los demás comenzaron a llegar.

Bruce Parker se presentó y también me entregó su compra. Sabía por mi investigación que había sido socio fundador de una de las empresas de golf más prestigiosas del mundo. Bob Safai era un magnate inmobiliario y Phillip Whitford procedía de una larga estirpe de aristócratas europeos. Su madre era una supermodelo glamurosa y su padre era uno de los *playboys* más famosos de Manhattan. Reardon vino a voz en grito con su típico saludo «oh, yeah!». El arrugado Houston Curtis apareció más tarde, seguido de Tobey y Leo. Enderecé los hombros y sonreí de manera tan natural como pude. Son solo personas, me dije a mí misma mientras las mariposas me revoloteaban alocadamente en el estómago. Me presenté, cogí sus compras y me encargué de las bebidas que habían pedido. Cuando le estreché la mano a Leo y me devolvió una sonrisa torcida bajo su sombrero, se me aceleró un poco más el corazón. Tobey era también muy mono, y parecía muy amable. De Houston Curtis no tenía ninguna historia sobre sus antecedentes salvo que, de algún modo, estaba involucrado en la industria del cine. Sus ojos mostraban bondad, pero había algo diferente en él. No parecía pertenecer a este grupo de gente. Steve Brill y Dylan Sellers, dos importantes directores de Hollywood, aparecieron después.

La energía que había en la habitación era palpable. Ahora ya no parecía tanto que el sótano de la sala vip fuera un terreno deportivo.

Reardon terminó de destrozar un sándwich y le gritó a nadie en particular, pero a todo el mundo en general:

—¡Vamos a jugar!

Observaba, fascinada. Todo era increíblemente surrealista. Yo estaba de pie, en una esquina del Viper Room, contando ¡CIEN MIL DÓLARES EN EFECTIVO! Estaba en compañía de estrellas de cine, importantes directores y poderosos magnates de los negocios. Me sentía como cuando Alicia en el País de las Maravillas se cayó tambaleándose por el agujero del conejo.

Diego desplegó en abanico diez cartas y cada jugador tomó su asiento. Parecía dársele mucho peso a esta acción.

Cuando todo el mundo estaba sentado, Diego empezó a repartir las cartas. Pensé que era un buen momento para ofrecer a los jugadores más bebidas. Congelé mi sonrisa más brillante y fui alrededor de la mesa ofreciendo bebidas o aperitivos. Resultaba extraño, pero no obtuve una cálida acogida.

Phillip Whitford me agarró la mano y me susurró al oído:

—No hables con un chico si está en una mano. La mayoría de ellos no pueden pensar y jugar al mismo tiempo.

Le di las gracias amablemente y me lo apunté.

Con la excepción de algunas bebidas que pidieron, nadie me habló en absoluto durante la partida, y tuve tiempo de observarlo todo de cerca. Los diez hombres sentados alrededor de la mesa hablaban abiertamente. Las estrellas de cine y los directores hablaron de Hollywood, Reardon y Bob Safai analizaron el mercado inmobiliario. Phillips y Brill se acosaban constantemente el uno al otro de manera hilarante. Por supuesto, se hablaba también de la partida en sí. Me sentí como una mosca en la pared en un club secreto de los maestros del universo.

Al final de la noche, mientras Diego contaba las fichas de cada jugador, Reardon dijo:

—Aseguraos de darle una propina a Molly si queréis que os invitemos a la siguiente partida.

Me guiñó un ojo.

A la salida, los jugadores me dieron las gracias, algunos, un beso en la mejilla, pero todos me dejaron billetes en la mano. Les sonreí calurosamente y les devolví el agradecimiento, intentando controlar que no me temblaran las manos.

Cuando se fueron todos, me senté algo aturdida y, con las manos temblorosas, conté tres mil dólares.

Pero aún mejor que el dinero fue descubrir que ahora ya sabía por qué había venido a Los Ángeles. Sabía por qué había soportado las furiosas rabietas de Reardon, sus constantes insultos, los degradantes uniformes de camarera de barra, a aquellos chicos sórdidos y asquerosos.

Yo quería una gran vida, una gran aventura, y nadie me la iba a regalar. No había nacido con una manera de conseguirla, como mis hermanos. Estaba esperando mi oportunidad, y de alguna manera sabía que llegaría. Una vez más pensé en la Alicia de Lewis Carroll cuando decía: «No puedo volver a ayer porque entonces era una persona diferente». Comprendí la profunda simplicidad de esa afirmación... porque después de esta noche supe que ya nunca jamás podría volver.

SEGUNDA PARTE

HOLLYWOODEANDO

LOS ÁNGELES, 2005-2006

Hollywoodear (verbo)

Actuar de forma exagerada en una mano de póquer para inducir a engaño.

7

Me desperté en la mañana fría y oscura, antes de que saliera el sol y antes de que sonara mi alarma, y disfruté de mis sábanas, dejando que mis pensamientos repasaran los acontecimientos de la noche anterior. Con qué nuevo mundo extraño me había topado.

Para cuando terminé de recoger en el Viper, eran casi las dos de la madrugada. Había cerrado las puertas a mi espalda y corrí hacia mi coche con el bolso escondido protectoramente bajo el brazo. Conduje a casa cantando canciones a pleno pulmón.

Blair aún estaba fuera cuando llegué a casa. Me di una ducha caliente, tratando de calmarme, pero, cuando me metí en la cama, todavía estaba revolucionada. Empecé a hacer listas mentales de todas las cosas que podía hacer con el dinero de mis propinas. Pagar el alquiler del mes siguiente. Comprar ropa nueva, pagar la factura de la tarjeta de crédito. Incluso podría tener lo suficiente para ahorrar un poco.

Finalmente me quedé dormida.

Cuando salí de la cama revisé inmediatamente mi cajón de calcetines. El fajo de billetes de cien dólares estaba justo donde lo había dejado.

Fui a la cocina a preparar café. Según el reloj, apenas eran las seis de la mañana, pero la noticia era demasiado buena para no soltarla. Tenía que contársela a Blair. Tenía que decírselo a alguien, o iba a explotar. Ella había vuelto muy tarde, así que sabía que era mejor que tuviera un café a mano.

—¿Por qué estás tan feliz? —gruñó, aceptando la taza con los ojos medio cerrados.

Estaba a punto de estallar con toda aquella loca e increíble historia, cuando la cafeína empezó a hacerme efecto y la realidad se volvió más nítida. A pesar de que ella era mi mejor amiga y nos lo contábamos todo, no podía decirle esto. Era un secreto que yo, y no ella, debía guardar. Si se le escapaba y se lo contaba a alguien y llegaba a oídos de cualquiera de los jugadores, perdería su confianza.

Decidí allí y entonces no decirle nada a nadie, ni siquiera a mi familia, sobre el asunto de la partida. No haría nada que pusiera en peligro mi lugar en esa sala.

—No hay motivo especial —dije, intentando atenuar mi entusiasmo—. Es solo un hermoso día y no quiero que te lo pierdas.

—Ahora mismo no puedo contigo. Ciérrame la puerta —gimió, y se dio la vuelta.

—Lo siento —le dije, y salí al pasillo.

Esa mañana llegué temprano a la oficina, ya que quería demostrar que la partida no afectaría a mi rendimiento. Pasé una hora limpiando y organizando el escritorio de

Reardon y ordenando los archivos. Cuando terminé de ponerme al día con el trabajo, revisé el teléfono. ¡Siete nuevos mensajes! El corazón me dio un vuelco. Por lo general, eso significaba que Reardon estaba furioso por algo. Hoy no, sin embargo. Hoy tenía el buzón lleno de mensajes de los jugadores, que me preguntaban cuándo era la siguiente partida o comentaban lo mucho que se habían divertido. También querían asegurarse de tener asiento para la siguiente semana. Me hizo dar un brinco de alegría.

Reardon no apareció hasta las diez.

—¡Hola! —le dije radiante, entregándole su café y el correo.

—Alguien parece feliz —dijo con un guiño.

Me relajé un poco; gracias a Dios, estaba de buen humor.

—¿Cuánto conseguiste?

—¡Tres mil! —susurré, todavía con incredulidad.

Se rio.

—Ya te dije que esto sería bueno para ti, idiota.

Sonreí con satisfacción.

—Les encantó a todos —dijo—. No cierran la puta boca. Me han estado llamando toda la mañana.

Intenté no parecer demasiado ansiosa.

—Organizaremos la partida todos los martes.

Mi cara se iluminó y no pude controlar la enorme sonrisa que se extendía por mi cara.

—No dejes que joda tu trabajo —me advirtió.

Luego me miró los pies.

—Y vete a comprarte unos zapatos nuevos, esos son un puto asco.

***

Para nuestra segunda partida, Reardon estipuló que todos los jugadores trajeran diez mil dólares para su compra inicial y un cheque para cualquier pérdida adicional en la que pudieran incurrir. Durante el transcurso de la semana, mientras Reardon sorteaba llamadas de personas que habían oído hablar de la partida y querían jugar, escuché con atención. Luego creé una hoja de cálculo para todos los jugadores de póquer, actuales y potenciales.

Quería averiguar cómo ser irreemplazable. Todavía me quedaba mucho..., bueno, todo que aprender sobre aquel juego, pero sabía algunas cosas sobre el comportamiento humano del tiempo que pasé en los restaurantes y de observar a mi padre trabajar. Sabía que los hombres, y en especial los hombres de la clase social y el estatus de estos jugadores de cartas, querían sentirse cómodos y atendidos. Mejoré la tabla de quesos de supermercado por una versión más pija de una tienda de quesos de Beverly Hills. Había memorizado la bebida de cada jugador, sus aperitivos preferidos y el plato favorito del restaurante de lujo al que se los pedíamos normalmente. Estos pequeños detalles sin duda contribuirían al éxito.

Cuando Reardon me dio la lista final de jugadores a los que debía invitar para la segunda partida, había nueve, la mayoría repetidores de la primera partida, y me propuse aprender todo lo que pudiera sobre cada uno de ellos.

1. Bob Safai, magnate inmobiliario. Era una persona segura de sí misma y podía ser encantador o aterrador dependiendo de si iba ganando o perdiendo. Lo había visto reprender a los repartidores y a varios oponentes la semana

anterior. Había sido muy amable conmigo, pero tuve la sensación de que era alguien que querrías tener de tu parte.

2. Todd Phillips, guionista/director, cuya última película, *Resacón en Las Vegas*, había dejado su huella en el *hall* de la fama del humor adolescente.

3. Phillip Whitford, el aristócrata, era guapo, con buenas maneras, apestaba a dinero viejo y se podía decir que era el mejor jugador de la mesa. Era el que me había dado el consejo de no hablar con un jugador que estuviese en una mano y me había ofrecido cálidas sonrisas de aliento. Sentía que era un aliado.

4. Tobey Maguire estaba casado con Jen Meyer, hija del director ejecutivo de Universal. A pesar de su pequeña estatura, era una enorme estrella de cine y, según los chicos, era el segundo mejor jugador de la partida.

5. Leonardo DiCaprio, quizás la estrella de cine más reconocible del mundo. No solo era devastadoramente guapo, sino que era increíblemente talentoso. Sin embargo, tenía un estilo extraño en la mesa; era casi como si no estuviera intentando ganar o perder. Arruinaba la mayoría de las manos y escuchaba música con unos auriculares enormes.

6. Houston Curtis era el que no encajaba. Houston había crecido sin riquezas ni privilegios. Era productor de *realities* populacheros, como los vídeos de *Best of Backyard Wrestling*. Su razón para ser famoso era que aprendió a jugar a las cartas cuando era un niño pequeño y había llegado a Hollywood sin un centavo. Parecía ser buen amigo de Tobey.

7. Bruce Parker estaba ya en la cincuentena. Le oí decir que empezó traficando con hierba. Con el tiempo aprove-

chó su conocimiento de los negocios para ascender en la carrera ejecutiva dentro de una de las compañías de golf más antiguas y de mayor éxito. Supuestamente consiguió miles de millones en ventas y ayudó a que la empresa cotizara en bolsa.

8. Reardon, de quien ya sabía más de lo que nunca había necesitado saber.

9. Mark Wideman, a quien aún no conocía, era amigo de Phillip y era nuevo en la mesa esta semana.

Esta vez, escribir el mensaje para el grupo fue más fácil. Ya sabía quiénes eran y qué esperar. Pulsé enviar y, al igual que la última vez, los chicos respondieron de inmediato con un *Estoy dentro* y *¿Quién juega?*

Esperaba el martes con ansia, y no podía llegar lo suficientemente pronto.

8

Durante el fin de semana conduje mi destartalado Jeep Grand Cherokee hasta Barneys. Le entregué con timidez mis llaves al aparcacoches, más que cohibida porque mi coche no encajaba exactamente con los elegantes y relucientes Mercedes, BMW, Ferraris y Bentleys.

Una vez dentro, me olvidé de mis inseguridades y recorrí la sección de calzado. Contemplé a mi alrededor los inmaculados expositores. Por primera vez en mi vida podía permitirme comprar lo que escogiera. Estaba como una niña en una tienda de golosinas.

—¿En qué puedo ayudarle? —preguntó un vendedor inmaculado, mirando con desaprobación las desgastadas chanclas que llevaba puestas.

—Solo estoy mirando —dije, ignorando su esnobismo.

—¿Puedo sacarle algunos modelos? —preguntó.

—Claro —dije alegremente.

Después de probarme diez pares, me quedé con unos zapatos de salón clásicos de Louboutin en color negro.

—¿Eres igualmente tan bueno a la hora de encontrar vestidos? —le pregunté.

—Venga conmigo —dijo con calidez mientras yo soltaba los mil dólares en efectivo para pagar los zapatos. Ahora que estaba gastando dinero era más amable conmigo.

—Déjeme que le presente a mi amiga de la cuarta planta —dijo.

Se llamaba Caroline. Mientras caminaba a su lado, sentí lo que mi coche debió de haber sentido en el aparcamiento, junto a todas esas versiones más lujosas de lo que podría ser un coche. Yo era más que consciente de mi apariencia descuidada. Barneys estaba lleno de mujeres perfectamente arregladas que parecían no haberse levantado ni un solo día de sus vidas con el pelo horrible. Yo llevaba unos pantalones cortos vaqueros, chanclas y una sudadera; el pelo recogido en una cola de caballo mal peinada y una gorra de los Denver Broncos, pero lo peor era mi monedero falso de Prada, que saltaba a la vista y que le había comprado a un vendedor ambulante en el centro de L. A.

—¿Cómo le puedo ayudar? —preguntó.

—Estoy buscando un vestido que me haga parecer otra completamente.

Me reí. Ella también se rio.

—¿Es para el trabajo? ¿Una cita? ¿Una audición?

—Con estos precios, espero que para todo lo anterior.

—Voy a sacarle algunas opciones, así que siéntese. —Me señaló un gran vestidor de lujo—. Mientras me pongo con ello, quítese la gorra, recójase el pelo en un moño y póngase los zapatos nuevos.

Hice lo que me dijo.

Volvió con varios vestidos magníficos.

—Enséñame cada uno que te pongas —dijo.

Me enfundé un Dolce & Gabbana negro estructurado. Era como un truco de magia: me levantaba las tetas, me chupaba la cintura y me acentuaba el trasero.

Salí del vestidor.

—¿De dónde ha salido este cuerpo? —preguntó Caroline con aprecio, llevándome a un espejo de tres hojas. El vestido creaba una ilusión óptica que me hacía parecer no solo elegante, sino también sexi.

¿Cómo podría decir que no, incluso al precio que marcaba la etiqueta? Este vestido me había transformado tanto como la aplicación de maquillaje de Valerie.

—Así que ahí está tu versión sexi, ahora pasemos a un clásico, y habrás recorrido un buen trecho para dejar atrás a tu antiguo yo.

Sonreí felizmente.

Me probé un Valentino azul marino que abrazaba mi cuerpo en los lugares correctos sin resultar demasiado provocativo.

Terminamos el *look* con una sarta de perlas de Chanel.

—Sin duda eres buena en tu trabajo —le dije con admiración.

Ella sonrió.

—Solo dame tu tarjeta de crédito y podrás marcharte.

—Ah —dije, sacando mi fajo de billetes de cien—. Tengo dinero en efectivo.

Caroline hundió su expresión. Me puse triste. Podía ver que pensaba que yo era prostituta.

—Volveré con el total.

Su voz seguía siendo amistosa, solo un poco más fría.

Estaba cambiándome para ponerme de nuevo mi ropa cuando se dejó caer por el probador.

—Se supone que no debo hacer esto, me podrían despedir. Pero me gustas y he visto a esta ciudad destruir a chicas jóvenes.

—Te lo prometo, Caroline, no soy *escort* ni nada por el estilo. Acabo de tener una muy buena mano en una partida de póquer. Y esa es la verdad.

Ella sonrió.

—Eso es genial, y mucho mejor que la respuesta que temía. Aquí tienes mi tarjeta, llámame cuando necesites cualquier cosa.

Le sonreí de nuevo.

—Gracias por ser sincera, incluso a riesgo de meterte en problemas.

Salí de Barneys con mis nuevos trajes, sonriendo de oreja a oreja.

Por fin llegó el martes y esta vez Reardon me dejó salir del trabajo a una hora razonable, así que conduje a casa para ponerme mi nuevo conjunto.

Estaba conduciendo cuando sonó el teléfono; era uno de mis jefes del mundo de los clubes. Aún aceptaba algunos turnos cuando podía.

—Hola, T. J. ¿Qué pasa?

—Necesito que trabajes esta noche —dijo. Sonaba impaciente.

Todos los que trabajan en la industria de los clubes nocturnos están siempre de mal humor en las franjas diurnas.

—No puedo —le dije.

Esta era la primera vez que le decía que no.

—Supongo que no valoras tu trabajo —dijo, con un tono duro—. Hay un millón de chicas en esta ciudad que matarían por ello.

Pensé en el dinero que había conseguido la semana anterior trabajando en la partida, más dinero en una noche de lo que podría llevar a casa durante un mes en el club, así que tragué aire y le dije:

—Bueno, ¿y por qué no llamas a una de ellas?, porque yo lo dejo...

Hizo una pausa, sorprendido. Le di las gracias cortésmente por la oportunidad y colgué.

Sabía que estaba siendo imprudente. No había ninguna garantía de que estas partidas de cartas fueran a durar, pero iba a tratar de que así fuese todo lo que pudiera. Y me sentí muy bien al dejar ese ingrato y degradante trabajo en la barra.

Aparecí con mis zapatos y mi vestido nuevos. Había elegido el más sexi.

—Guau, mírate —dijo Diego, agarrando las bolsas de alcohol que yo traía—. Vas a recibir unas propinas muuuy buenas esta noche.

—¿Es demasiado? —pregunté.

—Para nada. Estás sexi, mami. Hablando de propinas, ¿qué quieres hacer al respecto?

—¿Al respecto de qué? —le pregunté.

—De las propinas —dijo—. Los chicos me dan propina durante toda la partida. Vi que te dieron algo de dinero en efectivo al final. Siempre vas a ganar más cuando hay fichas. Podemos dividir si quieres. Cincuenta y cincuenta.

Pensé en esto cuidadosamente. Había visto a los chicos lanzar fichas al centro después de ganar una mano. Así que la lógica me decía que diez chicos que dan propinas en el curso de muchas horas se traduciría probablemente en un montón de dinero. Sin embargo, Reardon había dejado claro que darme propinas era la manera de que los volviésemos a invitar.

—Vamos a ver qué pasa esta noche y decidimos después de la partida.

Quería ver cuánto conseguía él.

—Está bien —dijo, sonriendo.

Reardon entró justo en ese momento.

—Guau —dijo, riéndose—. Pareces un bombón.

Eso fue lo más parecido a un cumplido que llegué a recibir nunca de él.

Le lancé una rápida mirada de desaprobación.

Miró la comida que había preparado.

—¡Toma! —anunció, y despedazó un sándwich.

Traducción: había hecho bien mi selección de platos. La verdad era que todo lo había aprendido de Reardon, que adoraba lo mejor de lo mejor, como el caviar cuando tenía resaca. Había recorrido un largo camino desde que me lanzó aquellos *bagels* de Pink Dot. Todas las comidas que me enviaba a buscar, todas las tablas de queso que me pedía para la oficina, habían influido decisivamente en mi conocimiento de las cosas más refinadas.

Houston entró y me dio un cálido abrazo.

Tenía preparado su té helado de frambuesa Snapple Diet.

Después llegó Bruce Parker, seguido muy de cerca por Todd Phillips. Todd y él se estaban riendo cuando entraron.

—¿De qué os estás riendo, tarados? —exclamó Reardon, saludándolos con el puño cerrado.

Reardon era un germófobo que, por razones sanitarias, optaba por golpear en lugar de dar la mano. Por supuesto, su miedo a los gérmenes parecía salir volando por la ventana cuando se trataba de hazañas sexuales.

—A Parker le acaban de hacer un favor en el aparcamiento —explicó Phillips.

—Era mona y solo quería quinientos, así que pensé que había tenido suerte —se rio Bruce.

—Picarón —asintió Reardon con aprobación.

Justo entonces notaron que yo trataba de desaparecer en el rincón.

—Lo siento, cariño —dijo Todd.

—Molly ha oído de todo, trabaja para mí.

Reardon rechazó las disculpas mientras yo asentía y forzaba una sonrisa fácil.

—¿Qué piensa tu novio de que te pongas ese vestido y andes con un montón de imbéciles como nosotros? —preguntó Todd.

—No tengo… —comencé a decir, pero ya habían perdido el interés por mí. Tobey y Leo acababan de entrar.

Los chicos se sintieron algo cohibidos e incómodos, excepto Reardon, por supuesto, que golpeó a Leo con el puño y le lanzó un brusco:

—¿Qué pasa, jugador?

Mientras los chicos se agrupaban en torno a Leo, Tobey se acercó a Diego y le entregó su Shuffle Master. La Shuffle Master es una máquina de diecisiete mil dólares que se supone que reparte la baraja de manera justa y aleatoria en cada ocasión y aumenta la velocidad y la precisión de cada partida. La semana anterior, Tobey le había dicho a los chicos que no jugaría sin ella.

El siguiente jugador en llegar fue Bob Safai. La semana antes había visto cómo Diego le repartía lo que los otros llamaron una *bad beat*. Esto significa que aunque Bob tenía una mano mucho más fuerte, acabó perdiendo. Vi cómo Bob le lanzaba enfadado sus cartas a Diego.

Estadísticamente –Diego me lo había explicado más tarde–, Bob debería haber ganado la ronda. Era un *two-outer*, lo que significaba que solo había dos cartas en la baraja que pudieran hacer ganar a su oponente. Cuando Tobey lo consiguió, Bob se volvió loco. Le lanzó una mirada desagradable a Diego y dijo algo acerca de que barajaba las cartas para Tobey. Incidentes como ese hacían que me sintiera agradecida de que Tobey hubiera traído una máquina para barajar esta vez, y que no fuese yo la que tenía que repartir en las partidas.

—Hola, cariño —dijo Bob, mientras cogía su abrigo. Vi que recorría la sala con la mirada; incluso se sintió algo mareado cuando vio que Leo estaba allí.

Phillip Whitford entró con su amigo Mark Wideman. Mark era amigo de Pete Sampras, que supuestamente jugaba al póquer de alto riesgo.

Wideman era un buen jugador, pero había dicho que intentaría traer a Sampras, lo que sería una gran atracción para la partida.

Cuando me vio, Whitford soltó un silbido bajo y me besó la mano.

Me sonrojé y miré al suelo, disfrutando de cada momento surrealista de ser la única chica entre hombres tan guapos y consumados.

Y luego, por encima del rumor de voces, llegó la voz resonante de Reardon:

—¡¡Vamos a jugar!!

Se acomodaron en sus asientos y el aire se llenó de los suaves sonidos de mi lista de reproducción de Frank Sinatra, con el zumbido de la Shuffle Master, el repique de las fichas y la alegre y divertida burla de los jugadores.

Una vez que la partida estaba en marcha, era difícil seguirla. Los chicos recargaban sus fichas de forma trepidante y todo el mundo apostaba todas sus fichas a la vez, a lo que se le denominaba *going all in*, apostarlo todo, como me dijo Phillip durante una rara pausa. Aunque yo era una novata en el póquer, estaba cautivada. La partida destilaba frenetismo y emoción. Y yo no era la única que sentía la energía. Diego repartía las manos a la velocidad de la luz. Los chicos también hacían apuestas laterales sobre el color del *flop* (las tres primeras cartas comunitarias que repartía Diego), e incluso comenzaron a apostar por los deportes.

Me senté en la esquina, sin dejar de mirar. De vez en cuando les rellenaba los vasos. Los chicos estaban tan concentrados en la partida que casi se olvidaron de que yo estaba allí, salvo por Phillip, que me escribía mensajes de texto con observaciones sobre el póquer. Yo escribía frenéticamente en mi ordenador portátil, documentando todo lo que estaba aprendiendo.

Mientras tanto, Bob daba unas jugosas entrevistas sobre el mercado inmobiliario, Wideman hablaba de Sampras, Tobey analizaba las manos de póquer con Houston, Reardon intentaba arremeter contra todos los demás insultándolos,

Phillips dejaba caer comentarios ingeniosos, Leo llevaba sus auriculares que le ayudaban a concentrarse. Bruce habló durante un rato sobre la chica que le había hecho una paja por quinientos dólares y luego pasó a contar cómo había ganado él su fortuna, comenzando con su inicio como vendedor de hierba en Hollywood.

Cuando llegó la hora de la cena, hice un pedido a Mr. Chow's. Los chicos no estaban encantados con la idea de parar la partida para comer, y me apunté la idea de conseguir mesas auxiliares para que, en el futuro, pudieran comer sin abandonar la mesa de póquer. Durante la cena escuché a Bruce preguntarle a Phillip por algún lugar al que llevar a una chica a cenar (supongo que no a la chica de la paja).

—Conozco el lugar perfecto —dije en voz alta—. Madeo. Realmente romántico y la comida es increíble.

—Estupenda sugerencia —dijo.

—¿Quieres que te haga una reserva? —le pregunté.

Gracias a todas las reservas que había hecho para Reardon y el equipo, ahora conocía a los *maîtres* de los mejores restaurantes.

—Eso sería genial. —Bruce sonrió.

—Bruce, envíame un mensaje cuando quieras la reserva y me encargaré de ello.

—Gracias, Molly. Eres la mejor.

Durante la última semana había estado pensando en formas de integrarme en la vida de los jugadores, ya que quería aumentar las posibilidades de que no me reemplazasen. Sabía cuánto le gustaba a Reardon que me encargase de sus minucias, así que me había propuesto probar con los chicos de la mesa. Sabía, no obstante, que tenía que parecer natural, no algo forzado. Sentí que me había funcionado perfectamente bien con Bruce. En esa misma partida, algo más tarde, me llegó un mensaje de Houston, preguntando si podría conseguirle a él y a un amigo entradas en cierto club de Hollywood. Yo conocía a todos los promotores y a los porteros de allí, así que también me encargué de eso.

La partida se reanudó a toda velocidad después de la cena. Me senté en la esquina a contemplar cómo volaban las manos de Diego por la mesa, empujando fichas y volteando cartas, era dificilísimo seguirlo. De repente, el ruido se atenuó y Mark Wideman se levantó. Caminó alrededor de la mesa con las manos en los bolsillos.

Había una pila gigante de fichas en el centro. Mis ojos trazaron el perímetro de la mesa para ver quién tenía aún cartas.

Tobey.

Tobey estaba allí sentado, comiendo los aperitivos veganos que había traído de su casa. Sus ojos redondos estaban fijos en Mark.

Mark deliberó mientras los demás conteníamos el aliento. No tenía ni idea de lo que estaba sucediendo, pero podía sentir el suspense.

—¡Voy! —anunció.

Tobey lo miró estupefacto.

—¿Vas? —preguntó.

—Sí —dijo Mark—. ¿Te tengo?

Traté de sumar mentalmente las fichas, pero había tantas y estaban por todas partes…

—Me has cogido —dijo Tobey, y empujó sus cartas a Diego.

Tobey sonrió a Mark.

—Buena mano, hombre.

Y luego me miró directamente y me clavó los ojos con dureza.

¿Quién es este tipo?, me preguntó Tobey en un mensaje.

Mark Wideman. Es abogado.

Ya veo, fue todo lo que respondió.

Tuve una sensación de desasosiego que me decía que me había metido en problemas.

La partida volvió a reanudarse y contuve el aliento cuando Reardon estaba en una mano y también Tobey. Conocía a Reardon lo suficiente para estar segura de que la emoción de la partida no le duraría mucho si perdía una y otra vez. Y era obvio que también tenía que mantener feliz a Tobey. Al final de la noche, ambos salieron adelante, pero cada segundo que llevaba a la última mano de la partida estaba tan cargado de expectación que al final de la noche estaba completa y emocionalmente agotada. Aunque disfruté de cada minuto. La partida duró hasta las tres de la mañana.

Cuando los chicos salieron, les ayudé con sus abrigos y los tiques de aparcacoches, nos dimos un beso sin beso y/o nos despedimos con un abrazo, y cada uno de ellos me recompensó generosamente con dinero en efectivo o fichas. Sentía un inmenso agradecimiento; me parecía mucho más de lo que merecía. Quienes más propina ofrecieron fueron Phillip, Houston y Bruce, que me dieron sumas especialmente elevadas, aunque me aseguré de agradecérselo a cada uno de ellos con la misma cantidad de entusiasmo. Tobey, a pesar de ser el mayor ganador, fue quien me dio la propina más pequeña.

Una vez que se fueron, Diego y yo nos sentamos a la mesa. Juntamos nuestras propinas y luego las contamos: quince mil dólares. Siete mil quinientos dólares cada uno.

Lo miré sorprendido.

—¿Esto es normal?

—No… —rio alegremente—. Nunca he visto una partida como esta.

—Diego —le susurré—. ¡Siete mil quinientos dólares! ¿Estás de puta broma?

—Tú sigue poniéndote esos vestidos —bromeó.

Fui detrás del bar y nos servimos una copa de champán.

—Esto merece un brindis —dije—. ¡Por las divisiones cincuenta y cincuenta, como amigos y aliados!

—Eso me gusta —dijo.

Aunque nuestras propinas no siempre alcanzaran la misma cantidad, resultaba agradable tener un socio.

Nos bebimos el champán en medio de un feliz silencio. Diego había recorrido muchas de las rutas de Beverly Hills y había pasado su carrera en casinos de poca monta, repartiendo *bad beats* a chicos cuya vida entera podría quedar arruinada por la carta equivocada. Estaba en el país de las maravillas tanto o incluso más que yo.

—Espero que esto dure para siempre —le dije, después de unos minutos.

—Nada es para siempre, especialmente en los juegos de azar —dijo con conocimiento de causa.

Intenté sacarme de la mente las palabras de Diego. En su lugar, escuché la voz de mi madre en mi cabeza y lo que me decía todas las noches cuando me metía en la cama: «Puedes hacer lo que quieras, cariño, cualquier cosa que te propongas». Puede que esto no fuera lo que ella imaginaba, pero era lo que yo quería más que nada en el mundo y haría todo lo que estuviera en mi mano para que durase.

9

Lo que seguía una vez acabada la partida era siempre lo mismo: organizar a los jugadores. Pagar al que hubiera ganado. Recaudar el dinero del que hubiera perdido.

Al principio, la parte relativa al dinero me estresaba. Me sentía mal pidiéndoles dinero a los perdedores, y se tardaba mucho tiempo en conducir por toda la ciudad persiguiéndolos y luego pagando. Pero pronto me di cuenta de que esos encuentros individuales eran grandes oportunidades para conocer realmente a los hombres que se sentaban en la mesa.

Aquel miércoles tenía programado ver a Tobey y a Phillip.

Fui a ver a Tobey primero. Me estaba acostumbrando a pasar por allí: Tobey ganaba cada semana.

Conducía lentamente por la empinada carretera, llamaba al timbre de seguridad y me anunciaba:

—Soy Molly, para dejar un cheque.

El tono largo indicaba que tenía autorización. Las puertas se abrían lentamente y yo entraba. Al final del camino estaba la casa palaciega de Tobey.

Él ya estaba en la puerta cuando yo llegaba allí.

—Hooola, ¿cómo estás?

—Hola —le dije, entregándole la pesada y extraña Shuffle Master—. Gracias por dejarnos usar esto para la partida.

—No hay problema —dijo, cogiendo la máquina—. Quería hablar contigo sobre algo.

—¿Qué pasa?

Entornó los ojos un momento.

—Creo que voy a empezar a cobrar por el alquiler de la Shuffle Master.

Miré el amplio vestíbulo de la mansión en las colinas que tenía a su espalda. Se podía ver directamente el océano.

Me reí. Seguramente estaba de broma. No podía ir en serio con eso de cobrar el alquiler de una máquina que él mismo insistió en que usáramos, y a los chicos, cuyo dinero se llevaba a casa cada semana.

Pero estaba tan serio como la muerte, y rápidamente me dejé de reír.

—Está bien —exclamé—. Eeee, ¿cuánto?

—Doscientos dólares.

Sonreí para ocultar mi sorpresa.

—Estoy segura de que no habrá problema. De acuerdo —dije.

Sabía que debía preguntárselo primero a Reardon, pero quería que pareciese que yo tomaba decisiones. Ya me figuraría la parte de Reardon más tarde.

—Geniaaal —dijo—. Gracias, Molly. Y otra cosa. Me gustaría saber quién va a jugar cada semana. Si va a haber alguien nuevo, me gustaría saber quién es. Por adelantado.

Sus palabras salieron despacio, sonaban suaves por fuera, pero llevaban dentro una afilada amenaza. Me imaginé que se debía probablemente a la mano que perdió ante Mark Wideman.

—No hay problema —repetí, deseando salir de allí antes de que le prometiera entregarle a mi primogénito y mi propia alma.

—Estupendo, ya hablamos —dijo, y se despidió ondeando su mano alegremente.

Meneé la cabeza mientras me alejaba de allí. Nunca entendería a la gente rica.

Phillip me estaba esperando en su club de puros favorito, que estaba discretamente escondido en un edificio de dos pisos de Beverly Hills. El ascensor se abrió y divisé un lujoso vestíbulo revestido de caoba y, tras él, un elegante salón decorado repleto de fumadores de puros. Conscientemente comprobé si a mi alrededor había algún letrero que dijera *NO SE PERMITEN MUJERES*, pero el *maître* sonrió y me llevó hasta Phillip, que estaba sentado solo en el bar sorbiendo un *whisky*.

Tenía una baraja de cartas en las manos y me ofreció una sonrisa torcida.

—Es que no puedo estar lejos de las cartas. En realidad, estas son para ti. Te voy a dar una lección de póquer.

Me sonrojé. De alguna manera esperaba que los chicos no se hubieran dado cuenta de lo poco que yo sabía sobre el póquer.

—¿Cómo sabes que no soy una profesional que secretamente pasa el rato con vosotros para aprender de vuestro lenguaje corporal? —le pregunté.

Gracias a una búsqueda de Google, había aprendido un

poco de vocabulario sobre el póquer: *tells* o lenguaje corporal son los cambios sutiles en el comportamiento del jugador que dan pistas sobre su mano de póquer.

Él se rio con afecto.

Nos trasladamos a una mesa que había en un rincón y le pasé un sobre con su cheque en el interior. Lo cogió, se lo acercó a la cara y luego me echó una mirada.

—Mis ganancias de póquer no suelen oler a flores. Buen toque.

—Se me ha derramado perfume en el bolso —le dije de forma poco convincente, avergonzada de nuevo.

Se puso serio y barajó las cartas. Dos para mí, dos para él.

—A estas se las conoce como *pocket cards* o cartas ocultas. No dejes que nadie las vea.

El póquer no va tanto sobre las cartas que se reparten, sino sobre cómo jugar la mano que tienes. Puedes ganar con una mala mano si eres capaz de interpretar a tu oponente y entender qué mensaje envían tus acciones, cosas como el estilo a la hora de apostar o las expresiones faciales.

Desechó una carta que llamó *burn card* o carta quemada, y luego puso tres cartas boca arriba en medio de la mesa.

—Bien, no te enamores de una mano bonita, porque cuando llegue el *flop*, tu bonita mano se puede convertir en una mano francamente fea. El póquer es un juego que se basa en probabilidades, matemáticas simples y la capacidad de interpretar a la gente. Si vas a ir de farol, tienes que creértelo tú misma. Recuerda que los demás jugadores están buscando información en ti. Expresiones faciales, lenguaje corporal, la cantidad y la forma en que apuestas. Cuando tienes lo que crees que es la mejor mano, a la que se le llama *nuts* o nueces, puedes tratar de mantener jugando a tus oponentes apostando de manera que los empuje, o apostar agresivamente y llevarte el bote. Y si vas a ir a todo, asegúrate de haberlo pensado bien. Asegúrate de tener la mejor mano posible o que tu oponente crea que la tienes. Aunque —continuó—, superar a tu oponente no siempre funciona. Incluso los mejores jugadores del mundo tienen noches que van mal. Identifica esas noches y sé disciplinada con tu desventaja, o la cantidad de dinero que te has marcado perder. Aprende cuándo abandonar la mesa.

Probamos un par de manos boca arriba mientras Phillip soltaba un rosario de cálculos o probabilidades para cada una de mis manos iniciales y cómo cambiarían según avanzara la mano. Después del *flop* (las tres primeras cartas), venía un *turn* (la siguiente carta) y, finalmente, un *river* (la última carta).

—Creo que lo capto —dije.

Las primeras manos las jugué exactamente como él me había enseñado. Pero después de un rato me aburría y hasta dejé de abandonar las manos malas.

Me miró, decepcionado.

—No creo que pueda llegar a ser una buena jugadora de póquer. Me emociona demasiado ver qué viene a continuación, incluso si tengo una mala mano.

Se rio.

—No lo olvides, el póquer es mucho más que un juego. Es una estrategia para la vida. Si vas a asumir riesgos, asegúrate de que estás tomando riesgos calculados.

Asentí, absorbiendo todo lo que me decía.

Me dirigí a la oficina todavía pensando en la lección de póquer. Se parecía mucho más a una lección de vida. Entré en la oficina y, antes de que pudiera decir hola, Reardon estaba soltándome una extensa lista de cosas que TENÍA que dejar hechas CUANTO ANTES.

—Recoge y ordena el correo, paga las facturas. Y tienes que desembalar las cajas en la oficina. Y necesito más camisas negras. Y que no se te olvide archivar los documentos y organizar todos los acuerdos operativos, y tienes que ir al City National y dejar estos formularios y...

Asentí con furia, tomando notas mientras Reardon me soltaba su larga lista de peticiones. Desde que comenzó la partida, había aumentado sustancialmente mi carga de trabajo. Empezaba a recibir sus órdenes a las siete de la mañana y a veces no conseguía terminar las tareas hasta medianoche. Salvo los días de partida, por lo general me pasaba el tiempo en la oficina o en su casa, encargándome de cualquier cosa que tuviera que hacerse. Él sabía que conmigo jugaba con ventaja, así que yo misma firmé mi contrato de esclava de Reardon a tiempo completo a cambio del derecho a ser su anfitriona de póquer a tiempo parcial.

A lo largo de todo un mes, la partida se había desarrollado sin problemas. Durante cuatro martes seguidos había conseguido miles de dólares y escuchado discusiones sobre casi todos los temas pertinentes de la gente que estaba en el ajo. Los ricos y famosos tenían información con la que no contaba la gente corriente. Invertí horas de reflexión sobre el magnetismo de la partida y la interacción entre estos hombres. ¿Por qué estos chicos, con su apariencia glamurosa y sus vidas desbordadas, quieren pasar incontables horas en un sótano maloliente para ver cómo salen patrones aleatorios de una baraja de cincuenta y dos cartas? Ciertamente no estaban allí para ganarse la vida... bueno, quizás Houston Curtis sí lo estuviera.

Después de un mes escuchando y observando, me lo figuré. En su mayor parte, eran hombres que lo habían arriesgado todo para alcanzar un enorme éxito. Arriesgado, tiempo pasado. Ahora estaban planeando. Estaban seguros. No había yugular que salvaguardar en su vida cotidiana. Podían conseguir cualquier mujer que desearan, comprar cualquier cosa que quisieran, hacer películas, vivir en mansiones, adquirir y desenterrar enormes corporaciones. Ansiaban la adrenalina de la apuesta, era lo que les hacía volver. Era mucho más que un simple juego: se trataba de escapismo, aventura, fantasía.

Se había convertido en un escape para mí también. Una manera de evitar «crecer», lo que significaba, al menos para mi padre, sucumbir a una vida de obligaciones ingratas. Decidí que esta partida era el siguiente nivel de mi educación. Todo lo que pasaba ante mis ojos era otra lección de economía, psicología, emprendimiento, el sueño americano.

Así que cuando Reardon decía «salta», yo saltaba. Y eso no significaba que fuera feliz con ello.

—¿Eso es todo? —le dije a Reardon con más de una pizca de sarcasmo.

Aquel día acababa de relatarme una semana de tareas con la expectativa de que, de alguna manera, pudiera completarlas todas antes de dirigirme a casa de Tobey para entregarle sus ganancias.

—Solo una cosa más —dijo—. No hay más voluntariado.

—¿Estás hablando del hospital? —pregunté con incredulidad.

—Sí —dijo.

—¿Qué? ¿Por qué? —pregunté con rabia—. Nunca ha afectado a mi trabajo.

—Ese no es el tema. No necesito que me traigas gérmenes a la oficina. Y eres demasiado pobre para ser voluntaria. Cuando seas rica puedes ser voluntaria todo lo que te dé la gana, pero eres pobre y estúpida y tienes que invertir el tiempo en ser más inteligente y en averiguar cómo no ser pobre.

—No puedes estar hablando en serio —repetí, esperando un indicio de compasión.

—Te lo digo muy en serio. O el voluntariado o la partida de póquer. Tú decides.

Lo miré con incredulidad.

—No hay quien te entienda —dije—. Es de locos.

—Está bien. —Se encogió de hombros—. El martes no hay partida.

Salí de su despacho con los ojos llenos de lágrimas mientras pensaba en las sonrisas que ofrecían los niños del hospital a pesar de su situación. Ellos merecían apoyo y aliento; me necesitaban a mí y a todos los demás voluntarios. Yo los necesitaba. Necesitaba sentir que no me estaba perdiendo por completo en este nuevo mundo de dinero y destello. Era egoísta, lo sabía, pero el cheque de realidad que conseguía en el hospital me ayudaba a mantenerme firme y con los pies en el suelo. Reardon siempre estaba tratando de hacerme más dura y más inteligente; equiparaba el idealismo con la estupidez. Me tenía allí porque me dejaba el culo trabajando y yo era la única asistente que había tenido que no lo había dejado después de una semana. Rara vez lo admitía, pero de vez en cuando me decía que tenía potencial, que podía ser inteligente. Esto siempre iba acompañado rápidamente de un insulto, por supuesto. Era como un hada madrina malvada.

Mi voluntariado era una de las pocas cosas que me quedaban de mi identidad anterior. Una identidad, me recordé, que pasó bastante desapercibida. Entonces pensé en la partida. Pensé en el destello y el alto riesgo, y la emoción de poder escuchar, como quien no quiere la cosa, las conversaciones de algunos de los hombres más ricos y poderosos del mundo.

Había pensado que podría ser idealista y capitalista a un mismo tiempo, y algún día lo sería. Pero ahora mismo tendría que elegir.

Mi antiguo yo odiaba a mi nuevo yo, pero le obligué a que se callara mientras escribía un correo electrónico a mi supervisor en el hospital.

Después de enviarlo, y de poner en copia oculta a Reardon, entré en su despacho.

—¿Feliz? —pregunté.

Sonrió como un gato de Cheshire.

—Algún día —me dijo—, algún día lo entenderás. Trabajar como voluntaria no soluciona tus problemas. Todas las chicas estúpidas y perdidas que conozco están salvando ahora a cachorros o a bebés en lugar de enfrentarse a la realidad de lo que es el mundo y cómo sobrevivir en él.

—Eres malvado —le dije—. Eres el diablo en persona.

Se echó a reír como un loco.

—Me preocupa seriamente tu alma.

—¿Te preocupa mi alma? —me preguntó, y se rio aún más fuerte—. Preocúpate por los informes sobre los suelos de la nueva propiedad, estúpida.

10

La partida de póquer había despegado de una manera increíble. Rápidamente se ganó la reputación de ser la mejor partida que había en Los Ángeles. La fórmula de mantener fuera a los profesionales, invitando a celebridades y a otra gente interesante e importante, e incluso el misterio de jugar en una sala privada del Viper Room, contribuyeron a que se convirtiera en una de las invitaciones más codiciadas de la ciudad. Tenía que rechazar a personas importantes cada semana. Pronto nos vimos obligados a organizar dos partidas a la semana, y yo era la guardiana.

Las nuevas caras en la mesa incluían:

John Asher, que se pasaba la mitad del tiempo lamentándose de su divorcio de Jenny McCarthy y la otra mitad recibiendo las burlas despiadadas de los demás.

Irv Gotti (que no tenía ninguna relación con los Gotti italianos), que había creado la discográfica Murder Inc y representaba a artistas como Ashanti y Nelly. Trajo a Nelly a un par de partidas.

Nick Cassavetes, hijo de Gena Rowlands, que había dirigido recientemente *El diario de Noah*.

Un chico rico, de los fondos fiduciarios, llamado Bryan Zuriff, que tenía un aire de estar por encima de todo.

Chuck Pacheco, que era uno de los principales miembros del famoso grupo de farra de Tobey y Leo.

Leslie Alexander, propietario de los Houston Rockets, y algún jugador ocasional de la NBA.

Parte de la diversión semanal consistía en traer una nueva cara. Era algo interesante observar la dinámica. El tipo nuevo siempre se sentía incómodo al principio y yo hacía todo lo posible para que se sintiera mejor. Los asiduos, especialmente Todd Phillips y Reardon, intentaban conseguir que se sintieran incómodos. Era como ver a un grupo exclusivo de chicas adolescentes. Si el tipo empezaba a ganar en cuanto se sentaba, lo acosaban aún más. Pero si iba perdiendo o jugaba mal, los chicos eran mucho más amables. Si el nuevo jugador era una celebridad o un multimillonario, entonces se acababan todas las apuestas y se le trataba como a la realeza.

Se puede decir mucho sobre el carácter de un hombre al verlo ganar o perder dinero. El dinero es el gran ecualizador.

A veces había falta de comunicación y Reardon invitaba a alguien sin decírmelo, y entonces teníamos demasiados jugadores. En ese caso tenía que desinvitar a alguien y no era una tarea divertida. A menudo se lo tomaban como algo personal, gritándome o sacando su estatus a pasear.

—¿Sabes quién soy?

—Buena suerte cuando quieras conseguir una propina mía la próxima vez.

—Espero que tengas un plan B, porque voy a hacer que te despidan.

Tenía que escuchar todas estas cosas y era difícil no enfadarse. Pero me di cuenta de que la siguiente vez que podían jugar toda aquella bravuconería carecía de sentido, porque los abrazos, los besos y las propinas volvían al mismo tiempo que el tipo prácticamente saltaba a la mesa, feliz de volver a ser uno de los chicos guay.

Y no era solo que cada jugador de cartas de Hollywood quisiera venir a la partida, sino que los amigos y los amigos de sus amigos querían venir como público. Sentí que una gran parte de esta empresa dependía de la discreción, así que trataba de disuadir a los espectadores cuando podía, pero no podía evitar que los chicos llevaran a sus novias para presumir de ellas o a la celebridad de turno que pasaba por allí. Para ser sinceros, siempre se permitían celebridades. Como cuando las gemelas Olsen aparecieron con un multimillonario al que estaba intentando conseguir para la partida. Estaban dentro, sin que se hicieran preguntas.

Una noche, Reardon me envió un mensaje para que subiera y trajera a sus amigos, que estaban esperando en el club para bajar a la partida. Corrí tan rápido como pude, no quería perderme un solo segundo del juego. Reconocí a Neil Jenkins, alto y guapo, que viajaba por Estados Unidos en el avión privado de su familia. Estaba de pie junto a la barra con un par de hombres y les hice una señal para que me siguieran.

Tenía como regla general evitar a los amigos de Reardon. En su gran mayoría eran unos mujeriegos y ya había oído demasiadas historias sobre ellos. Siempre fingía estar ocupada y no escuchar cuando estas historias iban de un lado para otro, pero siempre tomaba nota. Nunca quise que me hablaran o me trataran como a una de las muchas chicas que a las que cortejaban y luego desechaban.

Guie al grupo y regresé a mi puesto detrás de Diego. Le eché un vistazo a Neil y su pandilla, divisando a un tipo que no había visto nunca antes. Era más joven que los demás y muy mono. Establecimos contacto y yo aparte rápidamente la mirada. Después de asegurarme de que nadie en la mesa de póquer necesitaba nada, le pregunté a Neil y a sus amigos si querían alguna bebida.

—Soy Drew —dijo el chico mono.

—Yo soy Molly —le dije con una sonrisa amable, aunque tampoco demasiado—. ¿Puedo ofrecerte algo para beber?

—Solo una cerveza —dijo.

Había algo en él que te hacía sentir cómoda de inmediato. Podría haber sido uno de esos chicos con los que crecí en Colorado. Vestía de manera informal, bebía Bud Light frente a los Red Bulls y el vodka de sus amigos. Cuando le entregué su cerveza, nuestros ojos volvieron a cruzarse.

Me regañé a mí misma. Ahora no era el momento. Estos no eran los chicos. Necesitaba concentrarme en mi trabajo. Me mantuve ocupada con la partida todo lo que pude, pero la partida ya tenía su propia ocupación… no había mucho que yo pudiera hacer. Me senté y fingí que trabajaba con el ordenador. Drew vino a hablar conmigo.

Se había graduado recientemente en astrofísica por la Universidad de Columbia. Era inteligente y divertido y parecía estar a años luz de la tontería superficial con la que estaba obsesionada la mayoría de estos chicos. Consiguió que fuera muy fácil intercambiar risas y sonrisas con él.

Me vibró el teléfono y lo miré. Era Blair, que me exigía saber dónde estaba.

Era su cumpleaños y le había dicho que intentaría salir del trabajo temprano, pero sabía incluso en el momento en el que se lo había dicho que eso no iba a suceder.

Le envié un mensaje con mis disculpas, prometiéndole que se lo compensaría, diciéndole lo mucho que sentía estar atrapada en algo en esos momentos... Las pobres y típicas excusas.

Ni siquiera me respondió.

Phillip me llamó, y luego Bob necesitaba de mi atención, y después Tobey quería algo, así que me olvidé de Blair y me concentré en la partida. Mientras tanto, seguía mirando furtivamente a Drew, preguntándome si podía hacer una excepción en mi regla de no confraternizar con los chicos de Reardon.

Cuando los amigos de Reardon se levantaron para irse, los oí hablar de un club de *striptease*. Drew se puso de pie para unirse a ellos y luego volvió a mirarme. Agité la mano cordialmente como gesto de despedida, decepcionada, pues mi teoría estaba claramente equivocada: después de todo, él era parte de ellos.

Se me acercó.

—Oye, ¿te importa si me quedo un rato?

—No, en absoluto —le dije fingiendo estar ocupada para que no pudiera ver mi gran sonrisa.

A las dos de la madrugada, estábamos solo Reardon y yo, contando las pilas. Intenté sonar indiferente cuando le dije:

—Pues Drew parece agradable y normal.

Reardon puso los ojos en blanco.

—Es dueño de los Dodgers, idiota —me dijo.

—¿Qué quieres decir con que es el dueño de los Dodgers?

—Su-Familia-Compró-Los-Dodgers.

A veces le gustaba hablarme como si yo tuviera dos años.

—Ah —dije—. Bueno, no quería decir que me gustara *gustara*... Simplemente me ha parecido que era una mejora sobre el resto de tus amigos.

Ahí va ese concepto, pensé, consciente de mi baja posición actual en la escala social.

Reardon me lanzó una mirada cómplice.

Me puse roja.

—La pequeña Molly y el pequeño McCourt —replicó Reardon—. En cualquier caso, está saliendo con Shannen Doherty.

Por supuesto, estaba saliendo con una de las actrices más famosas de Hollywood.

—Ya te lo he dicho. No me importa —mentí, y mi corazón se hundió un poco más.

—Claro —dijo Reardon.

Me concentré en el dinero.

Para el momento en que acabé de recogerlo todo y salí de allí eran las cuatro de la mañana y me había perdido por completo la fiesta de cumpleaños de Blair. Me sentí fatal, ¿pero qué opción tenía?

Intenté entrar en silencio, con la esperanza de no tener que encontrarme con Blair. Estaba sentada en el salón con una botella de vino. Tenía la cara roja y manchada.

—¿Qué ha pasado? —le pregunté, apresurándome a su lado.

—Es Jason —dijo, y empezó a llorar de nuevo—. Hemos tenido una pelea y se ha marchado, y mi mejor amiga ni siquiera se ha presentado en mi fiesta. Este es el peor cumpleaños de mi vida.

Enterró la cara entre sus manos y sollozó. Ella y Jason, su última obsesión, estaban constantemente peleándose y volviendo.

Me sentí absolutamente mal. Me acerqué a ella y le acaricié la espalda.

—Vamos a la cama. Es tarde y todo saldrá bien por la mañana.

Ella se enderezó, con la cara emborronada de rímel negro y lágrimas secas.

—¿Dónde estabas? —dijo sorbiendo los mocos.

—Trabajando. —Suspiré.

—¿Qué? ¿Qué tipo de trabajo te mantiene allí hasta las tantas de la mañana? —gimió.

—Están pasando muchas cosas —le dije; algo que, técnicamente, no era mentira.

—Me siento tan distante de ti. Es como si ni siquiera te conociera. ¡Nosotras no solíamos tener secretos!

El dolor en sus ojos me rompió el corazón, pero no sabía qué decir. Era consciente de que estaba anteponiendo la partida de póquer a mis amigos y mi familia, pero Blair contaba con el apoyo de su fideicomiso. Yo tenía que recurrir a buscarme mi propio camino.

No podía volver a mi antigua vida. Estaba harta de luchar para conseguir apañármelas. Estaba harta de no ser nadie.

No importaba lo cansada que estuviera el día después de una partida, la gente necesitaba que le pagara y, para eso, otras personas tenían que pagar y yo era quien hacía la recaudación. Mi primera parada era Pierre Khalili. La noche antes su suerte no cambió y me debía una fuerte suma de seis cifras.

La mayor parte del tiempo temía hacer estas recogidas. Me di cuenta de que, de alguna manera, resultaba algo castrador para los chicos, porque la recaudación significaba una derrota, y ellos no eran ese tipo de hombres cuyos egos se toman bien haber perdido, en especial delante de una mujer. Empecé a darme cuenta de que había un *impasse* en estas recogidas, así que estuve trabajando en algunas técnicas para suavizar el golpe. Por ejemplo, si decía: «Bueno, qué bien que seas tan rico y tan guapo», con una mirada de admiración, la mayoría de ellos sonreían satisfechos y me entregaban aquellos cheques sustanciales con ligereza para demostrarme que mis palabras eran correctas.

No me preocupaba Pierre, sin embargo. Era un caballero consumado. Criado en Londres, procedía de una de las familias más ricas de Irán. Era culto y sofisticado.

Me sonó el teléfono mientras iba conduciendo a su despampanante casa de Bel Air. Era Blair, que había estado enfurruñada desde su cumpleaños.

—Hola, Blair —le dije, con la esperanza de que se le hubiese pasado el mal humor.

—¡¡Brian me ha llamado para invitarme a la fiesta que Patrick Whitesell da después de los Óscar!! —exclamó. Brian era el actor con el que había salido antes de empezar a salir con Jason—. ¿Vendrás, por favor?

—¿Cuándo es?

—Esta noche —dijo—. Vendrás, ¿verdad? Me lo debes totalmente, te perdiste mi cumpleaños.

Esas fiestas tenían de todo un poco. Eran glamurosas,

estaban llenas de celebridades y gente elegante, pero la mayoría de ellos me hacían sentir fuera de lugar y estúpida por estar allí. Por lo general, terminaba sentada en algún rincón con un vaso de vino, deseando estar de vuelta en casa.

Aunque ella tenía razón, se lo debía.

—Ya no sales; actúas con todo ese misterio. ¡No sé nada sobre ti! ¿Eres una agente doble? ¿Está escuchándonos la CIA?

Me detuve frente a las grandes puertas cubiertas de hiedra de Pierre.

—Por supuesto que iré contigo, pero ahora tengo que irme —dije, tratando de acabar la conversación a toda prisa.

—¡Síííí! Está bien, te quiero. Te veo esta noche.

Colgué y presioné el botón de llamada.

El mayordomo de Pierre me guio por la enorme casa hasta el patio trasero (que más bien parecía un campo trasero de lo enorme que era), donde Pierre estaba bebiéndose un rosado y leyendo el periódico.

—Querida, estás aún más hermosa que la última vez.

Sonreí felizmente. Siempre he tenido debilidad por los cumplidos.

Me entregó un sobre, y por el peso podía ver que era todo en efectivo.

—He puesto un poco más para ti —dijo el jugador de póquer más benévolo de la historia.

—Pierre, en serio, no deberías haberlo hecho —protesté.

Sinceramente me sentía mal cuando la gente perdía.

—Quería hacerlo. Trabajas duro y haces una gran labor —dijo—. ¿Te gustaría venir a Santa Bárbara este fin de semana para un partido de polo? Te enviaré un helicóptero si no quieres conducir.

Mantuve la mirada fija y traté de aparentar que recibía invitaciones como esta todo el tiempo, pero por dentro estaba casi reventando. Me puse a imaginarme grandes sombreros, champán y lo que sería montar en mi propio helicóptero privado. Pero entonces la voz de la razón intervino. Me dijo que involucrarse con un jugador no sería sabio. Me gustaba Pierre como amigo y claramente estaba ligando conmigo. No podía darle falsas esperanzas.

—Suena fenomenal, pero ya tengo planes este fin de semana.

—En otra ocasión entonces, querida. ¿Nos vemos la próxima semana en la partida?

—Sí, sin duda. —Sonreí, aliviada de que hubiera sido tan amable.

Mientras conducía de camino a casa, no pude evitar maravillarme ante la forma en que mi vida había cambiado en tan poco tiempo. Me habían concedido acceso instantáneo a un mundo del que nunca había pensado que sería parte. Aunque no podía permitirme un paso en falso. Sabía que me podían quitar todo tan rápido como me lo habían dado. Sabía que necesitaba ser muy analítica cuando aparecían este tipo de ofertas; necesitaba pensar en las cosas a largo, no a corto plazo. Necesitaba mantener el delicado equilibrio entre disfrutar de la fantasía de la partida sin entrar demasiado en la vida de los jugadores.

Años antes, cada vez que necesitaba que alguien me orientara, recurría a mis padres. Mi madre era una persona muy centrada, llena de principios y compasión, y las ideas de mi padre sobre el comportamiento humano a menudo me ayudaban a abrirme camino por cualquier territorio desconocido. Pero no les había dicho nada a mis padres sobre la partida. Me resultaba raro mantener secretos con Blair, pero era incluso más extraño no contarles a mis padres la verdad sobre mi vida. Estaba creando un nuevo tipo de distancia, una que nunca había existido antes.

De repente sentí un deseo irrefrenable de hablar con mi madre. Quería contarle algunas de esas cosas asombrosas que me estaban sucediendo.

—Hola, cariño —dijo, contestando el teléfono con calidez.

—¿Hola mamá, cómo estás?

—Estoy bien, cariño. ¿Cómo estás? ¿Cómo está L.A.?

—Es increíble, mamá, totalmente increíble. Realmente estoy haciendo que funcione. Estoy ganando mucho dinero y conociendo a personas importantes y poderosas, a celebridades, y pasándolo muy bien —le dije con mucho entusiasmo.

—Eso es genial, cariño, ¿cómo está Blair?

—Bien, igual —le dije—. Pero, mamá, ¡escucha! Un chico acaba de ofrecerme llevarme a su partido de polo en Santa Bárbara en su propio helicóptero.

—Eso suena emocionante. ¿Cómo está Christopher? ¿Terminó su quimio? —preguntó, refiriéndose a uno de los niños del hospital.

—Eeeh, no lo sé. La semana pasada me la tomé libre —le mentí.

—Bueno, ya lo verás la próxima semana y ya me contarás —dijo ella.

—Claro —le dije.

La deliciosa ligereza que había sentido un momento antes se convirtió en un pesado sentimiento de culpa.

Mientras tanto, Todd Phillips me estaba llamando por la otra línea, probablemente preguntándose dónde estaba su parte del dinero de Pierre.

—Tengo que irme, mamá —dije.

—Cariño, ¿estás bien? No pareces tú.

—Estoy bien —dije—. Todo va genial. Pero es que tengo que irme.

La distancia entre nosotras se amplió.

—Te quiero —me dijo ella.

—Yo también —le dije.

Y pulsé en la llamada de Phillips.

Aquella noche, me cambié los vaqueros y el suéter por mi nuevo vestido negro, junto con unos Louboutin de tiras.

—Guau —dijo Blair—. ¿De dónde has sacado ese vestido?

—De segunda mano, de una de las novias de Reardon.

Vaya, esa mentira me salió rápida y fácil, pensé. Ahora me sentía obligada a restarle importancia a todo, a cada detalle, para no tener que contestar preguntas sobre todo lo que hacía por dinero.

Lo que quería decir era: «¡ME LO COMPRÉ YO, TODO EN EFECTIVO!… ¡Y me mensajeo con Leonardo DiCaprio y Tobey Maguire, y tengo veinte mil dólares en mi armario!».

Pero no podía.

Cuando llegamos a la fiesta, las estrellas estaban posando en la alfombra roja y aquello estaba plagado de *papara-*

zzi. Justo en el momento en que entramos en la casa, Blair se encontró con Brian.

—Mol, enseguida vuelvo. Brian quiere enseñarme la vista desde el tejado.

Se rio con nerviosismo y me guiñó un ojo.

Sonreí y asentí débilmente.

¿De verdad, BLAIR?

Suspiré y cogí una copa de champán de una bandeja de plata. Esperé a Blair un poco y en medio de mi timidez fingí que estaba enviando mensajes por el móvil. Después de un tiempo, Blair seguía desaparecida, así que vagué por la casa, que era enorme, fría y estaba llena de gente importante... de modelos esculturales y de *playmates* jamonas. En el piso de arriba salí fuera, le di un sorbo a la bebida y admiré la forma en que la ciudad brillaba abajo.

Pensé que estar allí con un vestido nuevo y los zapatos apropiados sería diferente, pero Hollywood era mucho más imponente que un nuevo par de zapatos. Las mayores estrellas del mundo orbitaban en este planeta, y coexistir con ellas era una oferta desmoralizante. Al haber crecido con mis hermanos superhéroes estaba acostumbrada a la sensación de inferioridad. Lo único que quería era algo que fuera solo mío. Había dos hombres charlando en el patio y yo debía de ser tan invisible como sospechaba porque ni siquiera se dieron cuenta de que yo estaba allí. Uno era un gran director al que reconocí fácilmente y el otro era el conocido jefe de una agencia de talentos.

—¿Lo va a hacer? —Quiso saber el director.

—Ya está de acuerdo con la cifra.

—¿Cómo lo sabes?

—Mi hijo jugó con él en la partida de Hollywood.

—¿Qué partida?

—La partida de póquer secreta.

Se me aguzaron los oídos.

—Es superexclusiva. Necesitas una invitación personal y una contraseña.

Me reí ante la exageración de la contraseña.

—¿En serio?

—Nadie sabe dónde juegan. Ninguno de los que juega te hablará de ello. Pero todo el mundo lo sabe. Y todo el mundo quiere entrar.

—¿Quién la organiza? ¿Cómo podemos entrar?

—Una chica. Ella controla la lista.

Y entonces me pareció que *podía* tener todo lo que quisiera. No había motivo para sentir lástima por mí misma, para seguir sintiéndome inferior... tenía el mayor acceso. Acuerdos de negocios, películas, adquisiciones, fusiones... El cielo era el límite. Solo necesitaba seguir alimentándola con sangre nueva y rica, y tener una estrategia para llenar esos preciados diez asientos. El reclutamiento para este juego era crucial y, aunque realmente no controlaba la lista, era la ilusión de que sí lo hacía lo que importaba. Después de mis cientos de horas viendo jugar a los chicos, confiaba en mi capacidad para ir de farol. Me tragué el champán y me acerqué a los dos hombres.

—No he podido evitar oírlos —comencé.

Ambos parpadearon, tratando de decidir si yo era simplemente una palurda o alguien con quien debían de ser agradables.

—Soy Molly Bloom y organizo la partida a la que se refieren. Si me dan sus tarjetas, puedo ponerme en contacto con ustedes si se queda libre un asiento.

De repente, estos dos hombres tan poderosos comenzaron a buscarse a tientas y como locos sus tarjetas.

Me lanzaron una lluvia de preguntas.

—¿Quien juega? ¿Dónde juegan? ¿Cuándo es la próxima partida?

Permanecí callada y esquiva.

—Estaré en contacto, lo prometo.

Les estreché las manos y me marché a paso tranquilo.

Podía sentir cómo me contemplaban mientras me alejaba.

11

Se presentó la Navidad y se me ocurrió que no había vuelto a casa en los últimos dos años. Mi horario era increíblemente exigente, entre las necesidades cada vez mayores de Reardon y la partida. Sentía que la inminente crisis de la vivienda se estaba cobrando su peaje en el negocio inmobiliario. Reardon estaba aún más estresado y difícil que de costumbre. Yo estaba a su lado todos los días, y a menudo me sentía como su saco de boxeo. Me había acostumbrado al estrés constante, a unas mínimas horas de sueño y vivía básicamente en un estado de constante temor a perderlo todo. No había nada estable en mi vida; estaba completamente en deuda con los caprichos de Reardon. Sabía que si decidía que la partida ya no le servía, podría darla por concluida. Yo había pasado el último año integrándome cuidadosamente en la vida de los jugadores, convirtiéndome en una ventanilla única para todas sus necesidades, dentro y fuera de la partida. Era como tener quince Reardons en mi vida, pero no me importaba. Después de la fiesta de los Óscar, había superado mi timidez cuando estaba rodeada de personas de éxito, fama o cualquier otro atributo que las convirtieran en buenas incorporaciones para la mesa.

Con todo, no era fácil encontrar a los jugadores adecuados para la partida, a pesar de que había superado mis miedos. Primero, tenía que ser discreta. Segundo, tenía que asegurarme de que el jugador realmente tenía el dinero que afirmaba tener (si supieras cuánta gente de L. A. conducía Ferraris y utilizaba relojes con incrustaciones de diamante pero no tenía dinero en efectivo ni activos, te quedarías de piedra). Tercero, tenía que comprobar que no eran muy buenos jugadores y, finalmente, debía conseguir que todos los miembros del grupo central, elitistas críticos y muy tercos, dieran su aprobación. Al principio, logré reclutar un montón de *fish* o, en la jerga del póquer, pescado o malos jugadores. La primera noche que jugaron me estresé al máximo y albergué la esperanza de que mi pez perdiera, fuera amable y gustara a los demás. Y entonces, de nuevo, si él perdía, volvía a estresarme y esperaba que pagara. Yo les gustaba realmente a los chicos del grupo base, me trataban con respeto y me dejaban estar a cargo de su dinero. No podía permitirme nada que traicionase su confianza.

Reardon, por otro lado, era más difícil de convencer, aunque hubiera estado más tiempo intentándolo con él. Todavía sentía que tenía que probarme ante él cada día. Era duro conmigo, aunque en el fondo creía en mí. Había evitado ir a casa porque sabía que Reardon interpretaría como un signo de debilidad que yo echara de menos a mi familia, y yo sabía muy bien lo que él pensaba acerca de la debilidad. Pero ese año, decidí arriesgarme. Reardon dijo que le parecía bien. Yo sabía que no, pero elegí creerle: sentía que me había ganado un descanso.

Volé en Nochebuena y mi madre me recogió en el aeropuerto y me llevó directamente a la Rescue Mission de Denver. Servir la cena a las personas sin hogar durante las vacaciones era una tradición familiar. Ese año me pareció diferente. Aún me sentía fatal por la gente del refugio, pero también algo distante. Me pasé toda la noche revisando el teléfono.

—Cariño, ¿por qué no dejas ese chisme durante un rato? —me dijo mi madre en un momento dado.

Tenía razón. Dejé el teléfono en el coche y traté de estar presente. Era la primera vez que me alejaba del teléfono durante más de un minuto desde que empecé a trabajar para Reardon. Dormía literalmente con el chisme en el pecho.

Cuando volvimos al coche, tenía cinco llamadas perdidas y varios mensajes nuevos. Se me revolvió el estómago y volvió aquella ansiedad familiar. Era Reardon, echando chispas por todo. La televisión no funcionaba. No la había instalado correctamente. Había un millón de cosas que hacer en la oficina y no las había terminado todas. Necesitaba reservas para la cena y me necesitaba para que me pusiera en contacto con uno de los equipos de construcción... ¿y por qué demonios no contestaba al teléfono? Llamé a Comcast y confirmé que estaban teniendo algunos problemas, y que toda la zona estaba sin televisión por cable. Llamé a Reardon y le comuniqué el mensaje. Pero él no quería oír una explicación razonable. Quería castigar a alguien. Así que gritó y despotricó mientras yo estaba en el coche con mi madre y mis hermanos. Todos podían escuchar su diatriba. Yo estaba más que avergonzada.

—¡Esta será otra multa!

Recientemente Reardon se había aficionado a multarme cuando no hacía las cosas «correctamente». Lo peor era que ya ni siquiera me pagaba a través de la empresa. En primer lugar, mi sueldo había disminuido desde que comenzamos las partidas, aunque mis horas habían aumentado. A medida que crecieron mis propinas en la partida, mi sueldo quedó anulado por completo. Ahora mis propinas eran mi única fuente de ingresos, así que las multas de Reardon no significaban un menoscabo a mis honorarios, significaban tener que rascarme mi propio bolsillo.

Hacía poco que Reardon se había mudado a una casa nueva y me había tenido trabajando hasta la medianoche todos los días antes de mi viaje a casa, embalando y desembalando cajas. Al parecer, no había hecho un buen trabajo de embalaje con una estantería de mármol que el dueño anterior quería quedarse.

—A TI no te importa porque no es tuya; esta mierda me costaría mucho dinero si se rompiera. Y lo dejaste a medias. Bueno, pues ahora te va a tener que importar. Te voy a multar con mil dólares. Vuelve aquí ahora mismo y hazlo correctamente.

Cada vez que protestaba por una multa, o la rechazaba, me amenazaba con quitarme la partida. Solo aceptaba todo esto como parte del tejido de mi nueva vida, como tener que pagar el peaje para cruzar el puente.

—No puedo controlar tus canales de cable locales, Reardon —le dije.

Él gritó más fuerte:

—Durante estos días da asco cómo lo haces todo, ni te afecta, ni te importa una mierda.

—Reardon, sí que me importa, siempre cumplo con todo más allá de mis responsabilidades, pero estoy con mi familia y no puedo hablar de esto ahora mismo. Tengo que irme —le dije.

Y por primera vez desde que empecé a trabajar para él, colgué antes.

Mi habitación estaba justo como la había dejado hacía dos años cuando puse rumbo a L. A., tal vez un poco más limpia. Parecía como si hubiera pasado una vida entera desde que me había ido, pero allí estaban todas mis cosas, tan familiares como si nunca me hubiera marchado. Me senté en mi escritorio y miré a mi alrededor, asimilándolo todo. Cuando el teléfono comenzó a sonar no quería responder, pero tenía más miedo del drama que ocasionaría si ignoraba a Reardon que la diatriba que oiría cuando respondiera.

—Hola, Reardon —dije.

—Estás despedida —respondió.

—¿Qué?

—Ya no hay más partidas.

—¿Me estás hablando en serio? ¿Me estás despidiendo en Nochebuena? ¿Porque Comcast está teniendo problemas de servicio?

—Déjame que lo reformule para que me entiendas —dijo—. Estás despedida. Feliz Navidad.

Y entonces escuché la señal de tono.

Reardon me había despedido antes, a veces a diario, pero esto era un nuevo nivel de crueldad. Pasé toda la noche desconcentrada y estresada. Tenía un millón de nudos en el estómago. Había deseado tanto aparecer con mi nueva ropa elegante, regalarles a todos historias interesantes de mi nueva vida, tal vez incluso pagar la cuenta de la cena, y, a continuación, volver a toda prisa al aeropuerto para dejarlos sin un ápice de duda en sus mentes de que tenía éxito y felicidad. Y, en cambio, aquí estaba yo, recibiendo órdenes, humillaciones y gritos que pudo escuchar toda mi familia.

—No lo entiendo —dijo mi hermano Jeremy confundido.

Jeremy el olímpico, modelo de Tommy Hilfiger, un chico de oro. Su capacidad atlética y su rostro comercializable le habían permitido saltarse los puestos de trabajo poco glamurosos del mundo real.

—Te mereces mucho más que esto —me dijo mi otro hermano.

Era difícil explicárselo, pero yo ya tenía la visión de mi vida grabada en mi mente y las rabietas de Reardon eran un mal necesario. Resultaba comprensible que no apreciasen lo que podía significar el control de esta partida de póquer. Olvidemos el dinero, que era tremendo y te cambiaba la vida, y centrémonos en la red, la información, el acceso. El póquer era mi caballo de Troya y podía utilizarlo para introducirme y acceder a cualquier parte de la sociedad que quisiera. El mundo del arte, las finanzas, la política, el entretenimiento. La lista era interminable. Me había dado cuenta de que no importaba no ser estúpidamente brillante en una cosa –yo era genial a la hora de reconocer la ocasión–. Tenía un espíritu emprendedor y estas partidas eran una mina de oro de oportunidades. Por no mencionar que conseguí aprender de algunos de los mejores profesionales a escala mundial. Así que tal vez mis padres, o mis hermanos, o Blair, no lo entendieran, pero yo sí. Necesitaba suavizar las cosas con Reardon, pero quería dejarlo enfriar.

Lo llamé a la mañana siguiente pensando que actuaría como si no hubiera pasado nada, al igual que hacía normalmente, y me daría nuevas órdenes. Pero su voz era diferente, sonaba muy serio.

—Voy a encargarle a una chica nueva que organice la partida. Te llamará hoy. Si te organizas de una puta vez, puedes volver a trabajar el lunes, pero solo como mi asistente. No hay póquer.

—Reardon, eso no es justo, vengo a la oficina a las siete de la mañana, me voy solo cuando me lo dices, a veces en torno a las diez de la noche. Si cometo errores son pequeños e insignificantes. Te arreglo la vida y soy la única que te ayuda a dirigir la empresa.

—La elección es tuya, puedes volver y recuperar tu puesto si quieres, pero ya he tomado una decisión sobre lo del póquer. Esta conversación ha terminado.

Colgó.

¿Cómo podía hacerme esto? El corazón me latía con fuerza. Sentí como si me corriera agua helada por las venas. Lo solucionaré, conseguiré arreglarlo y se dejará convencer, me dije.

Mi teléfono sonó de nuevo, pero no reconocía el número.

—¿Molly? —dijo una voz femenina.

—Sí —le dije.

—¡Hola! —Era la nueva chica—. Reardon me ha pedido que te llame para que me des los nombres y los números de los jugadores de póquer…

Ya no estaba ansiosa, sino iracunda. De ninguna manera iba a dejar que esto sucediera.

—Voy a tener que llamarte luego —dije apretando los dientes.

Esta vez colgué.

Respiré profundamente. Tenía que pensar. Tenía que ser estratégica. Al ver a los chicos jugar había aprendido que para vencer había que mantener la mente fría, en calma, sin trabas. Jugar una mano o tomar decisiones impulsadas por la emoción raramente producían resultados positivos.

Las probabilidades jugaban claramente en mi contra. Reardon era parte del club de los chicos multimillonarios. Apostaba con los jugadores, hablaba su idioma y muchos de ellos le temían. Yo, por otra parte, era la chica que les servía bebidas, se reía de sus bromas, les hacía favores… y siempre me compensaban bien. Y en sus mentes, yo le pertenecía a Reardon. Necesitaba un aliado que fuera tan poderoso o más poderoso que Reardon y que verdaderamente se jugara el cuello por mí. La elección era Phillip Whitford. Tenía poder, influencia, integridad y nos habíamos hecho amigos íntimos. Lo llamé y le expliqué la situación.

—No puede hacer eso —dijo Phillip, en voz baja pero firme.

Quería permanecer serena pero era tan injusto que, al explicárselo a Phillip, me enfadé tanto con la injusticia que empecé a llorar un poco.

—Molly, no llores. Lo arreglaremos. Esto es lo que vamos a hacer.

Phillip propuso celebrar la partida en su casa con todos los jugadores salvo Reardon. Hablaría con los chicos sobre lo que había hecho Reardon y trataría de convencerlos para que me dejaran asumir oficialmente el control de la partida.

Era una remota posibilidad, pero era la única que tenía.

—MOLLY, VAMOS, ¿POR QUÉ TARDAS TANTO?

Mi hermano Jordan me estaba gritando desde abajo. Habíamos planeado un día de esquí, solo mis dos hermanos y yo. Había pasado mucho tiempo, tal vez seis o siete años, desde la última vez que lo hicimos. Tenía muchas ganas.

De camino a la montaña permanecí en silencio.

—Mol, ¿qué pasa? Durante todo este viaje no pareces tú.

—Lo siento, es que estoy estresada con el trabajo y otras cosas —dije, obligándome a sonar jovial.

Nos montamos en el telesilla, discutiendo sobre si deberíamos subir o bajar la barra, como tantas veces lo habíamos hecho de niños. Decidimos encaminarnos a la pista –Ambush– donde todos habíamos aprendido a hacer esquí acrobático. Allí de pie, en la parte superior del borde, mirando hacia el empinado terreno lleno de obstáculos, casi podía ver a mi padre, con su chaqueta roja, apoyado en sus bastones de esquí y gritándonos para que mantuviésemos las rodillas juntas. Recordé la primera vez que estuve en este lugar después de la operación. Habían pasado meses desde que había salido de la cama, y muchos más de la ladera. Fue la carrera con mayor significado de mi vida. Todo el mundo ya me había descartado, pero volví con mis esquís. Fui parte del equipo de esquí de Estados Unidos, conseguí llevar la chaqueta y subir al podio con una medalla en el cuello. No sé si nada de aquello me habría hecho sentir tan bien de no haber tenido que trabajar tan duro para desafiar las probabilidades de llegar allí. Sonreí para mí y me invadió la calma. No tenía nada que perder y mucho que ganar. Me sentí libre y viva.

Vi a mi hermano Jordan bajar primero; seguía siendo un esquiador increíble. Siempre había tenido un gran talento, pero había dejado de esquiar en competiciones hacía mucho tiempo para perseguir su sueño de matricularse en Medicina.

Jeremy fue después. Jeremy fue número uno del mundo y en aquel momento pasaba por una racha de victorias que ningún otro esquiador había igualado. Verlo esquiar era alucinante. Era mi hermano pequeño, pero también era el mejor esquiador del mundo. En aquel momento era también el ala abierta estrella de la Universidad de Colorado. Mis hermanos me hacían sentir orgullo e inspiración porque no solo se habían apoyado en sus talentos innatos. Ponían mayor esfuerzo que la competencia en sus estudios y sus entrenamientos y trataban los fracasos como oportunidades para mejorar aún más. De repente me sentí segura e inspirada. Tomé impulso con los bastones de esquí y me deslicé fluidamente por los profundos surcos.

Mis hermanos aplaudieron.

—Todavía lo tienes, hermana —dijo Jeremy con orgullo.

Esbocé una amplia sonrisa y me saqué a Reardon, la partida y L. A. de la cabeza.

12

Todo el mundo había confirmado su asistencia a la partida del martes, es decir, todos salvo Reardon, que no había recibido invitación. No llegaba de sus vacaciones hasta el martes por la noche, y antes de haberme despedido y tratar de reemplazarme, me pidió que enviara invitaciones para una partida únicamente el jueves, por lo que eso me daba un pequeño grado de tranquilidad.

Llegué a casa de Phillip para prepararlo todo. Su casa era elegante, con los toques rústicos propios del lugar de retiro de un escritor, todo de madera pulida y con estanterías repletas de libros. Tenía un amplio patio trasero, boscoso y con un emparrado. Todo aquello parecía sacado de una novela de Fitzgerald. La casa era elegante y discreta de arriba abajo, al contrario que la mayoría de los hogares de L. A., que apestaban a demasiado dinero y poco gusto.

Intenté parecer serena, pero por dentro estaba hecha un desastre. Si esta noche salía mal, lo perdería todo. Pero si mi plan funcionaba, no solo me quedaría con la partida, sino que me libraría del dominio opresivo de Reardon. Iba a todo y resultaba aterrador, pero también electrizante. De repente, sentí un vínculo íntimo con los jugadores y la partida. Phillip me sonrió al llegar.

—Estás preciosa. Esto va a funcionar —me aseguró.

Sonreí y le di un abrazo.

—Gracias por lo que estás haciendo —le dije.

Sabía que esto era un riesgo para Phillip. Reardon era un enemigo formidable.

Los jugadores empezaron a llegar. Bruce Parker, Steve Brill, Todd Phillips, Tobey, Houston Curtis y Bob Safai; era un *full*. Tobey era el único que conocía mi plan.

Todos parecían emocionados de estar en la preciosa casa de Phillip, que contrastaba con el oscuro y siniestro sótano del Viper Room. Me di cuenta de inmediato de que estaban mucho más relajados y cómodos aquí.

Si me quedo con la partida, me dije, voy a reformar muchas cosas. A mejorarlas. Me imaginaba la celebración de mis partidas en hermosas salas, con mesas de aperitivos equipadas con caviar y finos quesos. Contrataría a chicas guapas que sirvieran tranquilamente las bebidas, y bajo mi ático dedicado al póquer titilarían muchas historias de la ciudad de Los Ángeles. Si lo que buscaban estos chicos era escapismo, yo se lo proporcionaría a manos llenas.

—¿Dónde está Reardon? —preguntó Todd.

Yo tenía el corazón en la garganta.

—No juega esta noche —dijo Phillip, con un tono despreocupado.

La partida comenzó sin contratiempos; me alegré de ver

que todo el mundo se lo estaba pasando bien. El único que parecía insatisfecho era Phillips, que decía preferir la sencillez a las comodidades de una casa encantadora. Phillips era, por naturaleza, un inconformista y, en general, un buscapleitos; algo completamente perdonable ante su ingenio mordaz y su ritmo cómico. Tenía un tipo de humor oscuro y cáustico y, literalmente, cualquier noche provocaba que toda la mesa estallara en lágrimas, un enorme valor añadido a cualquier partida de póquer.

Cuando, como de costumbre, llegó la cena de Mr. Chow's, los hombres optaron por una comida civilizada, como convenía a su entorno, en lugar de comer en la mesa. Preparé el comedor y se lanzaron sobre el banquete como si nunca antes hubieran visto comida, lo que me dio un segundo para respirar. Me di un paseo por el fragante jardín. Me senté en un banco tallado y miré al cielo. El sol se estaba poniendo y era esa hora del día en que la luz era perfecta y los bordes se suavizaban. A través de las puertas francesas pude ver a los chicos hablando, riendo y gesticulando con sus palillos chinos.

«Ansío tanto que esto funcione, más de lo que haya querido nunca nada en la vida». Me senté en silencio en el jardín, comprobando periódicamente que mis jugadores estaban bien. Necesitaba recoger los platos si habían terminado de comer. Parecían tener una conversación seria. Se me congeló todo el cuerpo.

Di una vuelta por el jardín y, cuando volví al banco, vi que Phillip venía hacia mí. Tenía las manos en los bolsillos y miraba hacia abajo.

—La he perdido, ¿verdad? —le pregunté, sintiendo que podría llegar a vomitar.

Era un riesgo, y calculado, como Phillip me había enseñado. Empecé a balbucear, diciéndome a mí misma que era solo una partida. Que estaría bien.

—Molly, MOLLY —dijo en voz alta, deteniéndome—. Has ganado: la partida es tuya —me dijo.

Una sonrisa de estupefacción, aunque también enorme, se extendió por mis mejillas.

Eché mis brazos sobre Phillip y lo abracé tan fuerte que se rio.

De hecho, había sido por voto unánime.

—Eres un hombre bueno, buenísimo, Phillip Whitford —le dije, sonriendo.

Pasé el resto de la noche flotando. Junto a las propinas de esa noche, recibí un coro de promesas personales de seguir conmigo. A todo el mundo le gustaba Reardon, pero no le daban la razón en eso de sacarme de la partida. Phillip abrió una botella especial de champán cuando todos se marcharon. Nos sentamos en su porche trasero.

—¿Por qué me has ayudado? —le pregunté.

—No era justo y yo tengo debilidad por los que llevan las de perder.

Sonreí y bebí más champán.

De repente recordé que tenía que lidiar con Reardon.

—Todavía no ha terminado —le dije—. Todavía tengo que enfrentarme a Reardon.

—¿Quieres que hable con él? —me ofreció Phillip con gentileza.

—Tengo que hacer esto sola, pero un millón de gracias por ofrecerte.

Sabía que Reardon se enteraría pronto. Y aunque los jugadores me habían prometido su lealtad, había pasado el tiempo suficiente con esta pandilla para saber que no podía quedarme tranquila.

Llegué a casa alrededor de las tres y media. Me acosté, pero el sueño me esquivaba.

A la mañana siguiente el teléfono empezó a sonar a las cinco y media.

—Vente para acá —gruñó Reardon. Lo había oído enfadado, pero nunca así.

—Ya voy —respondí, a nadie. Ya había colgado.

Me arreglé rápidamente y salté al coche. La quietud de las primeras horas de la mañana y la falta de tráfico en Sunset hicieron que me sintiera aún más ansiosa. El paisaje a través de mi ventanilla pasaba a cámara lenta. ¿Qué me iba a hacer Reardon? Si se volvía tan loco por las cosas más pequeñas, ¿qué haría con esto? ¿Pegarme? ¿Forzarme a que me marchara de L.A.? Ni siquiera era capaz de imaginármelo.

Aparqué en la entrada y me quedé sentada en el coche durante un minuto. El espejo reflejaba mi cara demacrada y temerosa. Tienes que enfrentarte a esto, me dije. Respiré hondo y salí del coche.

Reardon me hizo esperar unos minutos antes de abrir la puerta.

—Ve a esperarme a la habitación de invitados —dijo con el tono más serio que jamás le hubiera oído usar.

Tenía los ojos entrecerrados y, aunque eran castaños, en la penumbra de la aurora parecían casi negros.

La habitación de invitados se encontraba al final de la casa, en la parte trasera. No tenía ni idea de por qué me mandaba allí. Sin embargo, recorrí el camino obedientemente y luego esperé. Cinco minutos. Diez minutos. Mi ansiedad iba en aumento y sentí como si me fuera a desmayar. Me centré en respirar profundamente pero la respiración no pasaba de mi garganta.

¿Lo dejo hablar primero? ¿Asumo un tono de firmeza o de pasividad? Me senté en la cama con las rodillas dobladas bajo la barbilla. No me sentía fuerte. Me sentía como una niña que espera en el despacho del director. En este punto lo único que quería es que terminara con cualquiera que fuese el plan que tuviera. ¿En qué había estado pensando? Mi plan me parecía tan estúpido ahora. Reardon nunca me dejaría salirme con la mía en este asunto.

Finalmente entró, poniendo fin a la ruidosa escalada de mis pensamientos, y se sentó frente a mí. Al principio no habló, solo me miró fijamente, con dureza y sin emoción.

Le devolví la mirada todo lo serenamente que pude e intenté no llorar. Estaba a punto de romperme y pedirle perdón, de prometerle que volvería a trabajar y me alejaría por completo de la partida cuando oí su voz desde un lugar lejano.

—Estoy orgulloso de ti.

Claramente había escuchado mal.

—Estoy orgulloso de ti —repitió, y comenzó a sonreír.

El diálogo no se parecía a ninguno de los posibles escenarios que me había imaginado.

—¿Lo estás? —le pregunté, preparada para oírlo desdecirse y que comenzara a gritarme.

—Lo estoy —dijo—. La partida es tuya. Te la has ganado.

Sacudí la cabeza con incredulidad. No podía tener tanta suerte. Las cosas no funcionaban así en la vida real. Vi que Reardon me sonreía como un padre orgulloso.

Todo mi cuerpo se relajó, tal vez por primera vez desde que me había mudado a L.A., y una enorme sonrisa se extendió por toda mi cara. Nunca me había sentido tan feliz, ni tampoco tan sorprendida.

Me levanté de un salto y lo abracé, por primera vez desde que lo conocía.

Se rio y se encogió de hombros.

—Te lo mereces, idiota —me dijo—. Eres una gran alumna.

Había llegado hasta allí, tenía la partida y el respeto de Reardon, era casi 2006, tiempo para un nuevo año, una nueva yo. Me sentí como si fuera mi día de graduación.

Reardon me dio unas palmaditas en la cabeza.

—La pequeña Moll está creciendo —dijo, mirándome con orgullo.

Cambió de marcha enseguida.

—¿Qué hacemos para el Año Nuevo? Necesitamos planificar diabluras.

TERCERA PARTE

PLAYING THE RUSH

LOS ÁNGELES, 2006-2008

Playing the rush (sustantivo)

Una serie de resultados en un juego de azar que benefician al jugador, dentro de un marco temporal relativamente breve.

13

Por una de esas vueltas irónicas que da la vida, Phillip, Reardon y yo decidimos ir juntos a Miami. Era casi un gesto abierto de paz y concordia. Phillip y un par de amigos del exclusivo colegio privado al que había asistido cuando era niño habían alquilado un yate para esa semana. Todos compramos pasajes de primera clase para ir allí. Era la primera vez que volaba en primera clase. No podía creerme la diferencia. Los sobrecargos, que habitualmente tienen cara de seta, sonreían y me acomodaron en un lujoso asiento de cuero gigante y me trajeron una copa de champán. Miré a los demás pasajeros para ver si estaban tan emocionados como yo por este trato de realeza. Parecían aburridos. Empecé a pulsar botones y el asiento se convirtió en una cama. Miré con incredulidad a Reardon. Se rio. Me volví y miré a los pasajeros de clase turista, abarrotados en sus diminutos asientos, y decidí que no quería volver allí nunca más. La azafata me mostró las opciones de entretenimiento durante el vuelo, entre las que podía elegir cualquier película de las que estaban en cartelera en ese momento. Cuando llegamos, un conductor nos estaba esperando junto al mostrador de recogida de equipajes con un cartel que indicaba el nombre de Phillip. Nos llevó las maletas a su impecable Mercedes negro último modelo y nos informó de que el viaje no sería demasiado largo. Un miembro de la tripulación nos recibió cuando llegamos al puerto deportivo; estaba lleno de yates grandes y lujosos.

—¿Cuál es el nuestro? —pregunté, después de presentarme al tipo.

Señaló un yate blanco y azul que parecía tan grande como un crucero.

Se me abrieron los ojos de par en par. De repente me sentí insegura. No me cabía duda de que todos los demás en el barco estaban completamente acostumbrados a este estilo de vida y no quería parecer la única que no formaba parte de él. Contuve los brincos que había en mi paso y traté de fingir aburrimiento como les había visto hacer a otros pasajeros de primera clase.

Este barco era increíble, no se parecía a nada que hubiera visto. Era una mansión flotante totalmente funcional y equipada con un salón y comedor formal, un gimnasio e incluso un helicóptero. Tal como asumí, mis compañeros de viaje parecían estar familiarizados con este ambiente. Las mujeres eran jóvenes esqueléticas, modelos increíblemente glamurosas y famosas. Los hombres eran *playboys* bien vestidos que prácticamente apestaban a dinero viejo. Todo el mundo parecía haber salido de las páginas de *Vogue*. Un miembro de la tripulación llamado Jason me mostró mi habitación.

—La puesta de sol será dentro una hora; habrá cócteles en la cubierta norte.

Los siguientes días fueron increíbles. Era como si te lanzaran en paracaídas a un episodio de *Lifestyles of the rich and the famous*. En ningún momento de mi educación de clase media, por mucho que fantaseara con el tipo de vida que quería tener, me habría imaginado el nivel de lujo que podía comprar el dinero real. Reardon, Phillip y yo pasamos los siguientes días holgazaneando al sol en cubierta y comiendo suntuosos platos preparados por el chef del barco. Por la noche, íbamos a fiestas en otros barcos o poníamos rumbo a South Beach para ir a bailar a clubes, donde siempre nos llevaban hasta la puerta, saltándonos toda cola, y nos trataban como si fuéramos de la realeza.

Los clubes también me dejaron alucinada. Cada uno de los clichés sobre la riqueza y el exceso cobraban todo su sentido en estos lugares. Un grupo de modelos famosas estaba esnifando cocaína con billetes de cien dólares sobre sus espejos compactos. Se servía o se rociaba una botella de champán tras otra… Perdí la cuenta después de cincuenta botellas, lo que significaba que había cincuenta mil dólares de Dom y Cristal en el suelo. Una modelo se estaba liando con el guapo heredero griego que se había hecho visible debido a una relación mediática con Paris Hilton. Pocos segundos después, Paris entró en el club y se fue directa a su ex y su nueva amiga. Se me abrieron los ojos de par en par cuando la guapa y famosa rubia le golpeó en la cara a la otra chica. Yo parecía ser la única que notó el alboroto.

A nadie le importaba otra cosa que no fuera divertirse.

No había reglas, ni limitaciones, ni preocupación por la monstruosa cuenta de la barra, que calculé que estaría por lo menos entre los ochenta y cien mil dólares, solo contando el champán. Las modelos atraían a hombres ricos, atletas profesionales y celebridades. Cada noche en el club trataba de superar mi timidez y hablar con todas las personas que pudiera, para deslizar el asunto del póquer como quien no quiere la cosa y recopilar nombres. Estos paraísos sin ley para ricos y famosos eran la mejor tierra fértil para encontrar a nuevos jugadores. Yo siempre estaba trabajando este ángulo. Fue increíble la cantidad de números que conseguí, ya fuera de jugadores potenciales o de alguien que conocía a alguien a quien le gustaba jugar. El póquer derribaba muros fácilmente.

En Nochevieja fuimos a una fiesta que organizaba P. Diddy. Algunos de los mayores nombres de la música se turnaban para actuar. Alguien me pasó una pastilla de éxtasis. Siempre había tenido miedo a las drogas, pero me la metí en la boca. Treinta minutos después sentía un hormigueo en cada célula de mi cuerpo y estaba flotando en una suave burbuja de felicidad y amor. La música, las luces, todo era hermoso y perfecto. Todo lo que quería era bailar. Todo el mundo era mi mejor amigo y cuando llegó la medianoche la purpurina inundó el aire y parecía como si toda la gente quisiera besarme. Comenzamos la cuenta atrás a gritos; no podía recordar otro momento de mi vida en que hubiera sido más feliz.

Después de la *after party* y de la *after after party*, los primeros signos del amanecer provocaron que los fiesteros huyeran a la cama como vampiros. Los efectos de la píldora se me habían pasado en su mayor parte, aunque aún me sentía confusa y feliz.

—Oh, Dios mío, en serio, no puedo volver a ver salir el sol —escuché exclamar a una morena de piernas largas, que dejaba un rastro de lentejuelas a su paso.

—Lo sé, da un miedo que te caaagas —comentó su rubia amiga, con un aspecto lamentable.

—Tomémonos el Xanax ahora —dijo, y al unísono abrieron unos botecitos de píldoras a juego y se tragaron las pastillitas blancas en seco. Cuando volví al barco, estaba muerta de hambre, así que me fui a la cocina para prepararme algo de comer. En mis oídos permanecía el ruido de la música a todo volumen del club y tenía demasiada adrenalina para dormir. Cogí la comida y subí a la parte superior del barco. Mi mente emprendió su camino de vuelta a la realidad. Me senté con las piernas cruzadas y contemplé cómo salía el sol sobre el océano. Al día siguiente volvíamos a L. A. y todo sería diferente. Me había venido tan arriba con mi victoria, y con el hecho de que mi relación con Reardon hubiera sobrevivido a mi plan, que ni siquiera pensé en lo que significaba realmente asumir el control de la partida. Había estado bajo el amparo protector, cuando no opresivo, de Reardon. Ahora estaba yo sola. Ya no habría chivos expiatorios, ni tendría a un lunático que asustaba a todos los que estaban a mi espalda. Sabía que tenía mucho que aprender, y no mucho tiempo para estudiar. Pero de alguna manera no estaba asustada. Estaba emocionada. Podía suceder cualquier cosa, y finalmente mi destino dependía de mí por completo.

14

Regresé de Miami llena de energía, con la mente inundada de ideas que quería poner en práctica en la partida.

Mi padre era alguien que siempre estaba procesando y analizando todo. Las discusiones nunca eran simples con él, las palabras se diseccionaban, se traían a colación fuentes de referencia. Crecer en este ambiente resultaba a veces molesto, pero me di cuenta de qué habilidad tan importante supone, en realidad, este tipo de pensamiento en el mundo real. Para organizar realmente la partida de la manera en que había soñado, para añadirle valor y volverme irreemplazable, necesitaba procesar y analizar a mis jugadores. Necesitaba entrar en la psique del apostador.

Era consciente de que no era una partida tradicional de póquer. Las apuestas eran demasiado altas para convertirlo en una partida amistosa en una casa, acompañada de sus nachos y su cerveza. Los jugadores no eran profesionales y eran demasiado ricos para ganarse la vida con el juego.

Mi partida estaba ligada al escapismo. Si quería ofrecer

una fuente de escape completa, tenía que brindar algo más que fichas, cartas y una mesa. Tenía que vender un sueño... el sueño de una vida aún mejor y más emocionante en la que el nuevo fichaje pudiera codearse con celebridades y mujeres hermosas y recibir atenciones como si fuera la persona más importante de la mesa.

Sin embargo, para que la persona estuviera dispuesta a escaparse al mundo del póquer, debía tener el gen. Estos jugadores podían permitirse escapar a cualquier parte del mundo. Necesitaba que escaparan a mi mesa, no a Maui o Aspen. Tenían que sentir la necesidad de querer jugar al póquer. En un entorno normal no se podía detectar nunca quién tenía el gen. El patrimonio neto no tenía nada que ver con ello; ni tampoco la clase social, la etnia o la trayectoria profesional. Esto formaba parte de lo que hacía que la mesa fuera tan interesante: había un grupo ecléctico congregado por algún tipo de mutación genética. Y, pese a todos los estigmas, quienes apuestan parecen tener una reserva sin límite de esperanza y optimismo. Todos creen que pueden sacar algo de la nada. Cada semana aparecían con esperanzas renovadas, independientemente de los resultados o consecuencias de las semanas anteriores. Y en especial si junto a la emoción de la disputa venía una asistente que se encargaba de todos los aspectos de la partida y de cualquier asunto de sus vidas si querían. Esa asistente, por supuesto, era yo.

Mi valor, por tanto, consistía en la capacidad para proporcionar una fuente de escape, en tener olfato para detectar a aquellos con el gen, creando así un entorno donde se alimentaba la emoción de la victoria, y yo misma.

Primera lección: asegúrate de que tus jugadores siempre estén cómodos.

Segunda lección: alimenta la máquina con sangre nueva.

Tercera lección: sé insustituible.

Cuarta lección: siempre es por el dinero. Había aprendido mucho de mi padre.

Me puse a trabajar inmediatamente.

Pedí citas en los tres hoteles más lujosos de Los Ángeles.

Mi primera parada fue el Peninsula, un hotel tranquilo y elegante que recibía a los más ricos de los ricos. Conduje por el camino de adoquines y conocí al gerente del hotel, que era refinado de la cabeza a sus mocasines Prada. Después de que su personal me preparase un *cappuccino* espumoso, me acompañó por todo el hotel para que pudiera ver sus habitaciones de ensueño y el gran cuidado de los jardines.

A estas alturas ya había descubierto cómo dirigir con confianza, o al menos cómo fingirla hasta que lo conseguía.

—Estoy organizando «reuniones con redes de contacto de la industria» —le expliqué—. Asistirán un montón de celebridades… —Hice una pausa para darle efecto. Incluso en los lugares más lujosos, la promesa de ciertos asistentes destacados siempre podía abrir puertas—. Así que… —Dejé que la frase quedase inconclusa—. Entenderá la necesidad de cierto nivel de privacidad.

—Por supuesto —dijo—. Por supuesto. Cualquier cosa que necesite, señorita Bloom.

—Necesitaré que nos lleven a la habitación una mesa de póquer el día en cuestión —le dije—. ¡Ya sabe cómo son los chicos!

Me reí ligeramente y él se rio conmigo, diciéndome que sí, que lo sabía.

—Ciertamente podemos acomodar cualquier necesidad que tenga —me aseguró—. Deje que le dé mi tarjeta. Le he apuntado mi número de móvil… Por favor, no dude en llamarme si necesita algo más.

Prácticamente le faltó darme un beso cuando salí por la puerta. Y no fue el único: mis citas en el Four Seasons y en el Beverly Hills fueron bastante parecidas. Les conté a sus gerentes la misma historia que había ofrecido en el Peninsula, y dejé caer que utilizaría la mejor habitación que tuvieran todas las semanas. Estaba empezando a darme cuenta de lo que Phillip había querido decirme durante nuestra lección. El farol y la percepción son mucho más importantes que la propia verdad y circunstancia.

En cada hotel que visité me ofrecieron la misma recepción real. Era increíble el impacto que tenían las celebridades sobre toda la gente de esta ciudad. Sentí que le podría haber dicho al personal que estaba organizando un acto de tráfico de armas, drogas y prostitución al que asistirían estrellas y ellos habrían asentido, mostrado admiración y hecho todo lo posible para adaptarse y acomodarnos.

Salí de la última reunión en una nube. Con tres lugares de lujo disponibles, podría trasladar la partida de un sitio a otro a mi antojo, lo cual tenía tres grandes ventajas: la partida no sería un blanco tan fácil para quien intentara infiltrarse; controlaría la ubicación; y sería más misteriosa, algo que pensaba que sería siempre positivo, especialmente con el juego… y los hombres.

Todo estaba funcionando a mi manera. Lo único que podía pensar era: que comience el juego.

***

Ir por cuenta propia sin Reardon significaba que tenía que asegurarme de que todo esto era legal, de verdad.

Los jugadores me contaron que sus abogados les habían dicho que no había problemas con la partida, pero eso no bastaba para que me sintiera segura, ni me ofrecía ningún tipo de información útil que fuera específica para el papel que *yo* desempeñaba.

Necesitaba tener mi propio abogado.

Wendall Winklestein era uno de los mejores abogados criminalistas y venía altamente recomendado por varios de los chicos de la partida. Wendall tenía una ostentosa oficina con valiosas obras de arte en las paredes. Su gusto era la prueba visual de que los ricos se comportan mal a menudo.

Entré en su oficina y sentí que me miraba desde detrás de su escritorio.

—Así que tú eres la princesa del póquer.

En mi interior fruncí el ceño, pero le ofrecí una leve sonrisa.

—He organizado partidas de póquer, sí —le dije—. Quiero asegurarme de que es legal.

Cambió de tono y sustituyó la lujuria por la abogacía.

—¿Te llevas comisión?

—No —le dije.

—¿Cómo ganas dinero?

—Con las propinas.

Alzó las cejas.

—Todo el mundo quiere participar en la partida —le expliqué—. La primera noche mi antiguo jefe les dijo a los jugadores que tenían que darme propina si querían volver a recibir invitación.

Wendall se echó a reír.

—Inteligente. —Luego volvió a ponerse serio—. Aquí va mi mayor consejo —dijo—. No violes la ley cuando estés violando la ley.

—¿Qué quieres decir?

—Lo que estás haciendo está en lo que llamamos una «zona gris». No viola las leyes estatales o federales, pero está en una especie de limbo. Tienes que mantener las manos limpias. Ni drogas, ni putas, ni apuestas deportivas, ni matones a sueldo que cobren las deudas, y Molly, paga tus impuestos.

—Eso lo puedo hacer —le dije.

—Si quieres contratarme, necesito un anticipo de veinticinco mil dólares —dijo Winklestein. Por la forma en que me miraba, me preguntaba si podría tener alguna otra forma de pago en mente.

—¿Qué tal dinero en efectivo? —pregunté. Saqué un sobre de mi bolso, pues ya estaba preparada para esta cantidad.

—En efectivo me va bien. —Sonrió con lascivia.

Organicé mi primera partida en el hotel Peninsula porque mi contacto me había ofrecido un considerable descuento por la habitación. La partida se convocó para las 8 p.m., aunque pedí entrar algunas horas antes para poder asegurarme de que todo sería perfecto.

Diego me recibió con la mesa, y el gerente del hotel nos saludó con entusiasmo, pidiéndole al botones que nos ayudara a colocarla en el ascensor de servicio y llevarla arriba. Una vez que el botones recibió su propina y se marchó, Diego y yo reorganizamos los muebles para crear espacio para la pieza central: la mesa de póquer con diez sillas y diez pilas de fichas, y, por supuesto, la Shuffle Master de Tobey. Diego se fue con la promesa de que regresaría una hora antes de que comenzara la partida y allí estaba yo sola en esta increíble y magnífica *suite* palaciega.

Me apresuré a revisarlo todo. El baño era casi tan grande como todo mi apartamento, y tenía esos asombrosos albornoces esponjosos que se ven en las películas. El gerente me había dejado una botella de champán y un plato de fruta. Abrí la botella y me serví un vaso. Hasta las frutas del bosque sabían mejor en un lugar como este. Corrí a la cama. Era el paraíso. No me había dado cuenta de que una cama podía ser tan cómoda. Me tiré sobre un montón de almohadas y solté una risa sonora.

Faltaban seis horas para que comenzara la partida, así que me puse el bikini y me fui a la piscina. La piscina en la azotea del Península tenía una hermosa vista de la ciudad. Estaba decorado todo en blanco, desde las cabañas hasta aquellos divinos sillones, y los únicos elementos de contraste eran la piscina turquesa y el brillante cielo azul. Me acomodé en una tumbona mullida; el sol aportaba calidez y soplaba una brisa fresca desde el oeste. Uno de los chicos de la piscina pasó por mi lado, me roció con agua de rosas y me dio dos rodajas de pepino para que me las pusiera en los ojos. Me preguntó por mi número de habitación y volvió un par minutos después con un Bellini, por cortesía del gerente del hotel. Me bebí el Bellini en mi cabaña privada, sintiendo que la vida no podría ser mejor. Pero si quería aferrarme a todo esto, tenía que ser avispada y trabajar duro. Dejé mi copa y comencé a llamar a los jugadores.

Solo cuando me senté a prepararme volví a la tierra, y empecé a sentirme nerviosa por la partida. Miré mi cara, sin maquillaje, sin pretensiones. ¿Me había quedado sin escapatoria? Sí, desde el día en que conduje hasta esta ciudad, pero eso no iba a detenerme.

La partida de esta noche iba a reunir a un grupo familiar: Reardon, Steve Brill, Cam, que era socio de Reardon, Tobey, Houston Curtis, Bob Safai, Bruce Parker y Nick Cassavetes. Como de costumbre, había informado de antemano a Tobey sobre los participantes, que era la cortesía que exigía y que me ahorraba su aterradora mirada mortífera si entraba y se encontraba a un desconocido en la mesa.

—Bien —me dijo. Y fue entonces cuando envié el mensaje a todos los demás. Todos los invitados dijeron que sí.

No podía esperar a ver sus caras cuando entraran en esta maravillosa habitación y vieran cómo iba a ser la partida a partir de ahora. Todo estaba diseñado para que fuera increíble. Incluso contraté a dos mujeres profesionales para les dieran masajes en los hombros, un deseo que habían mencionado algunos de los chicos. Las investigué para asegurarme de que tenían licencia; en Hollywood simplemente no se sabe nunca, en especial cuando hay gente rica y famosa implicada. Incluso hice que mi abogado redactara un acuerdo de confidencialidad para que lo firmasen.

El mayor peligro era estar demasiado ocupada y que se me olvidara anotar una compra. Se suponía que los chicos tenían que firmar sus compras, pero a veces estaban de tan mal humor que se negaban, o pensaban que daba mala suerte firmar con sus iniciales. Insistí para que después de la partida nadie pudiera impugnar la contabilidad. Ahora que yo estaba al mando, iba a tener que ser más asertiva. Un error significaba que los libros no cuadrarían por lo menos en cinco mil o quizá más, y yo sería la responsable de cubrir cualquier diferencia. Dos errores eran… Ni siquiera podía pensar en ello.

En un esfuerzo por evitar cualquier desastre en potencia, le había pedido a Diego que me echara una mano con las compras y los libros de contabilidad y a mi amiga Melissa que me ayudara a organizar lo que pedía cada chico. Ella estaría allí para rellenar bebidas y salir corriendo para traer la cena, que podía costar miles de dólares por noche y cuyo pedido era tan extenso y detallado que conseguirlo era en sí mismo casi un trabajo a tiempo completo.

La *suite* que nos habían dado estaba en una de las plantas superiores, un lugar impresionante decorado con los tonos blancos, beis, rosa pálido y dorados propios del mobiliario caro. Las puertas francesas se abrían a un patio envolvente. Había una mesa repleta de platos de fruta, tablas de queso, charcutería y chocolates finos. Soplaba una brisa ligera que refrescaba la habitación y extendía el aroma a velas Dyptique y flores recién cortadas. Las dos masajistas ya estaban allí, Melissa había llegado a tiempo y Diego se trajo a un repartidor extra. La música sonaba suavemente. Yo llevaba un largo vestido blanco, un montón de joyas de oro y me había recogido mi largo pelo en lo alto de la cabeza.

El primero en llegar fue Houston Curtis (como siempre).

—¡Guau! ¡Esto es genial! —Salió al patio para admirar la vista.

Salí fuera con él y Melissa se acercó para ofrecerle una copa.

—¿Puedo traerte algo de beber? ¿Agua, té, champán?

Houston, el hombre que siempre quería Snapple Diet

de frambuesa (y que yo tenía refrigerado en la nevera), contempló el entorno y subió el nivel de su pedido.

—¿Champán? ¿Por qué no?

Sonreí.

—¿Te gusta? ¿Crees que a los otros chicos les gustará?

—¡Oh, sí! Es elegante. Será agradable no volver más al Viper. En fin, me encantaba el Viper. Pero en este lugar uno se siente bien. Hasta huele bien.

Reardon apareció después.

—Qué jugadora más picarona —dijo, vagando de habitación en habitación.

Miró su teléfono y casi me lo metió en la cara. La imagen del teléfono mostraba a unas jovencitas desnudas y hermosas que adoptaban unas posturas muy flexibles.

—Puede que necesite esta habitación más tarde —dijo, riendo y agarrando el menú—. Mol, pídeme un poco de caviar. Ossetra, con unos panecillos y...

—Lo tengo, Reardon —dije—. Sé lo que te gusta.

Los dos nos reíamos ahora.

Llegó el resto de los chicos, todos ellos con expresiones de aprobación por el cambio de ambiente.

Tobey llegó el último.

—¡Bonito! —comentó.

Lo miré sorprendida; recibir un halago por parte de Tobey era como recibir un abrazo de la reina.

Mientras los hombres se acomodaban en torno a la mesa y Diego empezaba a repartir las cartas, me senté en una silla junto a la mesa, asimilando la escena como si estuviera viendo una película que yo misma había dirigido. Se mezclaron las fichas, generando un conjunto de clics que ya me resultaba tan familiar como el sonido del tráfico. Los jugadores las juntaron y organizaron en pilas de diferentes alturas. Los veía jugar y charlar, inclinándose hacia atrás en aquellas sillas mientras unas chicas guapas les masajeaban los hombros y ellos se olvidaban de todo lo que pasaba en sus vidas, excepto lo que estaba sucediendo en esta sala; entonces supe que lo había conseguido. Todo mi elenco había dado en el blanco. Contemplé cómo llevaba Melissa los cócteles de un lado para otro, contemplé cómo volaban las manos de Diego, contemplé cómo Tobey observaba al resto de los jugadores.

Había algo en aquella intensa atmósfera que los impulsaba a hacer mayores apuestas. Apenas habían transcurrido tres horas cuando Bob Safai ya había perdido trescientos mil dólares, una gran cifra para una partida con una compra de cinco mil dólares. Steve Brill, de alguna manera, estaba ganando la mayor parte del dinero. Contuve mi respiración por un momento, pero luego volví a relajarme, porque a Safai apenas parecía importarle.

Eran las cuatro de la madrugada antes de que el último se marchara, y cuando la puerta se cerró a su espalda, Diego chocó mi mano.

—Buena partida. Lo has conseguido. Has ganado.

—*Hemos* ganado —le dije.

Conté las propinas y las dividí en montones. Diez mil para cada uno.

15

A los chicos les encantaba jugar en los hoteles. Adoraban los servicios extras. Además, había entrenado a mi personal para que dijeran que sí a todo a menos que fuera ilegal o degradante. En lugar de crear un caro telón de fondo, aproveché el hecho de que los excelentes hoteles que había elegido ya habían pensado en todo. Estaban acostumbrados a las peticiones de los huéspedes más ricos, a quienes se creían con mayores derechos (no digo con esto que mis chicos fueran así, pero el personal de un lugar como este estaba preparado para cualquier cosa).

Empecé a crear un set de póquer, basado en las peticiones que recibía más a menudo. *Whisky* de malta, caviar, champán. ¿Necesitas un cargador de teléfono? Lo tengo. ¿Tienes dolor de cabeza? Excedrin y una compresa fría. ¿Te duele el estómago? Lo tengo. ¿Necesitas reservas de viaje que no se pueden gestionar por tu empresa? No tienes más que darme los datos. ¿Necesitas que reserve una habitación en el Four Seasons para la próxima semana? No hay problema, ¿qué tipo de habitación? ¿Tu chica está que se muere por «el» bolso que ya está agotado? Lo descontaré de lo que ganes en la partida y te lo llevaré. ¿Necesitas un acupunturista en la partida, mientras juegas? Hecho. Era siempre «sí», todo el rato. No podía ignorar que el sí se había convertido en mi mantra. Yo compartía nombre con el personaje literario de gran fama de *Ulises*, la épica novela de James Joyce. En su soliloquio final ella se centra en el sí a estar enamorada y caer rendida a su marido. Yo también me estaba enamorando. De una partida de póquer.

La mejora de la ubicación y el hecho de que a cada hombre se le tratara como si fuera James Bond hicieron que entrar en la partida fuera algo aún más emocionante. Comencé a ganar tanto dinero que ya apenas sabía qué hacer con él. Comencé a mejorar poco a poco mi vida. Reardon me dejó asumir el contrato de arrendamiento de su Mercedes clase S. Era rápido, sexi, plateado y elegante. Me encantaba su coche y solía sentarme en el asiento del copiloto mientras me dictaba un centenar de órdenes, pasaba de un carril a otro para adelantar al resto de los coches y gritaba por el móvil. Solía dejar de prestarle atención e imaginarme que el coche era mío. Sucedió mucho antes de lo que pensaba. Un día vino a mi apartamento para dejármelo. Me tiró las llaves.

—Diviértete con tu nuevo coche, jugadora —dijo, con la sonrisa de un padre orgulloso… o quizá de un científico loco.

Su nueva asistente (ya había tenido cinco en tres meses desde que volvimos de Miami) parecía asustada e insegura al volante del coche que conducía y con el que había seguido a Reardon hasta mi casa.

—¡MUEVE EL CULO! ¿ERES IDIOTA? —le gritó a la joven rubia. Parecía aterrorizada y se arrastró torpemente por encima de la palanca de cambios. Miré a Reardon con el ceño fruncido. Y luego le sonreí cálidamente a ella.

—Si eres la mitad de buena de lo que era Molly, puede que te regale un coche, pero lo dudo mucho. Es muy difícil de igualar.

Esbocé una sonrisa en la cara y en el corazón. A pesar de todos los defectos que tenía Reardon, sabía que me quería. Salió a toda velocidad en medio de una nube de polvo, grava e insultos.

—¡BLAIR! —grité. Y ella salió.

—¡Mira mi nuevo coche! —le dije, saltando de un lado para otro. Ya había superado la fase del restarle importancia a todo.

—¡Guau! ¿En serio? ¡Vamos a dar un paseo!

Entré y deslicé el asiento hacia adelante todo lo que pude, me senté erguida e intenté poner la llave en el contacto. No entraba.

—Ah, mi padre tiene un coche como este. Pon el pie en el freno y pulsa ese botón. Y reclina un poco el respaldo del asiento. Parece como si condujeras por primera vez.

Se echó a reír.

Hice lo que me dijeron y el motor V-12 dejó escapar un ronroneo gutural suave. Pisé el acelerador y las dos gritamos cuando nos lanzó disparadas colina arriba a una velocidad alarmante.

Giré a la izquierda en Sunset, bajé las ventanillas y encendí la radio. En la calle todo el mundo nos miraba. Al parecer, en L.A. tener un buen coche importaba que te cagas. Pisé de nuevo el acelerador y mi elegante Mercedes se lanzó tan rápido que me pegó la espalda al asiento de lujo. Blair se rio.

—Es mucha potencia para ti. Seguro que puedes manejarlo.

Sonreí y no quise decir lo que se me pasaba por la cabeza porque era repulsivo. Pero el poder es lo que yo quería. Y quería más, lo adoraba. Pisé el acelerador. Íbamos a más de ciento cincuenta kilómetros por hora por Sunset.

Me gustaba la emoción y la adrenalina que sentía al desobedecer la ley. Cambiaba de carril y adelantaba a los demás coches. El poder que tenía bajo el pie me emborrachaba. De repente vi a un policía detrás de mí que encendía las luces. Giré en el hotel Beverly Hills con un chirrido de ruedas. Todos los aparcacoches me conocían.

—Bienvenida de nuevo, señorita Bloom —dijeron.

Comimos junto a la piscina, esperando todo el tiempo a que apareciese un agente de policía, pero nunca vino.

Había vivido con Blair durante dos años en el apartamento que sus padres le habían comprado. Parecía que había pasado toda una vida desde que nos conocimos en una estúpida fiesta, escondidas en el baño para que no nos viera una estrella despechada de un *reality* televisivo. Ahora Blair tenía una relación seria y yo estaba preparada para dejar el nido. Estaba preparada para la independencia, para un apartamento propio. Toda mi vida había vivido con otras personas y la perspectiva de tener un lugar para mí sola era realmente emocionante. Encontré un apartamento en la vigésima planta de un edificio de lujo en Sunset. Cada vez que había alquilado un apartamento en el pasado había sido una situación estresante: reunir el dinero, preguntar a mis padres, tratar de conseguir la parte de mis compañeros… y siempre me quedaba corta. Contemplé las vistas, el baño sexi de mármol y espejos y el amplio dormitorio; tenía que ser mío. La agente comenzó a sumar: el primer mes, el último, el depósito…

Me volví hacia ella y la corté mientras marcaba números en su calculadora.

—Dígale al dueño que pagaré los primeros seis meses por adelantado, en efectivo, si me hace un descuento.

La mujer mayor me miró sorprendida.

—Bien, entonces… ¿todo en efectivo?

—Todo en efectivo.

Había oído a Reardon hacer este tipo de negociaciones mil veces, pero yo nunca había tenido ni el dinero ni la oportunidad de hacerlas.

Contuve el aliento esperando a que la agente, Sharon, con su toque francés y su chaqueta de punto abotonada hasta arriba, se burlara de mí y llamase a la policía. Pero en vez de eso dijo:

—Deme un momento. —Volvió con una sonrisa y una mirada más relajada—. A mi cliente le parece bien acordar el precio con usted —dijo.

Conseguí un trato estupendo, y lo hice yo sola. Y aunque el alquiler era cinco veces más alto de lo que había pagado nunca, el apartamento era todo mío. Lo decoré con muebles hermosos, sábanas maravillosamente suaves, alfombras exuberantes, e incluso obras de arte.

La partida parecía imparable, cada noche era más épica que la anterior. Mi teléfono nunca dejaba de sonar. Aunque fue poco a poco, ciertamente dejé de hablar con todos mis viejos amigos. Yo estaba cambiando; podía sentirlo. Me encantaba estar en aquellas habitaciones de hotel, me encantaban sus sonidos, sus olores. Me había vuelto reservada; si alguien me preguntaba en alguna ocasión a qué me dedicaba, mentía. Decía que era organizadora de eventos.

Había notado el impacto que causaba una primera impresión y trabajé en la mía. Me compré ropa y zapatos caros. Contraté a un entrenador, me hice tratamientos faciales, manicuras y pedicuras, me peinaba en los mejores salones y volví a Valerie's por el lote completo. Apenas reconocía a la chica en el espejo.

También quería trabajar la mente. Fui a clases de francés, estudié arte y leí libros sobre negocios y estrategia. Absorbía como una esponja el conocimiento que circulaba por la mesa. Llegué a ser muy buena en matemáticas, pues tenía números en la cabeza todo el tiempo. Observaba a los chicos jugar, observaba cómo se mentían los unos a los otros, aprendía de sus fortalezas, sus debilidades y sus historias.

16

Reardon y yo nos convertimos en los mejores colegas. Le ayudaba con la formación de su flujo constante de nuevas asistentes (ninguna le duraba más de un mes), y él me aconsejaba en los negocios. Seguía siendo un loco, pero eso era lo que era y aprendí a amar su idiosincrasia. Me llamó una tarde mientras estaba actualizando mis hojas de cálculo junto a la piscina.

—Voy de camino a buscarte, estate fuera en cinco minutos.

—Reardon, no puedo. No estoy vestida y estoy en mitad de algo.

—Estate fuera, cinco minutos. —Y colgó.

Subí corriendo, me puse algo encima y me recogí rápidamente el pelo en una cola de caballo. De alguna manera, para mí siempre sería mi jefe. No tenía ni idea de adónde iríamos. Pero allí estaba yo, fuera como me había ordenado, a los cinco minutos.

Me miró cuando entré en el coche.

—Pareces distinta —dijo.

—Distinta, ¿en qué sentido? —le pregunté.

—Mejor —gruñó—. Ya no te pareces tanto a esa chica indigente de Colorado.

A Reardon le encantaba decirle a la gente que me encontró en las calles de Beverly Hills con una mochila y sin hogar. No se alejaba mucho pero, cuando quería exagerar, era su historia favorita. Supongo que el lento proceso de mi cambio total en L.A. ya se había completado.

—Gracias, cretino, y yo nunca he sido una indigente —dije.

Sonó su teléfono, contestó y se pasó el resto del camino gritando y conduciendo a ciento sesenta por hora, como de costumbre. Metió el morro del coche en el servicio de aparcacoches del Hotel Beverly Hills y aligeró el paso a propósito por la alfombra roja. Prácticamente tuve que ir corriendo para no quedarme atrás. Nos sentamos junto al mostrador y Reardon puso de un golpe una pila de periódicos en la silla que tenía a su lado. Estaba acostumbrada a este comportamiento. A pesar de que solo íbamos nosotros dos, exigió una mesa para cuatro, en parte porque le gustaba pedir todo el menú y en parte porque odiaba estar cerca de extraños y de sus gérmenes, a menos que, por supuesto, esos extraños fueran mujeres desnudas. Me miró y sonrió.

—Va a venir McCourt —dijo.

Era sorprendentemente dulce la manera en que Reardon estaba tratando de jugar a ser casamentero.

Mi estómago cayó en plancha y bajé la cabeza cuando vi por el rabillo del ojo que se acercaba Drew. Fingí estar absorta en el periódico.

—Hola, Molly —dijo afectuosamente.

—Hola, Drew. —Sonreí.

Hacía tiempo que no lo había visto, pero pensaba en él a menudo. Era el único tipo que había conocido en L.A. que me hacía pensar dos veces.

Drew y yo hablamos durante toda la comida mientras Reardon mandaba mensajes de texto, de correo electrónico, destrozaba el periódico y salía a toda prisa cada cinco minutos para hacer una llamada. Era tan fácil hablar con él. Después de que termináramos de comer, Reardon me soltó un fajo de billetes en la mano y me dijo:

—Paga esto, ahora vuelvo.

Esa era la manera en que Reardon te decía: «Aquí te quedas. Arréglatelas tú sola».

—¿Y qué vas a hacer esta tarde? —preguntó Drew.

—Estaba trabajando hasta que fui secuestrada por ese terrorista, —hice un gesto señalando a la figura desaparecida de Reardon—, que puede que me deje aquí tirada sin manera de volver.

En silencio maldije a Reardon por ponerme en esta posición incómoda con el único chico que me había gustado en mucho tiempo.

Drew se echó a reír.

—Voy a pasar por la casa de mi amigo. Vive aquí al lado. ¿Quieres venir?

Por supuesto que quería.

Algunas semanas más tarde estaba ayudando a la nueva asistente de Reardon, Jenna, a preparar una cena en la nueva casa de Reardon. Reardon quería que saliera a la perfección y me había pedido que le enseñara a Jenna los pormenores. Jenna era una morena guapísima, no muy inteligente y, para que conste, no había sido ni mi primera, ni mi segunda, ni mi tercera elección entre las entrevistadas. Había encontrado mujeres cualificadas y profesionales y, por supuesto, Reardon eligió a la que parecía una modelo de lencería. Por el modo en que movía las pestañas y se paseaba por la habitación, estaba claro que poseía un tipo específico de habilidad y conocimiento, aunque no tuviera nada que ver con dirigir una oficina.

Jenna era experta en conseguir lo que quería de hombres y mujeres por igual. Hundió sus enormes ojos marrones en los míos.

—¡Gracias a Diossss que me estás ayudando! Me estás salvando la vida. Tengo taaanto que hacer... es una locuuura.

—¡Cosas buenas, espero! —le dije, sabiendo que era una actriz en apuros.

—Estoy teniendo una aventura con un hombre casado —me confesó—. Y no me está tratando como corresponde a una amante.

Esa no era la respuesta que esperaba.

—¿Qué quieres decir? —pregunté.

—No me presta la suficiente atención, ni se encarga de mis facturas —explicó, poniendo morritos.

Me estremecí.

—Bueno, ahora tienes un nuevo trabajo, ¡así que puedes pagarlas tú misma! —respondí alentadoramente.

—Ese no es el asunto —se quejó—. Pero lo voy a arreglar.

—¿Cómo? —pregunté horrorizada e intrigada al mismo tiempo.

—Bueno, es una estrella de *rock* famosa, y yo aparecí en su videoclip. Me dijo que él y su mujer no se llevaban bien y que probablemente se van a divorciar. Aunque todos te dicen lo mismo. —Meneó la cabeza—. La última vez que vino a verme, grabé un vídeo de nosotros sin que él lo supiera. ¡Si no empieza a tratarme bien, lo publicaré!

Abrí los ojos de par en par. Era exactamente el tipo de asistente que *no* necesitaba Reardon.

—¡Eso es tan inteligente! —dije, manteniendo mi tono alentador, como si fuéramos las mejores amigas—. ¿Dónde escondiste el vídeo?

—En la casa de invitados de Reardon… —respondió con una risita—. ¡Allí es donde lo grabé!

—Chica lista —le dije, y la envié a hacer un recado. Luego fui a buscar a Reardon.

—Te dije que no la contrataras —dije indignada, con la mano en la cadera.

—Tienes que arreglar esto, no quiero este drama —dijo Reardon—. Y despídela.

—¡REARDON!

—Simplemente arréglalo.

Aún sentía que estaba en deuda con él, pues me había dejado adueñarme de la partida.

Mientras Jenna había salido a buscar una marca de caviar que no existía, fui a la casa de invitados y encontré la cámara y la cinta. Grabé otro vídeo de la habitación con imágenes en blanco y me metí en el bolsillo la cinta del chantaje.

Tenía un amigo que solía ir de gira con el grupo en cuestión y me puse en contacto con Gage, estrella de la música, y ahora, de una cinta de sexo.

Gage me pidió que me reuniera con él en su estudio y,

cuando llegué allí, estaba cantando detrás del cristal. La situación era surrealista. Su mánager me saludó con menos entusiasmo del que esperaba, teniendo en cuenta que estaba salvando a su principal cliente de un mundo de sufrimiento.

—¿Cuánto? —preguntó.

—¿Qué? ¡Nada! —dije, dándome cuenta de que pensaba que quería vender la cinta.

—¿De verdad?

—Sí, de verdad —dije, ofendida.

—¿De verdad? —preguntó.

—¡SÍ! —dije de nuevo.

—¡Gage, ven aquí!

Gage salió y me dirigió una mirada afilada.

—No quiere dinero —dijo su mánager.

—Bien, ¿entonces qué *quieres*?

—Nada, simplemente pensé que querrías esta cinta antes de que se distribuyera por ahí. Fuimos a la parte de atrás y me invitaron a sentarme y a charlar un rato.

—¿Quieres venir con nosotros a nuestra actuación en Las Vegas? —preguntaron.

Decliné la invitación cortésmente.

—¿Vemos el vídeo? —preguntó Gage diabólicamente.

—Tengo que volver al trabajo —le mentí.

—Muchísimas gracias —dijo Gage—. ¿Cómo podré compensarte por esto?

Lo pensé durante un minuto.

—¿Conoces a alguien que juegue al póquer?

La cena estaba convocada para la noche siguiente. El grupo de amigos de Reardon consistía en unos degenerados con mucho dinero y unas chicas jóvenes, muy atractivas y decorativas. Resultaba realmente agradable observar la vida de Reardon desde este lado.

Sam y Cam me frotaron afectuosamente la cabeza cuando llegué.

—Mira quién se ha convertido en un bombón —gritó Cam. (Cam nunca tuvo una voz «interior», el grito era su modo normal).

Yo estaba esperando a alguien en particular y Reardon lo sabía.

—No te preocupes, que va a venir —me dijo.

—Cállate, Reardon. Ni siquiera sé de quién estás hablando.

Traté de no sonrojarme.

—¿Qué clase de problema estás generando ahora, Green? —dijo una voz detrás de mí.

Era Drew. Me di la vuelta y me dio un gran abrazo.

—Hola, Molly —dijo—. ¡Te veo fenomenal!

—Gracias, Drew —dije. Podía sentir que me estaba ruborizando.

Cam le dio un manotazo en la espalda a Drew.

—¡McCourt! ¡Qué pasa, jugador! Tus Dodgers me aplastaron esta semana. He perdido medio millón por culpa de esos cabrones. Tuve que contratar un camión de Brink's para pagar a mi corredor de apuestas… No te miento, mira.

Sacó el teléfono y nos enseñó un vídeo en el que aparecía haciendo un baile extraño delante de un camión de Brink's.

—Mira el siguiente vídeo —dijo—. Le estoy dando a esta chica la del tigre.

No necesitaba ver a Cam dándole nada a ninguna chica y mucho menos una animalada.

—¿Quieres algo de beber? —le pregunté a Drew.

—Claro. —Se rio—. Iré contigo. No sé cómo lo haces —dijo, aún riéndose mientras nos alejábamos.

—Ya no trabajo en la oficina —le expliqué—. Solo en la partida. Ahora solo me ocupo de organizar la partida de póquer. ¿Qué tal te va a ti? —le pregunté, tratando de cambiar de tema.

—Ya no estoy con Shannen.

—Lo siento —le dije por cumplir.

—Es para bien —dijo.

Escuché aullidos y gritos que llegaban desde fuera, y miré justo a tiempo para ver saltar a Cam desde el tejado de Reardon a la piscina.

—Ay, Dios mío —dije—. Esto está empezando temprano.

Drew y yo nos pasamos la mayor parte de la noche juntos, arropados en la esquina del sofá, riéndonos de las locuras que pasaban a nuestro alrededor. Era tan fácil hablar con él. Pasar tiempo con él parecía emocionante y cómodo al mismo tiempo.

Unos días después sonó el teléfono; era Drew, que quería saber si estaba libre esa noche.

—¿Cenamos? —preguntó.

—Claro —le dije, fingiendo despreocupación mientras el estómago me daba un vuelco.

—¿Te recojo? —preguntó.

Fuimos a Madeo's, pedimos una botella de vino y hablamos de nuestras familias, de temas actuales, de ciencia y deportes. Nos quedamos hasta que los camareros comenzaron a cerrar el restaurante. Pagó la cuenta y salimos fuera, donde me esperaba una limusina para llevarme a casa.

Miré a Drew y cuando estaba a punto de darle las gracias por aquella maravillosa noche, se inclinó y me besó. Fue un beso perfecto.

El Hammer nos destelló con las luces de la limusina y tocó el claxon, arruinando el momento.

—Vale, adiós —dije a regañadientes, y subí al coche.

—¿Ese es tu hombre, pequeña? —preguntó el Hammer.

Me reí.

—Quizás, si no hubieras arruinado el momento, Hammer.

Él se rio entre dientes.

—No le chupes el culo, mi pequeña dama, haz que se lo trabaje.

No todos los días recibía un consejo a medianoche por parte de un exconvicto que conducía una limusina extralarga, pero Hammer tenía razón. Así que, como una buena chica, me fui a casa.

Una semana más tarde estaba siguiendo las indicaciones que me había dado Drew para llegar a la casa de su familia. Fui de Sunset a Holmby Hills y luego frené para hacer un giro pronunciado a la izquierda. Había una bodega a un lado de la carretera que ofrecía mapas de las casas de las estrellas. La calle se ensanchó y luego las casas desaparecieron y solo se veían enormes muros a ambos lados por los que trepaba la hiedra. Lo único que podía ver eran vallas de privacidad y verde, literal y figuradamente.

Me detuve junto a la puerta y pulsé el botón de llamada.

Ahora ya estaba acostumbrada a esta rutina. Alguien respondió y me anuncié. La gran puerta se abrió y empecé a subir por el camino que había en la entrada. Conduje por la colina, que no se acababa nunca. Miré a mi alrededor; la propiedad debía de tener muchos kilómetros cuadrados porque no había otras casas a la vista. En la parte superior del camino de acceso había una enorme fuente rodeada de otras fuentes más pequeñas. La entrada era circular y la propia casa, cuando finalmente la encontré, monstruosa. Me quedé sentada en el camino, respirando hondo. Había visto casas de lujo, pero esto estaba en otro nivel: era diferente cuando esas casas de lujo pertenecían a personas que eran los padres de mi novio. De repente, me quedé muy preocupada.

«Sal del coche, Molly. No son más que personas». Salí con cautela, preguntándome a qué entrada debía dirigirme.

Afortunadamente, en ese momento Drew apareció por la esquina.

—Hola —dijo.

—Hola —respondí, manteniendo cierta distancia entre nosotros.

—¿Quieres entrar o vas a quedarte aquí afuera? —preguntó. Luego me dio un abrazo y me sentí un poco mejor.

Seguí a Drew, pasando por unas puertas enormes, hasta un enorme vestíbulo de mármol. El techo debía de tener unos quince metros de alto. Las obras de arte en las paredes eran impresionantes y el aire olía a flores recién cortadas. Atravesamos un comedor formal que tenía la mesa más grande que hubiera visto nunca y llegamos a una cocina abierta, donde la madre de Drew estaba frente a los fogones, cocinando.

Jamie era bajita –apenas medía uno sesenta–, guapa y rubia. Dejó la espátula y se acercó a mí, alargando la mano.

—Soy Molly —le dije.

—Claro que sí —dijo Jamie. Sus ojos eran amables y sinceros—. Estoy tan feliz de conocerte.

El resto de la familia entró en tropel. El padre de Drew, Frank, me estrechó la mano cordialmente. Frank era alto y guapo; su esposa y él hacían una pareja fantástica. Drew tenía tres hermanos más pequeños: Travis, Casey y Gavin, todos guapos y adorables.

—¿Puedo ayudar en algo? —le pregunté, recordando mis modales.

—¡Oh no! Pero siéntate y charla conmigo —dijo Jamie.

Me encaramé en la barra de la cocina y Frank y los chicos se sentaron en la otra habitación para ver las mejores jugadas del partido de béisbol. Jamie y yo tuvimos una conexión instantánea. Parecía tan normal charlar con la madre de Drew que era fácil olvidar que estábamos en una mansión de casi dos mil ochocientos metros cuadrados. Mientras ella cortaba en trocitos, en rodajas y lo hervía todo a fuego lento, me contó que no solo era la vicepresidenta de los Dodgers, sino que, además, se había licenciado en Derecho por la Universidad de Georgetown, tenía otra carrera en Finanzas por el MIT y, al parecer, había asistido a una escuela de cocina en París.

Ayudé a Jamie a llevar los platos a la mesa y ella llamó a los chicos, que la ignoraron completamente en una perfecta aproximación a cada cliché sobre cómo son los chicos cuando están viendo deportes. Así que Jamie, con sus cincuenta kilos, entró en la sala de estar e impuso la ley. La siguieron obedientemente y yo la contemplé admirada.

La cena estuvo mejor que bien; se me hizo la boca agua y fue fácilmente una de las mejores comidas que había disfrutado en L.A. La conversación abarcó temas que iban desde los deportes hasta la política y los negocios. Me preguntaron sobre mi familia en Colorado y sobre mi empresa de planificación de eventos. Respondí a todas sus preguntas suavemente, diciéndome a mí misma que en realidad no estaba mintiendo. Yo dirigía realmente mi propio negocio...

La noche se inundó de risas y de un cómodo ambiente natural. Veía a Drew bromear con sus hermanos y me sentía abrumada. Yo sabía que tenía sentimientos crecientes por Drew, pero esa noche fue el detonante. El estilo de vida, combinado con la cercanía y la normalidad... ¿cómo no iba a caer rendida? Además, me encantaba su familia. Menos por los adornos, eran como mi familia, y exactamente el tipo de familia que quería para mí algún día.

Para cuando terminamos de beber el Brunello que Frank había seleccionado de la bodega, era tarde. Los muchachos ya habían subido a hacer los deberes, y Drew y Frank estaban discutiendo sobre negocios en la sala de estar.

—Molly —dijo Jamie—. Es tan agradable ver a Drew tan feliz; realmente le gustas.

Le sonreí de nuevo y le dije en voz baja:

—A mí también me gusta mucho.

La verdad era que me estaba enamorando, rápidamente y hasta el fondo.

17

Ir a partidos de béisbol con la familia de Drew no se parecía en nada a cuando yo iba con mis hermanos de pequeña. En mi juventud, nos sentábamos en el gallinero con nuestros vaqueros y zapatillas, comíamos comida basura y metíamos bulla entre la multitud. Con los McCourt, tenía que arreglarme y ser civilizada. No había perritos ni cervezas Dodger. La familia iba de punta en blanco, se sentaban junto al banquillo y siempre estaban atendiendo a alguien importante. Era un asunto muy serio. Habían invertido un montón de dinero, tiempo y pasión en el equipo, así que cada partido era un gran acontecimiento.

Esa noche estaba sentada entre Drew y el exgerente de los Dodger, Tommy Lasorda, viendo un partido del L. A. contra San Diego.

Yo estaba agradecida de que Tommy estuviera allí. Aligeraba los ánimos y me cantaba canciones durante el cambio de bateadores.

—¿Te diviertes, Molly? —preguntó Tommy.

—¡Oh, sí! —dije con entusiasmo, y él asintió y luego se volvió para hablar con Frank.

Aunque hubiera elevado mi partida de póquer desde un sótano hasta un ático, el imperio que yo dominaba siempre sería demasiado desagradable para sacarlo a relucir en las cenas. Ciertamente, no era apto para las compañías que frecuentaba durante mis salidas con los McCourt. Ni siquiera Drew conocía el alcance de lo que estaba haciendo. Lo único que sabía era que a veces yo estaba distraída y ocupada cuando debería haber estado brindándole mi completa atención.

El estadio estaba frenético. Todos fuimos testigos de una de esas vueltas inesperadas que puede dar un partido de béisbol y que mantiene a toda una multitud hiperventilando; el tipo de partido para el que se acuñó la frase «estar al borde del asiento». Los Dodgers estaban luchando contra los Padres y, de repente, se anotaron dos carreras más. Nomar Garciaparra se levantó a batear y justo en el momento exacto en el que se balanceó y conectó perfectamente, enviando la pelota hacia arriba a las gradas en un *home run* de dos carreras para el empate, sentí que me vibraba el teléfono en el bolsillo. Era Tobey.

—Ben te va a llamar ahora. Le he dado tu número, ASEGÚRATE DE QUE JUEGA.

La multitud se puso en pie. Los McCourt me abrazaron en éxtasis. Mi teléfono comenzó a sonar.

Agh, por supuesto, esto tenía que pasar. ¿Cómo iba a salir en este momento?

Me escabullí de la celebración en masa y le lancé a Drew

una mirada de «lo siento». No parecía feliz, pero no tenía elección. Tenía que contestar esa llamada.

Desde que había asumido la partida oficialmente, cuando Tobey me llamaba, respondía. Al principio de mi reinado en las partidas, su atención resultaba halagadora. Pero conforme me aclimaté a mi nuevo papel, empecé a darme cuenta de que las discusiones que alguna vez me hicieron sentir inteligente y especial eran, para él, todas parte de una estrategia. Como el truco con la Shuffle Master, ese préstamo «generoso» que probablemente le había reportado cuarenta mil dólares en ganancias durante los últimos dos años.

Su última ofensiva se centraba en aumentar las apuestas. Esta presión en particular también iba en mi interés, porque mis propinas se basaban en un porcentaje de las ganancias. Mientras que el porcentaje variaba de jugador a jugador, ganancias mayores significaban por lo general propinas mayores. Las partidas que había organizado tenían una compra de diez mil dólares, pero Tobey quería subirla a cincuenta mil dólares. Sabía que perderíamos a algunos jugadores cruciales si implantábamos este incremento, así que quería asegurarme de que teníamos reemplazos listos antes de realizar el cambio. Hice que se corriera la voz y conseguí indicaciones sobre algunos jugadores que hacían apuestas enormes. Yo iba en busca de Rick Salomon, un jugador importante, y Arthur Grossman, la ballena definitiva. También había oído que Ben Affleck solía jugar y jugaba muchísimo. Le pregunté a Tobey sobre él un par de veces y Tobey me prometió localizarlo.

Aquí tenía la llamada y tenía que responder, a pesar de que era el final de la novena entrada y los Dodgers estaban luchando por la victoria en un partido crucial.

Me alejé hasta el final del túnel, pero el ruido seguía siendo ensordecedor. Respondí y recé para que todo aquello no se oyera tan fuerte al otro lado del teléfono.

—¿Sí?

—Hola, Molly —dijo una voz que me era familiar por una docena de películas—. Soy Ben. ¿Es un mal momento?

—En absoluto. —Mentía.

—He oído que llevas una partida bastante buena.

—Sí. Es una gran partida, con toneladas de acción. Lo mejor es que la mayoría de la gente realmente no sabe jugar.

Ben se rio con ganas.

—Suena divertido. ¿Cuál es la compra?

Me detuve. Cincuenta mil era una cifra muy alta y no quería asustarlo. Las celebridades eran una gran lotería.

—Tengo un par de partidas diferentes —le dije—. La compra va de diez a cincuenta mil.

—Genial —dijo—. Quizás lo que más me interesaría es la gran partida. La de cincuenta mil.

De pie, con la espalda contra la pared, escuchando a la multitud rugir a lo lejos, veía pasar a la gente desdibujada.

Estaba interesado en la gran partida. Tobey tenía razón. El terreno estaba cambiando ahora y las apuestas eran cada vez más altas. Sentí una oleada de adrenalina. Me había pasado dos años observando el tipo de cantidades que podía perder un chico con una compra de diez mil dólares: una de seis cifras, con facilidad. Esta partida sería cinco veces mayor. Estaba empezando a entender cómo funcionaba este mundo, a hacerme una idea de ello. Las apuestas son algo compulsivo y los jugadores siempre quieren aumentarlas. Podría haber jugado sobre seguro, haber mantenido la compra en diez mil dólares, pero jugar sobre seguro no era tan divertido.

Regresé a mi asiento. Los Dodgers habían logrado milagrosamente afianzar su victoria.

—¿Dónde estabas? —me preguntó Drew.

—Cosas de trabajo —dije

—¿No podía haber esperado? —preguntó.

Aunque Drew conocía la partida, era difícil explicarle cómo funcionaba.

Podía sentir su decepción, pero me quedé mirando fijamente hacia delante, a la espera de que pasara ese momento. Esta fue la primera de muchas veces en que me sentí dividida entre mi vida pública y mi vida secreta y clandestina.

18

Drew y yo nos íbamos a un viaje de último minuto a Las Vegas y le había prometido que durante los siguientes días toda mi atención sería para él. Sin embargo, si era realista, no había manera de ir a Las Vegas sin interesarme por algunos jugadores y eso rebajaba mi entusiasmo tanto por el interludio romántico que tenía en puertas como por mis posibilidades de contactos potenciales.

Los chicos jugaban ahora dos veces por semana, el martes y el jueves. Eso significaba que tenía el viernes por la noche, el sábado y el domingo para pasar el rato en Las Vegas, y el lunes para volver y asegurarme de que todo estaba mejor que mejor para las mesas de la semana.

Drew iba a llegar dentro de treinta minutos y yo aún estaba corriendo de un lado para otro por el apartamento tratando de hacer las maletas. Acababa de terminar de recaudar y entregar los pagos de la partida de la noche anterior y mi ama de llaves, que se quedaba con Lucy, mi perra, durante el fin de semana, estaba intentando ayudarme a prepararme.

Drew llamó desde abajo, justo cuando había terminado de arrojar a mi bolsa de Louis Vuitton vestidos y joyas y veinte mil dólares en efectivo para apostar un poco en las mesas.

—¿Estás lista, nena? —me dijo.

—¡Dos segundos! —grité, agarrando mi pasaporte.

—¿Dos segundos reales o dos segundos multiplicados por diez minutos? —bromeó.

—Dos segundos reales —dije—. No te preocupes, no haré que Neil espere.

El plan era volar con Neil Jenkins, el amigo tan rico, joven y guapo de Drew; el tipo de chico que solo salía con modelos de Victoria's Secret, con *playmates* y con actrices. El tipo de chico que tenía su propio avión. Neil me gustaba muchísimo. Era guapo, encantador y un experto en divertirse lo más posible.

Nos reunimos con Neil en el aeropuerto privado, donde nos esperaba con su séquito, que incluía a cuatro de las chicas más guapas que hubiera visto nunca. Las chicas se conocían y, una vez que embarcamos, se sentaron en la parte de atrás, congregándose en el sofá y mirándome fríamente. Nunca he entendido la dinámica de las chicas que odian automáticamente a otras chicas. Tomé la iniciativa.

—Hola —dije—. Me llamo Molly y sois las chicas más guapas que haya visto nunca. Es muy intimidante.

Se suavizaron al instante y a mitad de aquel vuelo de cuarenta y cinco minutos ya nos reíamos y hablábamos como si nos conociéramos desde hacía un millón de años. En el aeropuerto nos esperaban dos Navigators con las lunas tintadas para llevarnos al hotel, donde nos invitaron a acceder por la entrada vip. Nuestra «habitación» parecía más una mansión, con una vista increíblemente espectacular de la ciudad.

Permanecimos allí juntos, contemplando la Franja de Las Vegas, con todos los hoteles iluminados como un sueño en tecnicolor.

—Me alegro de que hayamos llegado —dijo Drew.

—Yo también —le dije.

Necesitábamos un viaje como este. Me dije a mí misma que me olvidaría del trabajo; que durante los próximos días, todo giraría en torno a Drew y a mí. No estaba aquí para trabajar. No iba a trabajar. Ni siquiera iba a pensar en el trabajo. A pesar de que estábamos en Las Vegas, donde el juego era el rey…

Mientras Drew bajó para encontrarse con Neil, me arreglé con mis nuevas amigas en el enorme baño de mármol de su chalé, que era incluso más grande que el mío. Tiffany, Lauren y Penélope formaban un gran trío. Eran todas *playmates* y cuando entramos en el casino sentí el poder de tanta belleza. No hubo un solo chico que no levantara la vista de su mesa para mirarnos.

Al instante me di cuenta de que esta sería una forma increíblemente eficaz de reclutar jugadores. Mi mente empezó a acelerarse. Me gustaban mucho estas chicas y nos estábamos divirtiendo mucho, pero necesitaba averiguar si podía confiar en ellas antes de llevarlas a mi mundo.

Nos encontramos con Neil y Drew en la mesa de *blackjack* de la sala de altas apuestas.

Las chicas se colocaron a un lado.

—¿Puedo jugar? —les pregunté a Drew y a Neil.

—¡Claro! —exclamaron.

Neil me presentó a su anfitrión en el casino.

—Blake —dijo—, esta es Molly. Organiza las mayores partidas de póquer en L. A.

Blake se enderezó y me estrechó la mano solemnemente. Me dio su tarjeta de visita y una «tarjeta de jugador» que rastrearía mi tiempo de juego por lo que los casinos podrían recompensarme con regalos de cortesía.

Drew y yo nos instalamos en la mesa de *blackjack*. Él era un jugador adepto así que le dejé que me aconsejara cuando no estaba segura de si lanzarme o no. En una hora y media, había convertido cinco mil dólares en quince mil.

—Vuelvo enseguida —dije.

Subí de color, cambiando las fichas negras de cien dólares por una pila más baja de fichas naranjas valoradas en mil cada una y, luego, fui a hablar con el anfitrión. Por lo que entendí «recibía» regularmente a grandes jugadores como Neil y sus contactos podrían serme muy provechosos.

También sabía que los favores no eran tal cosa, así que necesitaba ofrecerle un incentivo.

—Tomemos una copa, Blake —le dije.

—Claro —respondió.

Eché un vistazo a Drew, que seguía feliz jugando a las cartas. Apenas parecía darse cuenta de que me había escapado.

Me senté en el bar junto al anfitrión y lo miré a los ojos.

—Creo que podemos ayudarnos mutuamente —le dije.

—¿Cómo es eso? —preguntó, señalando al camarero.

Pedimos y continué:

—Bueno, siempre podría incorporar nuevos jugadores

a mi partida... y he estado pensando en organizar viajes a Las Vegas. Podría traer a diez enormes jugadores que te utilizarían como anfitrión.

—Eso es interesante —dijo Blake.

Llegaron las bebidas e inclinó su vaso de Blue Label Johnnie Walker hacia el mío.

—Creo que te has convertido en mi nueva mejor amiga.

Cuando los chicos se cansaron de las mesas, salimos a recorrer clubes. Drew y yo nos sentamos en un banco mientras las chicas bailaban en la pista con Neil y atraían las miradas de todos los hombres que había allí, incluido Rick Salomon, uno de los jugadores en el que había puesto el ojo durante algún tiempo. Rick era el cámara, director y coprotagonista de la infame cinta sexual de Paris Hilton, que vendió a Vivid por una cantidad que se rumorea que ascendió a siete millones de dólares. También era famoso por ser un jugador tremendo. Habíamos coincidido un par de veces y nunca le había mencionado la partida, pero él sabía quién era yo y me di cuenta de que iba con algo de cautela (dicha cautela, por lo que me di cuenta, era paranoia en estado avanzado). Sentí que debía esperar a que fuera él quien se acercara a mí.

Las chicas bebían chupitos como si no hubiera un mañana y bailaban provocativamente, no solo entre ellas, sino con las chicas de adorno que estaban desnudas en una pequeña bañera en el escenario, únicamente cubiertas por gardenias. Por el rabillo del ojo vi a Rick contemplando el espectáculo.

—Hola, ¿cómo va la partida? —me preguntó, con los

ojos pegados en mis nuevas amigas y en la seductora actuación en el escenario.

Le lancé una mirada que decía claramente que la partida era una locura, pero no dije nada. Quería que apreciara mi compromiso con la discreción.

—¿Quién juega?

—No debería decirlo. Estoy segura de que conoces a la mayoría.

Definitivamente los conocía, era jugador y esta, la partida de póquer más emblemática de Los Ángeles.

—¿Van a estar allí? —preguntó, señalando a mis nuevas amigas.

—Sí —mentí.

—Te llamaré cuando volvamos a L. A. Probablemente jugaré la próxima semana —dijo.

Movió de nuevo la cabeza, asintiendo, y se alejó, mientras me sonreía a mí misma por lo que podía suceder incluso cuando intentaba no trabajar. Había triplicado mi dinero en el *blackjack*, había conseguido un gran contacto con el anfitrión y con mis nuevas amigas. Sabía que todos los Rick Salomon del mundo serían presa fácil.

Agarré la mano de Drew.

—¿Has terminado de hacer de político? —Se echó a reír.

—¡Sí! —exclamé y le di un beso.

Me serví una copa de champán y de repente sentí una alegría delirante. Ese sentimiento se hincha dentro del pecho como un globo de helio. Cerré los ojos y me obligué a saborear ese momento.

19

Tan pronto como regresamos de Las Vegas, llamé a Blake, el anfitrión del hotel.

—Tengo oro para ti —me dijo—. Voy a confiar en ti y en eso de que organizarás el viaje.

—Tienes mi palabra.

—Se llama Derek Frost. Es joven, rico y un verdadero degenerado. Es difícil, pero pierde entre diez y veinte millones al año. Necesitas su número.

—¿Qué línea de crédito tiene contigo? ¿Cómo es en eso de saldar sus deudas?

—Tres millones. Siempre quiere descuentos y reducciones, pero siempre paga. Con todo, es un tipo raro. Aunque es uno de nuestros mayores jugadores, siempre quiere volar con Southwest, incluso si le ofrecemos el avión privado que él quiera.

Sacudí la cabeza. Los jugadores a menudo tenían una perspectiva única y personal sobre el dinero. Al principio no lo entendía. Me quedaba perpleja cuando se quejaban del precio de la habitación de hotel o de los restaurantes que abastecían la partida, pero no tenían ningún reparo en apostar cantidades de seis cifras en una mano estadísticamente muerta. Me di cuenta de que cada centavo que apostaban representaba una oportunidad de ganar dinero, e incluso si las probabilidades jugaban en contra, siempre quedaba la posibilidad de poder ganar.

Llamé a Derek Frost y acordamos reunirnos en una cafetería local. Cuando llegué, el lugar estaba vacío, lo cual era extraño para L.A. Aquí nadie tenía trabajos administrativos y, por lo general, las cafeterías solían estar llenas durante el día.

Me senté fuera, al sol, y leí mis correos electrónicos mientras esperaba. Al cabo de unos minutos levanté la vista y vi venir hacia mí a un hombre alto, con una belleza oscura y… oh, Dios mío, un *uniforme de policía*.

—¿Molly? —preguntó.

¿Qué demonios estaba pasando aquí? ¿Blake me había tendido una trampa? ¿Me iba a arrestar? Luché contra el impulso de salir corriendo.

—Sí —dije con nerviosismo—. ¿Eres Derek?

Intentaba cavilar sobre si podría estar cometiendo cualquier tipo de delito al reunirme con un agente de policía en una cafetería con el fin de atraerlo a mi partida de póquer en la «zona gris».

—No te preocupes —dijo—. No soy más que un policía voluntario. En mi tiempo libre.

—Pero sigues siendo policía, ¿no?

—No te preocupes, no vamos detrás de las chicas y sus partidas.

—No eres lo que yo esperaba —dije.

—Lo mismo digo —contestó—. Pensé que serías mayor y no tan guapa.

Sonreí, aún descolocada por completo y con la sensación de que necesitaba hablar con mi abogado.

—Mira, si esto fuera algún tipo de operación encubierta, ¿crees que me presentaría aquí vestido de uniforme?

En eso tenía razón.

—De todos modos —continuó—, es una partida de póquer, no es ilegal.

En momentos como estos era en los que me daba cuenta de que estaba caminando por una línea muy delgada. En cualquier sector laboral verdaderamente legítimo, uno no sufre un ataque al corazón si un cliente potencial aparece ataviado con un traje del cuerpo de policía.

Fuimos dentro, donde supe algo más sobre Derek. Odiaba Hollywood y a la «gente falsa» y adoraba jugar. Decididamente quería jugar en la siguiente partida y decididamente quería que fuese en la grande.

—Los nuevos jugadores tienen que pagar —le dije—. No puedo ofrecer ningún crédito la primera noche. Así que cualquier cosa que te quieras jugar la tienes que traer en efectivo.

—¿Y qué pasa con las fichas de casino?

—Solo acepto fichas de Bellagio o de Wynn —dije.

Esas eran las únicas fichas que los demás admitían como pago. Supuse que tenía que ver con el hecho de que Steve Wynn era conservador y sus casinos un terreno seguro. Sus acciones eran estables y él, un agente práctico. Mis peces gordos sabían que las fichas de sus establecimientos eran buenas.

—No hay problema —dijo.

—Ah, y Derek —dije—. ¿Puedo sugerirte que vengas vestido de civil?

Él se rio.

—Hecho.

Con la incorporación de Ben, Derek y Rick, tenía jugadores más que suficientes para la gran partida, así que empecé a hacer planes para el siguiente martes en el hotel Beverly Hills. Pedí el bungaló número uno porque estaba separado del hotel, tenía una decoración impresionante y un vestíbulo circular que resultaría útil para mantener las entregas de comida y el servicio de habitaciones separado de la partida.

Más celebridades y mayores apuestas implicaban que asegurar la privacidad era cada vez más importante. Cuanto mayor es la apuesta, mayor es la paranoia.

Había un montón de variables en esta gran partida, y yo estaba a la vez nerviosa y emocionada. ¿Cómo encajaría Rick con jugadores más civilizados? ¿Cuánto dinero traería Derek? ¿Le gustaría a Ben la partida? Decidí dejar caer el nombre de Ben en un esfuerzo por conseguir a Arthur Grossman.

Había estado haciendo algunas averiguaciones sobre Arthur, que era conocido por su afición a las mujeres y su misteriosa pero abundante fortuna. Sabía que Arthur tenía miles de millones, más que suficientes para cubrir su compra. También sabía que le encantaba la celebridad y Ben Affleck era una ruta perfecta para tentarlo.

Hola, Arthur, estoy organizando una partida para Ben y nos encantaría que jugaras, le dije en un mensaje que le envié.

No era mentira del todo: estaba organizando una partida, Ben iba a jugar y, ciertamente, había un montón de jugadores a los que les encantaría que Arthur jugase. Parafrasearlo únicamente hacía que pareciese algo más tentador.

Entonces llamé a Tobey.

—¡Hey! —respondió.

—Hola, deberías llamar a Arthur. Le he dicho que juega Ben. También tengo a ese tipo nuevo, Derek, y Rick me ha dicho que va a jugar. Si Arthur juega, será una locura de alineación.

—De acuerdo, le daré un toquecillo —dijo Tobey.

Me reí. Un genio del mal con afición a palabras como «toquecillo» y «latazo» era algo que agradecía.

Veinte minutos después, Tobey me devolvió la llamada.

—Está dentro —dijo.

—Buen trabajo, Hannibal.

Había empezado a llamarle Hannibal Lecter después de una partida reciente. Esa noche, vi cómo convencía a un tipo para que tirase una mano ganadora, algo conocido en el argot del póquer como *folding the nuts* o «retirar las nueces».

—Te juro por la vida de mi madre que te he ganado —le había dicho con convicción y seriedad—. No te mentiría, hombre.

Su oponente había empezado a sentirse confundido. Lo vi mirar fijamente las cartas que tenía, sabiendo muy bien que tenía la mano ganadora pero, de repente, no estaba seguro tras la actuación de Tobey. Tobey era increíblemente convincente y tan recto que al final el tipo, aunque de mala gana, acabó cediendo.

Para colmo de males, Tobey mostró entonces victorioso su farol. En mi opinión, sus acciones eran de un pésimo gusto.

—Te veo el martes.

Se había corrido la voz sobre la gran partida y ya había recibido algunas llamadas de jugadores profesionales de póquer que prácticamente me suplicaban que los dejara entrar. Algunos me hacían ofertas de dinero en mano y otros me prometían un *free roll* o lo que es lo mismo, si ganaban me darían un porcentaje y si perdían yo no tendría ninguna responsabilidad. Sabía que dejar entrar a profesionales en esta partida sería una manera infalible de perderla. Los profesionales se quedarían con todo el dinero, y parte de lo que hacía de mi partida algo tan especial era la química que había en la mesa y el hecho de que ninguno de los que estaban allí jugaba al póquer para ganarse la vida.

La lista final para la gran partida era: Tobey; Ben; mis nuevas ballenas, Derek Frost, Rick Salomon y, con suerte, Arthur Grossman; Bob Safai; Houston Curtis; y algunas caras nuevas: Bosko, un señor sofisticado de unos sesenta años; Baxter, un prodigio de las finanzas al que le encantaba jugar; y quien en su día fue la estrella de *Welcome Back, Kotter*, Gabe Kaplan. Salvo Tobey y Houston todos los jugadores ofrecían mucha acción. El tipo de acción ciega, que se lo juega todo. La compra inicial era de cincuenta mil dólares, lo que significaba que habría medio millón de dólares en la mesa antes de que se repartieran las primeras cartas. Iba a ser una gran noche.

Me reuní en el hotel con Diego, que traía la mesa. El botones había reorganizado la habitación de acuerdo a mis instrucciones.

Diego y yo compartíamos ahora un vínculo especial.

Éramos socios de pleno derecho en este extraño y maravilloso mundo.

Elegí cuidadosamente mi atuendo para esa noche: un vestido negro que se pegaba lo suficiente como para resultar sexi pero no tanto como para ser vulgar. Unos Louboutin negros, unas perlas Chanel y una chaqueta ligera, algo importante, pues me gustaba mantener la sala de juego fresca. Las temperaturas más bajas mantenían despiertos a los jugadores, y no había nada peor que un montón de jugadores de póquer cansados y letárgicos. Quería que la mesa explotara con acción, energía y conversación.

La química en una mesa es muy importante. Hay que comenzar con una mezcla cuidadosamente equilibrada de personalidades. Si se rompe el equilibrio y las apuestas son demasiado altas para algunos jugadores, la partida muere. Si son demasiado bajas, todo el mundo se aburre. La compra de cincuenta mil dólares había atraído a estos tipos, así que sabía que podían manejarlo; también sabía que generaría botes lo suficientemente grandes como para hacer que incluso los más ricos sudaran un poco.

Volví a pintarme los labios y esperé. Había invitado a las nuevas amigas que había hecho en Las Vegas, a las *playmates* Tiffany y Lauren. Las dos se presentaron para preparar bebidas y servir de adorno. Estaban impresionantes. Yo sabía que esa noche los chicos tendrían mucho que les haría querer quedarse… dentro y fuera de la mesa.

El primer jugador que llegó fue Derek Frost, afortunadamente con ropa normal.

—Bien orquestado —dijo contemplando toda la habitación y posando su mirada en Tiffany y Lauren.

Las dos chicas y yo nos sentamos y conversamos con

Derek mientras esperábamos a que llegara el resto de jugadores. Tiffany era una auténtica profesional. Lo miraba con sus ojos azul turquesa, actuaba como si estuviera pendiente de cada palabra que pronunciaba, se reía de sus bromas y le hacía sentir como si fuera el único hombre del mundo. Era impresionante. Y eficaz.

Tal vez porque estaba completamente desarmado por Tiffany, o quizá porque era lo que decía todo aquel que no tenía posibilidades, Derek Frost, el tipo que me había planchado la oreja durante una hora asegurándome lo mucho que odiaba Hollywood y su ambiente, parecía sin duda emocionado cuando Tobey se presentó con Houston. Los presenté y Tobey interpretó a la perfección su papel de estrella de cine encantadora y divertida.

Baxter fue el siguiente en aparecer. Era un agente financiero con mucho éxito que parecía algo despistado, pero era un genio con los números. Había oído que le habían prohibido la entrada a varios casinos en sus años de juventud por contar cartas y que era un completo animal en la mesa, algo común en la mayoría de los agentes. Siempre seguía la misma rutina al llegar: se vaciaba los bolsillos, que siempre contenían una cantidad impactante de objetos: *tees* de golf, bolígrafos, recibos, bálsamo labial. Me entregó su cheque en blanco firmado y lo agarré con el sujetapapeles. Todos los jugadores de esa noche habían hecho lo mismo, me entregaron un cheque firmado con la cantidad en blanco para cubrir la compra y sus pérdidas si las cosas no salían bien.

En ese momento el *holding* empresarial de Molly Bloom Inc. era oficialmente rico.

Baxter acudió a reunirse con el resto de los chicos y guie a Derek con un gesto.

Cogió su mochila y me siguió hasta el dormitorio, donde abrió la bolsa en cuanto cerré la puerta. Él sabía lo que yo quería: tenía doscientos cincuenta mil dólares en efectivo y otros quinientos mil dólares en fichas Bellagio. Como le expliqué en la cafetería, no podía ofrecerle crédito, por lo que al traer setecientos cincuenta mil dólares podría comprar quince veces esa noche.

Aunque estaba flipando con la cantidad de dinero que me estaban dando aquella noche, sonreía como si fuera algo que hacía todos los días. No quería que Derek se parase a pensar en el hecho de que acababa de entregarle tres cuartos de millón de dólares a una completa extraña.

—Genial, lo pondré en la caja fuerte por ahora.

—No huyas con todo —dijo.

—No lo haré, agente Frost —respondí, guiñándole un ojo.

Nos reunimos con el resto justo a tiempo para ver entrar a Bosko y Gabe Kaplan. Me saludaron de manera fría; eran de la vieja escuela y sabía que les llevaría algún tiempo mostrarme cualquier tipo de respeto. No me importaba. Mi partida hablaba por sí sola.

Bob apareció a continuación y Baxter me preguntó si podíamos comenzar.

—Chicos, ¿queréis empezar? —pregunté, por encima de la animada cháchara.

Por supuesto que querían.

Se fueron a sus asientos y la partida echó a correr.

En la primera mano se lo jugaron todo Bob, Bosko, Baxter y Derek. Preparé las fichas y la tabla de compras. Esa mano fue para Bob, lo que hizo muy felices tanto a Bob como a Diego, a quien Bob castigaba cada vez que perdía.

Los chicos compraron más fichas entre risas y bromas.

—Cogeré doscientos —dijo Baxter.

Los miré por si había objeciones. Baxter quería asegurarse de que tenía suficientes fichas para derribar a Bob.

—Bueno, en realidad —respondió Baxter—, que sean quinientos.

Lo miré y asintió, así que conté quinientos mil dólares en fichas y se las di.

—Yo cogeré quinientos también —dijo Derek.

Miré a Tobey en el mismo momento en el que él me miró, y asentí para indicar que tenía dinero en efectivo. Levantó las cejas, parecía impresionado.

Conté las fichas de Derek.

—Dame trescientos más —dijo Bob.

«Hablando de un concurso de testosterona», pensé, mientras contaba las fichas. Ni siquiera se habían repartido cartas para la segunda mano. Y mientras las contaba miré alrededor de la mesa para ver si alguien más quería jugar a ser el Chico Más Rico de la Mesa de Póquer. Sin más interesados, se reanudó la acción.

Algo después, Bosko y Gabe se levantaron y salieron a fumar un puro.

Yo estaba en la cocina preparando las bebidas que habían pedido. Podía oír las voces de los hombres por el eco del patio.

—¿Quién diablos está organizando esta partida? —preguntó Gabe. Sonaba preocupado. Tenía mucho dinero en la mesa.

—La chica —dijo Bosko.

—¿La chica? ¿Y ella qué sabe? ¿Quién maneja el dinero? ¿Quién concede el crédito? ¿Cómo sabemos que ese Derek es bueno?

—Tenemos que tener esta conversación con Tobey —dijo Bosko—. No podemos confiar en esa chica para que haga esto.

Mi globo de felicidad se desinfló. Quería salir allí, pisando fuerte, y decirles a ambos que yo era inteligente y capaz y que me ocupaba de todos los aspectos de esa partida hasta un nivel que haría que las cabezas les DIERAN VUELTAS.

Pero no lo hice. No podía hacerles saber que los había pillado. Este no era lugar para el rencor. No tenía por qué gustarles a estos tipos, pero necesitaba que confiaran en que sabía lo que hacía. Le escribí a Tobey un mensaje y le pedí que calmara sus nervios y los llevara de vuelta a la mesa.

En ese momento recibí un mensaje de Ben.

Aquí, decía.

Una oleada de emoción recorrió mi cuerpo y en ese momento me di cuenta de lo mucho que yo había cambiado. Cuando era una chica normal, en un momento como este habría sentido mariposas porque estaba a punto de conocer a uno de los actores más guapos e influyentes del mundo. Que Ben Affleck apareciese en mi partida de póquer era innegablemente colosal, pero las mariposas que sentía ahora eran por la emoción de que jugara en mi mesa, porque formaba parte de mi partida.

Saludé a Ben en la puerta. Era alto y guapo, con un carisma relajado que no todos los iconos tienen en persona.

Parecía sorprendido cuando le dije quién era yo.

—Eres tan joven —me dijo.

—No tan joven. —Le guiñé un ojo. Tenía veintisiete años, pero parecía aún más joven.

Cogí su abrigo y le mostré la hoja de compras.

Abrió los ojos de par en par y miró su reloj.

—¿Ya hay dos millones en la mesa?

—Sí —le dije.

—Vale, dame cincuenta mil.

A estas alturas ya había aprendido alguna que otra cosa sobre la psicología que subyace a la manera en que un chico pide fichas. La intención de mostrar más o menos fichas de la cuenta en una mesa da claras muestras del estilo de juego y del ego. Mientras que algunos chicos quieren las pilas más altas que puedan manejar, para intimidar mejor a la mesa y asustar a la gente, la opción de compra de Ben me decía que era un jugador inteligente al que le gustaba limitar sus riesgos a la baja, especialmente en una mesa con un montón de tipos con los que no estaba acostumbrado a jugar.

Rick Salomon apareció después. Rick era atractivo. Era un hombre grosero y sucio, pero tenía ese atractivo de cavernícola.

Lo aparté para mostrarle la hoja de compras.

—¡Guau! Están animados, ¿eh? —dijo, mirándome de arriba abajo—. ¿Quieres follar?

Le devolví la mirada, rezando para que mi cara no estuviera tan roja como yo la sentía.

—No, gracias —le dije de forma tan despreocupada como si me hubiera preguntado si quería un Tic Tac.

Él se rio.

—Dame doscientos mil.

«Mierda. Tenía una partida de póquer DESCOMUNAL».

Mientras Rick se sentaba, lo vi concentrarse en Ben. Vi que cambiaban las tornas. «Oh, Dios mío», pensé, «no dejes que diga nada embarazoso». Rick no tenía filtro.

—Oye, tú, ¿ese culo de Jennifer López tenía celulitis o era bonito?

La mesa se quedó en silencio.

Ben miró a Rick.

—Era bonito —dijo, y empujó sus fichas a un bote enorme.

La mesa se rio y se rompió el hielo. Puede que estos fueran los personajes más míticos jugándose las cifras más míticas, pero al final del día, los tíos son tíos… y los extraños rápidamente se hacían amigos en una mesa de póquer.

Después de ese momento incómodo, y después de que Tobey les asegurara a Bosko y Gabe que yo sabía lo que estaba haciendo, la partida tomó vida propia. Fue una de esas noches perfectas en las que la conversación era animada, la acción, rápida y furiosa, y cada uno de mis jugadores, a los que por lo general era imposible complacer, tenía una mirada que decía que prefería estar allí, en aquella mesa, antes que en cualquier otra parte del mundo. Mis propinas de esa noche reflejaron el enorme éxito de la partida. Creo que me fui con cerca de cincuenta mil dólares. Después de que se marchara el último jugador y Diego y yo hubiéramos recogido, me senté en el patio para ver salir el sol. Había descubierto un increíble nicho y había conseguido la fórmula para hacerlo con éxito y mantenerlo dentro de la legalidad. Siempre y cuando no cobrara comisión, o un porcentaje de cada bote, no estaba violando ninguna ley. Y no necesitaba ninguna comisión; siempre que mantuviera una clientela exclusiva y la limitase a celebridades, multimillonarios y dinero fácil, los jugadores me darían propinas generosas para que los volviera a invitar, para lograr ser admitidos en este exclusivo club. Había encontrado una laguna en el sistema; nadie más estaba haciendo lo que yo hacía. Había partidas en casa, partidas con comisión y partidas en los casinos; pero nadie había descubierto cómo crear un ambiente tan convincente, seductor y potencialmente lucrativo en el que las propinas que dejaban los jugadores eran, en realidad, una póliza de seguro que les garantizaba volver a recibir una invitación. Estaba pagando impuestos, estaba jugando según las reglas, pero había conseguido que las reglas funcionaran a mi favor.

CUARTA PARTE

COOLER

LOS ÁNGELES, 2008-2009

Cooler (sustantivo)

El caso en el que un jugador que tiene una mano fuerte justifica la apuesta máxima pero pierde ante una mano aún más fuerte.

20

Mis partidas no eran lo único que iba bien. Mi verano con Drew había sido un cuento de hadas. Sus padres habían comprado una casa en Carbon Beach, la lengua de arena más cara de Malibú, conocida como la «Playa de los multimillonarios» y habitada por celebridades y magnates. También habían comprado la casa de al lado, que en algún momento planeaban derribar para ampliar su casa, pero durante ese verano se la dieron a Drew. Pasamos los fines de semana en la encantadora cabaña multimillonaria de la playa.

A pesar de su riqueza y estatus, los McCourt valoraban el tiempo que pasaban en familia. Drew y yo acudíamos regularmente a cenar con ellos los domingos y a los partidos de béisbol. Me encantaba ir a los partidos de los Dodgers; y ver a Jamie y Frank, los padres de Drew, conseguir el sueño de toda una vida de tener un equipo deportivo resultaba a un mismo tiempo inspirador y romántico. También pasamos un par de semanas en julio en su casa de verano de Cape Cod y visitamos la casa de Boston donde Drew se había criado. Yo quería que ese verano durara para siempre, pero estaba llegando a su fin con rapidez.

Era el último fin de semana de agosto y Drew y yo estábamos disfrutando de un paseo por la playa al atardecer. Lucy nos adelantaba corriendo y ladrando a las olas, y revolcándose en cada olor desagradable que encontraba a su paso.

—¿Qué vamos a hacer por tu cumpleaños? —le pregunté.

El cumpleaños de Drew era la segunda semana de septiembre.

—Podríamos ir a Nueva York —dijo—. Ir a la final del Open USA, disfrutar de la buena comida e ir al partido de los Mets–Dodgers.

Sonreí. En mi nuevo mundo, las vacaciones de verano nunca terminaban. Siempre había sol y buenas temperaturas, siempre algo nuevo y emocionante que planear.

—Podemos volar con mis padres en su avión.

Me preguntaba si alguna vez podría acostumbrarme a mi nueva realidad. No quería. Quería sentirme siempre así de emocionada y viva, así de afortunada, así de increíble. A mitad de nuestro paseo por la playa, cogidos de la mano, nos encontramos con Rick Salomon, que había alquilado una casa en la playa para ese verano, una impresionante prueba de los enormes beneficios que podía generar el porno.

Shannen Doherty era la exmujer de Rick y la exnovia de Drew, así que me acobardé un poco, anticipando un encuentro incómodo entre ambos, pero a ninguno pareció importarle.

—Oye, ¿crees que podríamos montar una partida de póquer esta noche? —preguntó Rick.

—Claro —dije de inmediato.

—Deberías jugar, McCourt —dijo Rick.

—Otro día —dijo Drew.

Sabía que él nunca haría algo así, y esa era una de las cosas que me gustaba de él. No era nada ostentoso y parecía tener un sano respeto por el valor de un dólar a pesar de la riqueza de su familia.

—Voy a hacer un sondeo y te llamo dentro de poco —le dije.

Cuando regresábamos, me volví hacia Drew.

—No te importa, ¿verdad?

Sabía que teníamos planes, pero Drew lo entendería. Eran negocios.

Dijo que no, pero sentí cierta tensión. Era trabajo y yo nunca me interpondría en sus ambiciones. Con todo, tenía una sensación persistente de que debería haberlo hablado con él antes de hacer planes para pasar la noche en la mesa de póquer, en lugar de estar en casa con él.

Monté la partida en una hora o así. Hubo muchos más espectadores que de costumbre esa noche; la mayoría eran chicas con bikinis diminutos. El rapero Nelly había aparecido por alguna razón. Era muy educado y su séquito permanecía sentado en silencio en los sofás cercanos. Como era el último fin de semana del verano, había muchas fiestas a lo largo de la playa y entraron varias personas. Así no era como yo solía organizar las cosas, pero era la partida de Rick. Justo cuando le estaba dando a Nelly otra compra, Neils Kantor entró a toda prisa. Era de una familia muy rica y bien conocida por sus importantes colecciones de arte moderno. Neils tenía el entusiasmo de un niño, pero bajo su fachada juvenil se escondía una astuta mente para los negocios. Me estaba haciendo gestos muy exagerados para que saliera. Le pedí a Diego que se ocupara de la partida por mí.

Neils me agarró el brazo echándole mucho teatro.

—Me lo agradecerás —dijo con los ojos centelleantes y la voz animada mientras que prácticamente me arrastraba escaleras abajo hasta la arena húmeda.

—Conozco a Brad desde hace años, dirige un fondo enorme y lo hace MUY BIEN. Mucha gente que conozco ha invertido millones con él. Brad es también un enorme jugador. Me encontré con él en la playa y te lo he traído.

Neils me miró felizmente, como un cachorro que ha atrapado una pelota.

Estaba aún tirando de mí cuando se detuvo frente a un tipo atractivo vestido con ropa de playa.

—Este es Bradley Ruderman —anunció Neils con orgullo.

Brad y yo intercambiamos algunas palabras sin importancia y lo invité a entrar. Desgraciadamente no podía usar el aval de Neils como garantía. Tampoco quería pedirle a Neils un *vogue*. Hacer *vogue* significa responder por las pérdidas de un tercero; en este caso, significaba que si Brad perdía, Neils abonaría la cantidad si Brad no podía o no quería pagarla. El único *vogue* en el que realmente confiaba era en el de alguien que jugara en la partida, y Neils nunca había sido parte de ella. Estaba segura de que lo hacía con la mejor de las intenciones, pero me había puesto en una situación difícil y algo incómoda. Le expliqué todo esto a Brad, que ahora miraba la partida con unos ojos en los que llegué a reconocer una verdadera degeneración.

—Me encantaría dejarte jugar, pero necesito que pagues en efectivo o que consigas que alguien de la partida te avale.

—¿Valdría con Arthur? —preguntó.

Arthur levantó la cabeza y asintió rápidamente. Eso era todo lo que necesitaba. Le puse fichas a Brad.

Brad era el peor jugador de póquer que había visto jamás. Parecía como si jugara por primera vez. Perdió una compra tras otra, hasta que casi todo el mundo en la mesa estaba en positivo y él era quien financiaba el juego. Los jugadores me miraban con incredulidad mientras la actividad frenética seguía su curso. Le enviaba mensajes a Arthur en todo momento, verificando cada compra y explicándole la situación. Arthur parecía impertérrito.

Puede permitírselo, me escribió.

Al final de la noche, Brad había perdido una cantidad de seis cifras a partir de una compra de diez mil dólares. Sin embargo, parecía completamente feliz.

—Si no te importa, mi casa está a un par de puertas más abajo. Voy a coger un cheque —me pidió cortésmente.

—Por supuesto —dije.

Prácticamente salió corriendo por la puerta. Estaba segura de que no iba a volver, pero diez minutos más tarde se presentó con un cheque con la cantidad total.

—¡Muchas gracias! —me dijo, dándome un beso en la mejilla—. ¿Crees que podría jugar en la próxima partida? —preguntó de inmediato con esperanza.

—Claro, te llamaré —dije, tratando de ocultar mi confusión.

Algo tenía que fallar. Parecía demasiado bueno para ser verdad. No habría manera de cobrar el cheque. Pero lo hice, al instante. Y así comenzó la era de Bad Brad.

Drew, Travis y yo aún estábamos medio borrachos cuando nos dirigimos al aeropuerto privado a reunirnos con sus padres. Habíamos celebrado el cumpleaños de Drew por adelantado y no había noche suave cuando salíamos con nuestros amigos. Haciendo pompas con el chicle y con las gafas de sol puestas, me concentré en mantener el equilibrio mientras subía por los estrechos escalones del elegante G-5. Drew y Travis estaban mucho peor que yo. Drew y yo nos pedimos el sofá de la parte de atrás, aguantándonos la risa. Sus dos hermanos menores se vieron obligados a sentarse delante con Jamie y Frank, sus padres, que, como de costumbre, estaban concentrados en los negocios.

Había estado en Nueva York unas cuantas veces: una excursión a la Estatua de la Libertad y al Empire State durante un campamento de verano, una estancia de una noche en Queens con el limitado presupuesto del equipo de esquí antes de dirigirme al Centro de Entrenamiento Olímpico en Lake Placid y en una escala en mi viaje a Grecia. Estaba emocionada ante la oportunidad de poder ver por fin la ciudad. Agarré un café en un intento por recobrar la sobriedad. No quería perderme ni un segundo de esta experiencia. Aterrizamos en el aeropuerto privado de Teeterboro, Nueva Jersey, donde nos esperaban unos elegantes SUV negros. Contemplé por la ventana la verticalidad cinematográfica del centro de Manhattan. Nos detuvimos en el Four Seasons y unos porteros uniformados se apresuraron a abrir las puertas del coche, recoger nuestras maletas y acompañarnos al opulento vestíbulo. Era como si ser rico filtrara los inconvenientes de la vida y te dejara únicamente con las mejores partes.

Entré en el vestíbulo de mármol y me sentí transportada. Nunca había visto una elegancia tan espectacular. Nos llevaron a la zona de registro por una de las esquinas, donde el gerente esperaba para saludar a los McCourt personalmente.

La habitación que compartía con Drew resultó ser una *suite* en la planta cuarenta. Me acerqué a la ventana. Estábamos literalmente en el cielo. Nueva York tenía una belleza aterradora. No podía esperar para vivir la experiencia.

Esa noche, fuimos todos a Milos para cenar en familia con Tommy Lasorda, y luego Drew, uno de sus hermanos pequeños y yo nos fuimos a un club. Drew conocía a los promotores, así que nos dieron un tratamiento vip completo. Nos quedamos hasta demasiado tarde, por lo que apenas tuvimos tiempo para echar una cabezada antes de que nos levantásemos temprano para un maratón de actividades deportivas. Primero nos dirigimos al estadio para ver el partido de los Mets–Dodgers, donde cuidamos de nuestras resacas con algunos Bloody Mary y vimos rugir a las multitudes desde nuestros asientos en el palco. Luego volvimos a los SUV y fuimos a Flushing Meadows para la final del Open USA. Nuestros asientos estaban junto a la pista. Estábamos tan cerca que podía ver realmente cómo salía disparado el sudor de la cara de Andy Roddick. Después de cambiarnos de ropa rápidamente en el Four Seasons, nos reunimos para cenar en Il Mulino y luego fuimos a otro club donde habíamos quedado con otros amigos. Nueva York se movía a un ritmo y a una escala que ni siquiera podía comenzar a entender, y que me fascinaba.

La noche del verdadero cumpleaños de Drew pedí que enviaran una tarta y champán a la habitación. Sopló las velas, asegurándome que había pedido un deseo. Serví el champán y me senté en su regazo. Quería decirle que lo quería y que era mi mejor amigo. Quería hablar sobre nuestro futuro, preguntarle qué quería de la vida, pero este tipo de charlas simplemente no eran del estilo de Drew. Estaba muy cerrado en sí mismo y protegía mucho sus sentimientos. Nuestra relación dependía de cierto grado de desconexión. Pero esa noche sentí todo lo que no nos dijimos.

21

Regresé de Nueva York cargada de inspiración y aire fresco. En mi primer orden de cosas estaba saldar una deuda que tenía con Blake, el anfitrión de Las Vegas, con quien debía cumplir mi parte del trato por presentarme a Derek. Tenía que llevar a mis chicos a su ciudad durante un fin de semana.

El segundo asunto era organizar un torneo. Esto era algo que mis jugadores habían mencionado un par de veces. Parecía una buena manera de reclutar a más tipos para la mesa.

Después de varias conversaciones con Blake, me di cuenta de que organizar una partida en Las Vegas iba a ser algo complejo. En primer lugar, tenía que encontrar un fin de semana que les encajara, al menos, a ocho de los jugadores. Entre esos jugadores tenía que haber personas que también se lanzaran de lleno a todas las mesas: jugadores de *blackjack*, ruleta o bacarrá. Ese era el requisito de Blake. El casino solo consigue dinero real en partidas donde los jugadores juegan contra la casa. En el póquer, los jugadores juegan entre sí y la casa se queda con una cuota mínima (la comisión). Luego tenía que establecer las líneas de crédito para todos los jugadores antes de que el casino enviara el avión. Todos los chicos querían negociar ciertas ventajas (beneficios y cortesías otorgados por el casino) y descuentos en pérdidas potenciales antes de abrir una línea de crédito. Ser la intermediaria de todo esto supuso muchísimo trabajo. De hecho, fue una pesadilla.

Luego debía asegurarme de que tenía un montón de chicas guapas que pudieran acompañarnos en el viaje. La mayoría de mis amigas eran *playmates* que estaban acostumbradas a que les pagaran por adelantado por aparecer. Traté de explicarles que las propinas que recibirían durante este viaje superarían sus tarifas diarias, pero, a pesar de todo, querían garantías.

Después tuve que intentar explicarle a cada chico por qué no podía conseguir un chalé más grande y por qué algunos de ellos iban a tener que (ay) compartir uno de los chalés de tres dormitorios y cuatrocientos sesenta y cinco metros cuadrados. Y más tarde, tuve que organizar la partida en sí, conseguir que me mandasen una mesa, transportar las fichas y la Shuffle Master y coordinar las cenas y las noches en los clubes.

El torneo en sí era aún más complicado.

Los torneos son muy diferentes de los juegos con efectivo, sobre todo porque hay una cantidad finita de fichas. La compra debía ser de cincuenta mil dólares con un *add-on*, que era una opción para recomprar. Mis expectativas eran tener cuatro mesas de ocho jugadores y tres millones doscientos mil dólares como premio; y unas mesas de dinero en efectivo para los chicos que «se fugaran» del torneo (porque se quedaban sin dinero).

Para mi primer torneo, necesitaba un espacio que fuera privado y de alto nivel, pero lo suficientemente visible como para que otros clientes ricos pudieran ver lo que estaba pasando. No iba a perder esta oportunidad de reclutar, tanto para llenar la mesa como para hacer ostentación de la partida que había preparado con los ricos y fabulosos.

También hice un pequeño viaje al casino del Comercio, fuera de L. A., e hice saber a un par de porteros que si me enviaban a jugadores para el torneo, los compensaría generosamente.

Los rumores sobre el torneo, el viaje a Las Vegas con las *playmates* y Brad Ruderman, que seguía perdiendo cantidades de seis y siete cifras en cada partida, se extendieron como esperaba. *Fast* y *Furious*. Así que cuando Jamie Gold contactó conmigo, no me sorprendió. Pero aun así me dejé llevar por su encanto.

Organicé una reunión con él en una de las cabañas de la piscina del Four Seasons. Invité a las *playmates*. Había hecho mi investigación sobre Jamie. Acababa de ganar el *Main Event* de las *World Series of Poker*; su victoria de doce millones de dólares era la mayor suma de la historia del torneo. Por lo general, no habría considerado la posibilidad de que un campeón de las *World Series* jugara en la partida, pero Jamie era una anomalía.

Había pasado la noche antes de nuestra reunión viendo las imágenes de la partida. Estaba claro que Jamie no era un profesional; simplemente iba embalado y jugaba sin miedo. Lo había visto en mi propia partida: un jugador que se venía tan arriba que no podía perder por muy mal que jugara sus cartas.

Había tres cosas que me gustaban de Jamie: su pasta recién cobrada, su estilo de juego imprudente y lo que había anticipado como un enorme ego inflado y una fiebre por probar que él no era una estrella de un día. ¿Dinero nuevo y un don nadie en una mesa de notables? Perseguiría esta racha mientras se lo permitiera la pasta.

Jamie era pálido y delgado y llevaba gafas de cristal grueso. Lo observé caminar por la piscina tras mis gafas de sol, sin saludarlo hasta que se colocó delante de mí, bloqueando el sol.

—¿Molly? —dijo.

—¡Jamie! ¡Hola! Te reconozco de la tele —le dije, acariciándole el ego.

Nunca le habría dicho algo así a una verdadera celebridad, pero sabía que eso haría que Jamie quisiera estar a la altura de mi percepción implícita.

Le presenté a mis amigas y quedó claro que apreciaba inmensamente la escena que estaba presenciando.

—Siéntate —insistí, arrojando un pareo e indicándole al camarero que le trajese a Jamie una copa de champán.

Lo felicité por su actuación en las *World Series* y luego me lancé a explicarle la dinámica habitual de mi partida.

—La compra es de cincuenta mil. Pero los chicos se tiran a la piscina muy rápido. Y, en realidad, el cielo es el límite en lo que respecta a lo altas que pueden llegar a ser las ciegas.

—No hay problema. Cuanto más altas, mejor —dijo Jamie.

Sonreí.

—Normalmente no permito que entren profesionales —le dije.

—Bueno, yo no soy profesional —dijo—. Tengo una empresa de gestión de talento y soy productor...

Me soltó una monserga sobre los supuestos esfuerzos que había hecho en su carrera, y que deduje que probablemente no eran tan rentables ya que, si lo que había oído era cierto, había pedido prestados los diez mil dólares para la compra de las *World Series*.

—Bueno, muchos de tus compañeros juegan en la partida —le dije, y procedí a enumerar a las celebridades y personalidades notables que se sentaban a mi mesa—. No estoy segura de si tendré un asiento libre esta semana, pero voy a hacer todo lo posible para que entres. No puedo concederte crédito en la primera partida, así que si pudieras pagar...

—No hay problema en absoluto —dijo Jamie con entusiasmo.

Como si lo hubiéramos planeado, las chicas se levantaron en ese momento para ir al baño. Vi cómo las miraba Jamie.

Estábamos sentados allí riéndonos y hablando cuando apareció Derek Frost, con aire malhumorado. Derek se acercó a la cabaña y me entregó un cheque enorme para cubrir las pérdidas de la semana anterior.

—Nunca gano —gruñó—. Si no gano esta semana, lo dejo y no voy a Las Vegas.

Mi viaje a Las Vegas estaba planeado para el siguiente fin de semana, y si Derek se largaba, tendría un impacto dramático en la partida. Mi contacto en Las Vegas quería que Derek estuviera allí. Yo también lo necesitaba.

Presenté a los dos hombres, pero Derek ya sabía quién

era Jamie. Ambos empezaron a hablar de trabajo hasta que volvieron las chicas; a Derek se le iluminaron los ojos cuando las vio y pareció olvidarse del gran cheque, de Jamie Gold y de su mala suerte.

Entonces llamó Tobey y me disculpé para contestar el teléfono.

—Le he dado a Kenneth Redding tu número —me dijo—. Va a estar en Los Ángeles y quiere jugar.

—¿Quién es?

—Es una enorme fuente de acción. Genial para la partida. Dirige un monumental fondo de inversión en Nueva York. Juega en la partida de Nueva York.

—¿La partida de Nueva York?

—Sí, es monstruosa. Y es una partida mixta.

Una partida «mixta» significaba que no solo jugaban al Texas Hold'em, que era el estilo de póquer de mis partidas, sino a otros estilos como el Stud.

—¿Cuánto cuesta?

—La compra es de doscientos cincuenta mil.

Levanté las cejas. Eso era cinco veces más que en mi partida.

—Espero su llamada —dije—. Mi mente iba a toda velocidad. ¿Y si pudiera expandirla? ¿Y si pudiera empezar una partida en Nueva York? Necesitaba impresionar a Kenneth.

Había miles de rumores sobre la partida de esa semana. Kenneth tenía la reputación de ser un jugador tremendo, y Jamie y Derek se inscribieron rápidamente para jugar. Había establecido cuidadosamente el resto de condiciones y los únicos jugadores conservadores eran, como siempre, Tobey y Houston.

Incluso recibí una llamada de Joe Fucinello, un jugador de la vieja escuela que solía jugar con Larry Flynt y con el veterano de póquer Doyle Brunson, que llevaba jugando cincuenta años. Joe contaba grandes historias sobre estas figuras legendarias. Al parecer, a Flynt le gustaba tanto jugar a las cartas que llegó a organizar su propia partida en una cama de hospital justo después de que lo operasen, con el goteo intravenoso aún en el brazo. Hizo que su enfermera personal jugara sus manos por él.

—Hola, Molly —gruñó Joe—. Me he enterado de que Kenneth va a jugar, ¿tienes un asiento para esta noche?

—No, lo siento mucho. —Faltaban apenas dos horas para que comenzara la partida.

Joe empezó a gritar.

—Bueno, pues mejor que me busques uno, joder. ¿Quién coño te crees que eres? ¿Vas a negarme un asiento? No creo que sepas con quién estás tratando.

Joe era un tipo pequeño, pero daba miedo. Se movía en círculos de alto nivel, pero tenía un lado callejero y, supuestamente, un pasado escabroso. También era alguien genial que tener en una mesa. Así que pensé rápido.

—Joe, cálmate. Solo déjate caer por allí. Haremos una rotación si es necesario.

—De acuerdo —dijo, calmándose de inmediato—. ¿En el Four Seasons?

—Sí, habitación 1204, siete de la tarde.

—Nos vemos entonces —dijo, casi tímidamente.

Siempre estaba algo nerviosa cuando debutaba un nuevo jugador y esa noche tenía tres: Jamie Gold, Kenneth

Redding y Joe Fucinello. Jamie Gold, como esperaba, parecía estar embarcado en una misión para demostrar que pertenecía al club de los multimillonarios, y lo hacía jugando como si tuviera el mismo fondo ilimitado que sus oponentes.

Joe Fucinello, Derek Frost y Kenneth Redding estaban jugando con el mismo estilo. Iban con todo, mano a mano, a cada segundo. A las diez de la noche, tanto Derek como Jamie ya jugaban por medio millón. La acción era diferente de cualquier cosa que hubiera visto antes. Mis nuevos reclutas le estaban dando impulso y me di cuenta de que las apuestas nunca serían lo suficientemente altas para estos tipos. Seguirían pasándose de la raya, tratando de sentir esa adrenalina. Ganar o perder. Lo único que querían era sentirse vivos.

Sonó mi teléfono. Como si la noche no estuviera siendo lo bastante asombrosa, tenía en la línea a un amigo que había salido con A-Rod y estaban buscando una partida. Los invité, pero no dejé que nadie lo supiera. Sería genial, pensé, que A-Rod apareciese simplemente de manera informal.

Y tenía razón. Cuando A-Rod asomó por allí, alto, guapo y muy educado, las cabezas se levantaron de la mesa. Los hombres, sin que importe la edad, la clase, o el valor neto, idolatran a un atleta profesional. Cuando lo reconocieron, se convirtieron en niños pequeños y nerviosos. Y en cuanto A-Rod se sentó a jugar en la partida de póquer glamurosa y bien equipada que yo estaba organizando, una partida que tenía millones de dólares en fichas sobre la mesa, comenzaron las poses.

—Si gano más de trescientos mil en esta próxima órbita

—declaró Derek de repente—, le daré a Bird cinco mil y veinte mil a Polar Bear.

Bird, una de mis masajistas, era una madre soltera en apuros. Polar Bear era el segundo repartidor que trajo Diego. Ahora que las partidas duraban cada vez más, los jugadores querían un cambio de repartidor porque pensaban que Diego les daba mala suerte.

Polar Bear no tenía ni un dólar, mucho menos veinte mil, y sus ojos se iluminaron. Por desgracia, Kenneth le quitó hasta el reloj a Derek.

Kenneth iba de una en otra, Joe iba por un millón y Jamie estaba a punto de ir por ochocientos cincuenta mil dólares. Tobey me estaba pidiendo una lista de todos los postres veganos de la ciudad. Y yo estaba desbordada, sobrepasada y disfrutando cada segundo.

Álex Rodríguez estaba observándolo todo y pasándoselo estupendamente.

—Eres increíble y tu partida es increíble —dijo al salir—. ¡Deberías venir a Miami!

—Llámame —le dije.

Habría querido estar más atenta a esta estrella de béisbol tan increíblemente famosa, que aportaba un enorme atractivo, pero la partida había hablado por sí misma.

Me distraía Derek, al que le encantaba lloriquear. No paraba de enviarme mensajes sobre su terrible mala suerte, sobre cómo no le pasaba nada bueno, sobre la nube negra que tenía permanentemente sobre la cabeza. Salvo que su compañía le compensaba con unos veinte millones de dólares al año. Le encantaba acalorarse y lanzar sus apasionadas diatribas de una hora sobre esta injusticia o aquella; se deleitaba tanto con ello que empezaba a pensar que le gustaba perder.

Para cuando terminó la noche, Kenneth había ganado una cifra enorme, lo cual era realmente malo para mi partida. Desde que había empezado a registrar la contabilidad, me había dado cuenta de que había creado un equilibrio casi perfecto. A pesar de los resultados extraordinariamente altos, el dinero esencialmente cambiaba de manos durante todo el año. La mayoría de las personas se quedaban igual o casi igual. Las excepciones eran Tobey, Houston, Diego y yo. Todos éramos grandes ganadores. Y Brad era un perdedor.

Pero aquí estaba Kenneth sacando un millón cuatrocientos mil dólares de mi partida y llevándoselo consigo a la ciudad de Nueva York. Lo único bueno de su victoria fue que le encantó mi partida. Le había causado, sin duda, una buena impresión. Tenía que asegurarme de que mantenía el contacto con él, me dije. Me intrigaba esa mítica partida de Nueva York. Quería saber más.

Mientras tanto, la partida que me ocupaba requería mi atención. Joe me estaba gritando de nuevo, esta vez por invitar a Kenneth. Elegí no recordarle a Joe que había invitado a Kenneth, pero no a él; que, de hecho, era él quien se había autoinvitado agresivamente. Cuando sabes que estás a punto de recaudar un millón de dólares de un jugador que ha perdido, es mejor dejar el ego en la puerta.

No quería preguntarle a Derek si seguía en pie su intención de viajar a Las Vegas, porque habría sido imprudente e insensible. De hecho, sabía que no podía preguntárselo de ningún modo: sería él quien tendría que avisarme. Cuando se trata del juego o del amor, los hombres odian que se los persiga. El problema era que todo el viaje giraba en torno a Derek y lo deseable que era para el casino. Para Blake y su establecimiento, Derek era la principal ballena, y yo tenía que llevársela. El avión, el chalé… todas las comodidades que yo había garantizado dependían de que Derek apareciera.

Si quería que sucediera lo de Las vegas, tenía solo unos días para dejar hechas un millón de cosas. No dormía y me mantenía en pie gracias a la adrenalina y la rabia. Necesitaba que todo funcionase durante un segundo porque de repente no tenía nada.

Entré en el banco y tomé asiento en la mesa de mi agente de banca privada, colocando una pila de efectivo para realizar un depósito como de costumbre. Le sonreí. Ella no me devolvió la sonrisa.

—¿Has recibido nuestra correspondencia? —Su voz sonaba incómoda.

—No, no he tenido tiempo de revisar mi correo. ¿Por qué?

—Lo siento mucho, Molly, pero no podemos permitir que sigas siendo cliente de este banco.

Su acento británico fue tajante.

—¿Por qué? ¿Qué quieres decir? —respondí tartamudeando.

—Tiene que ver con tu empresa. —Incluso con aquella marcada cadencia inglesa, su tono sonó plano.

—Soy organizadora de eventos, pago mis impuestos, tengo una sociedad anónima. ¿Qué problema puede haber? —Tenía el corazón en el estómago.

Hizo una pausa, y luego me dijo en un susurro:

—Saben lo del póquer.

En ese momento el director del banco se me acercó y mi nivel de ansiedad se disparó aún más.

—Señorita Bloom, ¿me permite intercambiar unas palabras?

—Tengo un poco de prisa —le dije, deseando salir de allí lo más rápido posible.

Ya casi esperaba que un grupo de SWAT asaltara el banco.

—Seré rápido —dijo, informándome en tono firme de que la charla era más obligatoria que opcional.

Lo seguí hasta su despacho.

—Lo *siento*, señorita Bloom, pero *necesitamos* que cierre sus cuentas y usted *necesita* vaciar su caja de seguridad.

Enunció sus palabras cuidadosamente.

—No le entiendo.

—Simplemente *no* queremos su tipo de *negocio*.

Madre mía, yo estaba a cargo de una partida de póquer, no de un burdel.

—Cerraré su cuenta y le extenderé un cheque. Por favor, vaya a sacar el contenido de su caja de seguridad. *Ahora*.

En cuestión de minutos, había pasado de la conmoción al miedo, y luego a la humillación.

Bajé obedientemente, vacié la caja e introduje todo el efectivo en mi bolso. Traté de meter a presión en el bolso los fajos de billetes sujetos por gomas para ocultarlos, pero había mucho dinero y no podía cerrar la cremallera del todo, así que puse la chaqueta por encima del bolso y volví arriba, donde sentí que todo el banco me estaba mirando fijamente.

El director del banco me dio un cheque y me acompañó hasta la puerta.

—No la *veremos* por aquí de nuevo, señorita Bloom, ¿lo *entiende*?

Asentí y caminé rápidamente hacia el coche.

El incidente del banco me asustó, pero cuando lo hablé con mi abogado, a él no le preocupó lo más mínimo. Sin embargo, no pasé por alto el hecho de que mi empresa estuviera en un extremo tan lejano del gris como para que me pudieran meter en la lista negra de un banco.

Mientras tanto, estaba en ascuas por saber si Derek Frost aparecería para mi viaje a Las Vegas. Lo dejé en paz, pero le envié a las chicas para que le dijeran lo mucho que querían «ir por ahí con él» ese fin de semana. Tenía que comportarme como si no me importara si Derek venía o no. Si sentía que lo perseguían, me lo pondría mucho más difícil. Porque, seamos realistas, si Las Vegas te quiere tanto, es porque apuestan a que perderás mucho dinero.

Mi instinto me decía que Derek aparecería, y si no lo hacía, me acompañaban nueve magníficos jugadores y Blake, el anfitrión del casino, tendría que apechugar con ello. Yo sabía que Blake me había pasado únicamente el contacto de Derek para que yo pudiera hacerle el trabajo de campo y conseguir así que Derek jugara en el casino. Estaba empezando a entender los ángulos.

Blake me llamó mientras estaba haciendo las maletas para decirme que el avión nos esperaba en el hangar privado de LAX.

Mi portero llamó para informarme de que el coche estaba abajo.

Me mordí el labio. Aún no tenía a Derek.

Salté al coche, donde las chicas me estaban esperando en toda su gloria de diosas desaliñadas.

—¡Vegasssss! —gritaron y me dieron la bienvenida con abrazos.

—¿Alguien ha hablado con Derek? —pregunté.

Nadie. Llegamos a la pista en el coche y subimos al avión, donde Derek, con aspecto relajado, estaba sentado, esperándonos.

Le di un abrazo con entusiasmo, aferrándome quizá demasiado tiempo.

—Será mejor que gane este fin de semana —me dijo mientras yo me abrochaba el cinturón—, o lo dejo, de verdad.

Asentí en serio. No importaba cuántas veces me jurasen que había llegado el final, estos tipos siempre volvían.

Las Vegas fue perfecto. El chalé era magnífico, como el templo de un dios romano. Las chicas se lo pasaron de maravilla. Los jugadores se lo pasaron aún mejor. La partida salió bien, los chicos pusieron mucho juego en las mesas, y nadie, ni siquiera Derek Frost, perdió demasiado.

Tuve que arrancarlos literalmente de las mesas para poder llegar al avión de vuelta a Los Ángeles.

Con todo, por muy bien que fueran las cosas, estuve preocupada hasta el último minuto. Ni siquiera cuando íbamos de vuelta para coger el avión, en la pista, pude relajarme. Las Vegas había sido un gran éxito, pero ahora tenía que preocuparme del torneo. Mientras contemplaba a la gente feliz y adormilada en sus asientos de cuero, pensé en todo el trabajo que había detrás y en lo que tuve que hacer para que pareciese que esa diversión surgía de la nada. Cuando todos a mi alrededor se habían quedado dormidos, yo aún miraba por la ventana calculando todas las cosas que tendría que hacer en los próximos días.

Había una partida el martes, un torneo el miércoles y otra partida el jueves. Tenía un montón de cuestiones logísticas que solucionar, y no contaba con tiempo suficiente para hacer todas las cosas que tenía que hacer. No importaba. El resto de mi vida iba a tener que esperar. Y eso incluía a mi novio, que se estaba cansando de sentir que era menos importante que la partida; a mi familia y a mis viejos amigos, que no entendían por qué ya nunca los llamaba; a Reardon y a los chicos, que me habían visto convertirme en esta nueva persona; y a mi perra, que seguiría siendo fiel pasara lo que pasara.

22

Nunca había montado un torneo antes, pero Diego sí y era una fuente más que valiosa. Había tantas cosas en las que pensar, y todo tenía que ir bien para que el día fuera un éxito. Todos los chicos parecían emocionados; Houston Curtis se presentó para jugar, a pesar de que la fiesta de cumpleaños de su mujer se celebraba esa noche y yo sabía que llevaba planeando el sarao bastante tiempo.

Los jugadores medían sus victorias en manos y fichas. Yo medía las mías en jugadores. La participación fue increíble; apareció incluso Arthur Grossman. Miró a las chicas descaradamente y me apartó para preguntarme en un susurro quiénes eran.

—Ah, unas amigas mías —le expliqué, y las miró durante unos minutos más antes de ir a charlar con Tobey.

Arthur salió del torneo rápidamente y tan pronto como se sentó en la partida con dinero en efectivo, vi que algunos de los tipos que aún estaban en el torneo se peleaban por perder todas sus fichas para poder unirse a él. Entendían que las verdaderas ganancias llegarían al jugar contra Arthur en una partida sin límite de dinero, no en un torneo con una cantidad fija de fichas.

Arthur me llamó entre las manos.

—Voy a empezar a jugar semanalmente —dijo—. Por favor, hazme saber cuándo serán las partidas.

—Hecho —le dije, como si no hubiera sucedido nada importante. Arthur había entrado y salido. Ahora lo tendría en la mesa semana tras semana. Era el recluta soñado: un tipo que tenía una pasta sin fin, un ego sin fin, y, por lo que pude ver, unas habilidades extremadamente limitadas.

Después de algunas horas en el torneo, la única persona que no se estaba divirtiendo era Tobey. Le había dejado crear la estructura del torneo para acomodar su estilo de juego y él se había esforzado todo lo que había podido, pero a veces no puedes ganar, por muy bueno que seas. A veces simplemente tienes mala suerte. Tobey había entrado en una racha de derrotas, lo que en él significaba que había perdido dos manos. Parecía afligido, una señal clara de que estaba a punto de empezar a quejarse.

Había cogido la costumbre de criticarme por cualquier cosa bajo el sol, especialmente por cuánto ganaba con mi trabajo. A medida que fue aumentando mi influencia, y mis propinas, también él intensificó su manera de dar la vara.

No me gustaba eso. Tobey era poderoso y estratégico. En la parte trasera de mi cabeza había una vocecita persistente que me decía que si Tobey se sentía desgraciado, me traería problemas, pero intentaba mantenerme concentrada. Las partidas eran buenas. No, eran geniales. Se estaban convirtiendo en legendarias, y me decía a mí misma que siempre y cuando las mantuviera a este nivel, mi trabajo estaría a salvo por mucho que él se quejara. Para empeorar las cosas, Houston Curtis también iba perdiendo. La fiesta que había planeado para el cumpleaños de su mujer empezaba a las nueve.

Llegaron las nueve de la noche, y luego las diez.

—Houston —le susurré al oído—, tienes que irte. Tienes la fiesta esperándote.

—Ahora no, Molly —dijo con los ojos puestos en las cartas.

A primeras horas de la madrugada, después de jugar diez horas, Tobey y Houston se habían quedado sin medio millón cada uno. Tenía la esperanza de que Houston pusiese fin a sus pérdidas y volviera a casa; ya se había perdido el cumpleaños de su mujer y ciertamente había ganado lo suficiente en los últimos dos años como para poder asumir una pérdida de quinientos mil dólares. Pero los dos que nunca perdían lo estaban dando todo y tampoco mostraban ningún signo de querer abandonar pronto.

Rick Salomon y Andrew Sasson también estaban allí, disfrutando inmensamente de aquella situación inverosímil en la que Tobey y Houston tenían un millón de dólares menos a las cinco de la mañana. Andrew era un británico de carácter luchador que había comenzado su carrera trabajando como portero de clubes y había utilizado sus conocimientos, sus relaciones y el pico para crear su propio club en Las Vegas; ahora estaba en negociaciones para vender su empresa por ochenta millones de dólares.

Me caía bien a pesar de que era un cascarrabias y un deprimido. Él respetaba mi ajetreo, y siempre, o casi siempre, me trataba con respeto y bondad. Además, no le asustaba ofender o insultar a nadie, incluso a las celebridades, una cualidad necesaria en esta ciudad.

Rick también me gustaba. Era grosero y se ganó su apodo, Scum, escoria, pero era honrado y justo.

Rick y Andrew se lo estaban pasando en grande echándoles mierda a Houston y a Tobey. Tobey sonreía, pero podía ver en sus ojos que no estaba contento.

—Voy con todo —dijo Tobey de repente.

—Voy —dijo Houston.

Miré a Houston. Tenía los ojos de un loco. Ya no tenía dominio de sí mismo. Estaba fuera de control. Yo sabía que no podía permitirse el lujo de jugar con estos tipos… a menudo Houston jugaba bien al póquer, lo que significaba habilidad, psicología y estadísticas, todo ello muy distinto de las apuestas sin restricciones.

Diego le dio la vuelta a las cartas.

Tobey lo tenía machacado desde el principio. Houston había ido sin tener nada.

Mi radar se puso en marcha. Houston era uno de los pocos jugadores que no tenían un fondo ilimitado de dinero. No me había preocupado porque al principio fue Tobey quien lo había avalado, y solía ganar regularmente. Pero después de ganar un par de millones, se había desvinculado de Tobey. Había ganado suficiente dinero para jugar por su cuenta y quería convertir en dinero todas sus victorias y no solo una parte.

Tobey había ganado una tonelada de dinero gracias a Houston en los últimos dos años. No era descabellado pensar que a Tobey no le debió de emocionar que Houston se desvinculara de él.

Ahora Tobey acababa de ajustar sus cuentas con él; Houston había perdido un millón.

Andrew y Rick se reían como hienas. Había un montón de animosidad hacia Houston en la partida, porque a los chicos les ofendía que estuviera haciendo fortuna con ellos.

Tobey se puso en pie, sonriendo de oreja a oreja.

—Bueno, gracias, buen amigo —dijo, dándole una palmada en la espalda al devastado Houston.

—¿Te vas, hermano? —preguntó Houston con incredulidad—. ¿Acabo de dejarte como estabas y te vas?

—Sí —dijo Tobey, sin un rastro de disculpa en su voz—. Gracias de todas formas.

Sonrió y dejó sus fichas frente a mí.

—Uf —dijo con una mirada que significaba que yo debería sentirme tan aliviada como él.

Le devolví la sonrisa.

—Bien —dije, aunque al final Houston le había regalado prácticamente la victoria a Tobey.

Me odiaba a mí misma por ser tan desleal. Había estado apostando fuerte por Houston. Pero sabía que la seguridad de mi puesto dependía en gran medida de las victorias de Tobey.

—Gracias —dijo sonriendo como si fuéramos socios.

—¿De verdad? ¿Te vas? —preguntó Houston en un tono lastimero.

—Estoy cansado —dijo Tobey con alegría.

Tenía los ojos muy abiertos, estaba alerta, así que no le creí ni por un segundo, pero tenía derecho a irse. Había cumplido con su habitual límite de cuatro horas y media de juego, y lo había superado en cinco horas y media. Yo sabía que quería conservar la victoria, y aunque, en mi opinión, puede que no hubiera sido ético levantarse directamente después de esa mano, ciertamente estaba permitido.

Tobey parecía regocijado cuando prácticamente salió pitando.

Houston se había quedado sin fichas, y Rick y Andrew se lo estaban pasando como nunca.

Houston se me acercó.

—Dame quinientos mil —dijo.

—Ven a hablar conmigo —le dije, señalándole un rincón tranquilo.

Tomar esta decisión no fue fácil. Houston había perdido un millón en esta partida, pero les había ganado millones a estos chicos en los últimos dos años. Rick y Andrew se molestarían conmigo si no le concedía crédito, ya que los millones de Houston habían salido de sus bolsillos. El Houston al que conocía como jugador podría, sin duda, ganarles a estos chicos y volver a como estaba antes, pero no creía en el Houston de esta partida.

—Houston, déjalo ya. No estás jugando bien. Te has ido a la mierda. Nunca te he visto jugar tan mal. ¡Te has jugado una mano muerta por medio millón!

—Lo sé, ha sido una gilipollez —me dijo—. Tuve una intuición. Normalmente no me equivoco. ¡Soy bueno, Mol! Siempre te he dado un veinte por ciento. Sabes que soy bueno en esto.

Cada célula de mi cuerpo me decía que no lo hiciera, pero no sabía cómo decir que no. Según los registros, había ganado más que suficiente para justificar cualquier deuda que pudiera tener conmigo.

—Quinientos mil y hasta ahí —le dije.

Después de todo, había recibido muchas críticas por permitir que Houston jugara y ganara regularmente. Sabía que seguiría viniendo a las partidas aunque perdiese; también sabía que no era justo para los demás no darles la oportunidad de recuperar parte del dinero que él les había ganado.

—De acuerdo —dijo—. Puedo hacerlo. Te lo juro, estos tipos son unos burros.

—Simplemente no seas estúpido.

Salí con Houston y conté quinientos mil dólares en fichas. Tenía veinte mensajes de un Tobey «demasiado cansado» y un par de Bob Safai, que se había marchado en torno a las dos de la madrugada pero ahora quería volver para hacer una compra y jugar. Sabía que estos chicos olían la sangre y querían ser parte de este frenético festín.

Rick y Andrew aplaudieron cuando Houston volvió a sentarse.

Diego y yo intercambiamos miradas. Nada de esto era bueno.

Houston no tardó en perder las fichas. Su juego no había cambiado y me di cuenta de que si se hubiera sentado allí con diez millones de dólares, lo habría perdido todo.

Se acercó a mí, abatido y pisoteado, y me pidió más fichas.

—Hoy no, Houston, vete a casa. Vete con tu mujer.

Se había perdido su cumpleaños por completo. Lo vi salir y quería llorar por él. Tenía una pesada sensación de culpa. Pensé que podía explotar lo bueno del juego y eludir sus aspectos oscuros, pero me equivocaba.

***

Durante las semanas siguientes, Houston me confesó que había pedido prestado el dinero para cubrir sus pérdidas con Tobey, en unos términos terribles. Según Houston, el acuerdo era el siguiente: Tobey se quedaría durante un año con todas las victorias de Houston, aunque con ninguna de sus pérdidas, en un cincuenta por ciento. Ningún jugador de póquer le habría sacado mayor jugo, pero Houston se mostró de acuerdo. Podría haber conseguido opciones mucho mejores. Había mucha gente que lo habría avalado con mejores condiciones… joder, podría haber conseguido dinero en la calle en mejores circunstancias. Pero creo que se dio cuenta, como yo, de que caerle en gracia a Tobey era esencial para permanecer en la partida. Si lo que Houston me dijo era verdad, Tobey era ahora el dueño de Houston y ambos debían de saberlo. Houston siempre parecía estresado. Asumía el cien por cien de sus pérdidas y solo recibía el cincuenta por ciento de sus victorias, y era el único en la mesa que jugaba para pagar su hipoteca.

—¡Voy a ganar diez millones este año con el póquer! —exclamó Tobey una vez, sin saber que yo estaba al tanto porque Houston me había hablado del supuesto arreglo que tenían.

Durante un corto tiempo Tobey pareció olvidarse de la desilusión que le generaba el aumento constante de mis ingresos. Había vuelto a presionar para que hubiera aún más partidas y volvía a actuar como si fuera mi mejor colega.

Por el momento mi puesto estaba a salvo, pero Houston iba cuesta abajo y estaba segura de que esto no terminaría bien.

23

Estábamos inmersos en otra partida de locos y contemplaba cómo Guy Laliberté intentaba convencer a otro jugador para que arrojase una mano ganadora. Guy era un jugador tremendo, agresivo y despiadado en la mesa. En sus comienzos había sido uno de esos artistas callejeros harapientos y se ganaba literalmente la cena haciendo trucos, hasta que se le ocurrió montar una actuación en vivo con la temática del circo y ahora su pequeña empresa, Cirque du Soleil, le generaba mil millones de dólares al año. El otro jugador era un tipo agradable de la costa este que había ganado un montón de dinero como corredor de bolsa. Era un verdadero caballero y parecía estar fuera de su elemento con las payasadas de la partida de L.A.

Tobey estaba perdiendo de nuevo, así que, por supuesto, había vuelto a mostrar rechazo, por mí, por mis propinas y por la partida en general. Ahora iba por doscientos cincuenta mil dólares, a los que había que restar sus últimos cincuenta mil dólares, y estaba tratando de encontrar una salida. Jamie Gold estaba jugando otra vez como si fuera su último día en la tierra y Tobey sabía que su mejor oportunidad de salir del hoyo era Jamie.

Jamie y Tobey se lo habían jugado todo y yo no estaba segura de por cuál apostar. Jamie ya había perdido casi todo el dinero que había ganado en las *World Series* y, una vez que esto sucediese, ya no podría dejarlo jugar más. Me gustaba Jamie, era amable y generoso. Tobey era el peor con las propinas, el mejor con las victorias y, sin ningún género de dudas, quien peor perdía, pero tendría que preocuparme por la seguridad de mi puesto si perdía. Contuve la respiración y contemplé a Diego darle la vuelta a las cartas. Ganó Tobey.

Como era de esperar, Tobey se levantó inmediatamente después de la mano con la que se lo llevaba todo.

—Bueno, esto es todo por hoy.

Se acercó a mí y me puso las pilas de fichas en el portapapeles.

—Uf, tienes suerte de que haya ganado esta mano —dijo arrugando los ojos y utilizando su habitual tono medio en serio, medio en broma o Dios sabe qué.

Asentí.

—Tienes que sacar a Jamie de la partida, ¿sabes?

—Lo sé —dije mientras contaba sus fichas.

Tenía una ficha de mil dólares en la mano. Se la pasó un par de veces entre los dedos.

—Esto es tuyo —dijo, alargando el brazo hacia mí.

—Gracias, Tobey —dije, extendiendo mi mano.

Y retiró la ficha en el último segundo.

—Solo si… —dijo—, si haces algo para ganarte estos mil dólares.

Su voz era lo suficientemente fuerte para que algunos

de los chicos levantaran la vista para ver qué estaba sucediendo.

Me reí, tratando de no mostrar nerviosismo.

—¿Que qué quiero que hagas? —dijo, como si se lo estuviera pensando.

Toda la mesa nos miraba ahora.

—¡Ya lo sé! —dijo—. Súbete a esta mesa y grita como una foca.

Lo miré. Tenía la cara iluminada como si fuera Nochebuena.

—Grita como una foca que quiere un pescado —dijo.

Volví a reírme, entretenida, a la espera de que él mismo hiciera la broma y se fuera.

—No estoy de broma. ¿Qué pasa? ¿Ahora eres demasiado rica? ¿No vas a gritar por mil dólares? Guau…. debes de ser realmente rica.

Yo tenía la cara ardiendo. La habitación estaba en silencio.

—Vaaamos —dijo, sosteniendo la ficha sobre mi cabeza—. GRITA.

—No —dije pausadamente.

—¿NO? —preguntó.

—Tobey —le dije—, no voy a gritar como una foca. Quédate con la ficha.

Me ardía la cara. Sabía que se enfadaría, sobre todo, porque ahora había involucrado a todos los presentes y yo no le estaba siguiendo el juego. Sentía vergüenza, pero también enfado. Después de todo lo que había hecho para acomodar a este chico, también estaba estupefacta. Me había asegurado de comunicarle personalmente cada uno de los aspectos de cada partida, de cambiar las apuestas por él, de estructurar los torneos según sus necesidades, había memorizado cada ingrediente en cada plato vegetariano de la ciudad por él. Había ganado millones y millones de dólares en mi mesa y yo me había ocupado de todas sus necesidades todo el tiempo, y ahora parecía querer humillarme.

Seguía presionando, en un tono cada vez más alto. El resto de los chicos comenzaban a parecer incómodos.

—No —le dije una vez más, deseando que lo dejara estar.

Me lanzó una mirada helada, dejó caer la ficha en la mesa e intentó tomárselo a risa, aunque estaba visiblemente enfadado.

Cuando se fue, la habitación se alborotó.

—¿Qué ha sido eso?

—Qué raro.

—Me alegro de que no lo hicieras, Molly.

Sabía que era algo más que una rabieta infantil. Había sido un reto porque Tobey quería demostrar que era el macho alfa. Sabía que no había tomado la decisión más estratégica cuando me negué a rendirme, pero también necesitaba conservar el respeto del resto de los jugadores.

Por primera vez desde que comenzó la partida, me di cuenta de que podía terminar. Y, con toda probabilidad, también Tobey era consciente. Él lo había anticipado todo, salvo la caída de la economía y el dinero que estábamos ganando Diego y yo; parecía que nuestros ingresos netos le reconcomían por dentro.

Comenzó a sacar el tema del dinero que yo ganaba con mayor frecuencia y ni siquiera trataba de ocultar su insatisfacción.

—Creo que la partida necesita una reestructuración —dijo una noche.

—¿De qué tipo?

—Bueno, tú ganas demasiado y tardas demasiado tiempo en pagar.

Levanté las cejas. ¿En qué otro universo apareces, juegas una partida, ganas un MILLÓN DE DÓLARES y recibes el cheque en el plazo de una semana? La única razón por la que esta partida seguía funcionando era porque yo buscaba a lo largo y a lo ancho para reclutar sangre nueva y mantenía vivas las relaciones para que Tobey se pudiera quedar con el dinero de los demás. Y ahora tenía las pelotas de sugerirme que averiguara una manera de limitar mi propio sueldo.

Le sonreí.

—Voy a estudiarlo —murmuré.

—Gracias —dijo.

El verano tocaba a su fin y Hillary y Obama estaban luchando por la candidatura demócrata. Yo quería que ganara Hillary, pero no pensaba que lo fuera a conseguir. Mientras tanto, Tobey era un firme y apasionado partidario de Obama, y había apostado mucho dinero por su candidato. A estos tipos les encantaba la acción en paralelo. Llegué a verlos hacer una apuesta sustancial por Kobayashi, el japonés que ganó el concurso de quién comía más perritos calientes. Me dio una idea.

—Yo iré por Hillary —le dije una noche, durante una partida.

Tristemente estaba bastante segura de que Hillary perdería, pero pensé que si dejaba que Tobey me venciera, podría recuperar el pulso. Sabía que tenía poder. Era una persona importante en Hollywood que supo aprovechar su celebridad, y puesto que parecía hacer únicamente películas para la gente que aceptaba sus excesivas peticiones, tenía mucho tiempo entre las manos. Y tenía una mente increíblemente obsesiva. Era la última persona del mundo a la que querría engañar para que me destrozara.

Pero si dejaba que Tobey me venciese, tal vez se sintiera mejor con mis propinas, o eso esperaba. Especialmente si se trataba de una «derrota» muy pública.

Tobey levantó la cabeza de golpe y se le iluminaron los ojos.

—¿En seeerio? ¿Cuánto?

—Creo que Hillary va a ganar sin duda —le mentí.

—¿Así que tienes confianza?

—Mucha. —Había aprendido de los mejores (y los peores) a hacer faroles.

—Entonces apostemos diez mil.

—De acuerdo —dije con serenidad.

Diego me miró como si estuviera loca.

—¿Qué estás haciendo? —preguntó con afectación.

«Poniendo a salvo nuestros puestos de trabajo», pensé, sonriendo como si tuviera la mejor mano mientras intentaba ignorar la incomodidad de poner diez mil dólares en una apuesta perdedora.

—¿De verdad le vas a coger el dinero? —preguntó Bob, mirando a Tobey con desagrado.

—¡APUESTA LO QUE QUIERAS A QUE SÍ! —exclamó Tobey.

Drew y yo habíamos planeado un viaje a Aspen para Año Nuevo. Yo estaba distraída todo el tiempo, pensando en la sombra de los últimos acontecimientos que se cernía sobre mi buena fortuna. De lo único que la gente parecía seguir hablando era de los achaques de la economía. Traté de ignorarlo, pero estaba en todas partes y el consenso general era que las cosas iban a empeorar mucho más.

Entre la decepción con Tobey y la ominosa amenaza de un colapso económico, no me podía quitar de encima el malestar. Me serví una copa de *whisky* e intenté relajarme.

—Háblanos de la partida, Molly. ¿Quién gana más?

Dejé de mirar hacia el horizonte y me dirigí al interrogador, un tipo llamado Paul, y le sonreí. Ya no era un secreto que yo dirigía la mayor partida de póquer de la ciudad y, aunque mantenía la discreción sobre los aspectos importantes, recientemente había empezado a actuar para la galería siempre que se presentaba la ocasión.

Me vestía como una mujer y parecía una mujer, pero podía hablar el idioma de los hombres con fluidez. Les intrigaba mi partida, mi estilo de vida y la pandilla de chicas a las que daba trabajo. Ahora conducía un Bentley, pagaba mi parte en los aviones privados y soltaba dinero para que nos dieran mesas en los clubes. Había contratado a un asistente personal para que hiciera todas mis tareas, tenía un chef y todas las minucias y tareas mundanas habían sido eliminadas de mi vida diaria. Lo mismo había sucedido con mis relaciones más cercanas. No había hablado con Blair ni con nadie de mi pasado en mucho tiempo. Nunca los llamaba y ellos habían dejado de llamarme, uno por uno. Mi familia sabía que estaba organizando partidas de póquer y eran conscientes de que estaba ganando (y gastando) un montón de dinero, pero intentaba evitar el tema con ellos siempre que era posible. Ellos desaprobaban la trayectoria que había elegido. Decidí que no necesitaba que la aprobaran.

Algunas chicas tienen corazones y estrellas en sus ojos. Yo tenía signos de dólar. Me ocupaba del dinero, del reclutamiento de nuevos jugadores. Estaba constantemente en busca de nuevas ofertas, de nuevas oportunidades. Yo era el alma de la partida y era mía. Y debido a mi papel, cada vez mayor, recientemente había reducido el porcentaje de Diego del cincuenta al veinticinco por ciento. Después de todo, yo era la que lo arriesgaba todo, al actuar como banco, y era yo quien encontraba a los jugadores y los mantenía felices. Diego era solo un repartidor de cartas que se presentaba, hacía su trabajo y se iba. Para mí era las veinticuatro horas del día, los siete días de la semana. Y aun así, tenía un persistente sentimiento de culpa.

Diego estaba comprensiblemente molesto.

—La única cosa que va a joder todo esto es la codicia —dijo, aunque aceptó su destino. Sus palabras resonaban ahora en mi cabeza, y sentía cómo ascendía la culpa.

«Supéralo, Molly», me dije. No estamos en el instituto, no es un concurso de popularidad. Forma parte de ser una mujer de negocios. «Es solo un negocio», pensé. Esta frase era una manera útil de justificar que actuase con codicia en lugar de compasión. Había recurrido mucho a ella últimamente.

Pero en el fondo del alma, sentí que iba por el mal camino.

Me tomé otro vaso de *whisky*. No quería ninguna introspección, no quería pensar en quién era ni en quién me había convertido. Quería disfrutar de la vida que tanto trabajo me había costado construir.

Todos bebimos y regalé a mi público cautivo algunas historias sobre la mesa. Por el rabillo del ojo vi que Drew fruncía el ceño ante mi despliegue, pero fingí no notarlo.

Ahora era imposible mantener separadas mi vida personal y mi vida del póquer. Dormía con mis dos BlackBerries en el pecho; una para el póquer y la otra para todo lo demás. Muchas veces me levantaba en mitad de la noche, arrastrándome de la cama de Drew para ir a solucionar un problema o recaudar dinero. Los jugadores tenían prioridad. Mi relación sufría por ello…, pero la regla era que si un jugador te llama a las cuatro de la mañana y te dice que tiene efectivo o un cheque, te levantas y vas, porque a las cuatro y cuarto puede que haya desaparecido. Así era como funcionaba.

Atrás quedaron aquellas noches en las que Drew y yo compartíamos una botella de vino, cerrábamos el pequeño restaurante italiano y nunca nos quedábamos sin cosas de las que hablar o reírnos. Él también se estaba enfrentando a asuntos que le estresaban; aunque nunca me hablaba de ello, podía sentir un cambio. Parecía infeliz, insatisfecho. Sentí cómo una distancia se imponía firmemente entre nosotros.

Cuando por fin terminábamos nuestras semanas de trabajo, en lugar de divertirnos o disfrutar del sueño que tanto necesitábamos, Drew y yo nos reuníamos con nuestros amigos para cenar en restaurantes de moda y luego íbamos a clubes, donde ambos nos perdíamos entre la música a todo volumen y el interminable flujo de alcohol. Mi vida se había convertido en ajetreo y fiesta. Drew empezó a salir más sin mí, especialmente en las noches en las que yo estaba trabajando. Luego comenzó a hacer «viajes con los chicos» sin mí. Sabía lo que pasaba en esos viajes. Me pasaba la vida en salas de póquer y había recibido una educación que ninguna mujer querría. Confiaba en él, pero echaba de menos aquellos días en los que quería que fuera con él.

Era la primera semana de junio y Drew y yo habíamos planeado pasar de nuevo el verano en su casa de la playa en Malibú. Tenía la esperanza de que pudiéramos volver a ser los que fuimos.

Él estaba en la ciudad y había salido la noche anterior. Se suponía que íbamos a cenar con sus padres esa noche. Ya era tarde y me estaba poniendo nerviosa. Fui a dar un largo paseo por la playa; con la puesta de sol era increíblemente hermoso. Drew todavía no había llegado cuando regresé.

Estaba empezando a preocuparme, en su teléfono saltaba directamente el buzón de voz cada vez que llamaba.

Justo entonces recibí una llamada de un número extraño.

—Mollll —farfulló Drew.

—¿Dónde estás?

Su respuesta fue confusa. Oí unas risas al fondo.

—Voy a quedarme en la ciudad —gritó por encima del ruido—. Vente.

Ambos sabíamos que no lo decía en serio.

—Se está muy bien aquí —lo intenté, aunque sabía que era una causa perdida—, y tenemos la cena con tu familia como habíamos planeado. ¿Quieres que te recoja?

Oí un barullo y luego se cortó la llamada.

Se me llenaron los ojos de lágrimas de frustración. Pero la frustración se convirtió rápidamente en dolor, porque por mucho que no quisiera enfrentarme a lo que ya sabía desde hacía tiempo, mi relación había terminado. Ya no podía seguir fingiendo. Una película de nuestros dos últimos años y medio pasó ante mis ojos. Drew era mi primer amor. Pensé en el principio, cuando nuestra relación era dulce e inocente. Cuando pensé que podía ser el elegido.

Salí a la playa y me senté al borde del agua. Sabía lo que tenía que hacer. Lo sabía porque era lo correcto para los dos. Él necesitaba ser joven y soltero, y yo no estaba en condiciones de ser la novia de nadie debido a mi trabajo. Abracé las rodillas contra el pecho y sentí una punzada de miedo ante la idea de perderlo para siempre. No podía imaginarme la vida sin él. Drew era algo más que mi novio, se había convertido en mi mejor amigo y en mi familia.

Drew llegó finalmente a casa a última hora de la tarde siguiente mientras yo estaba en la playa. Ni siquiera le pregunté dónde había estado. Reprimí mis lágrimas.

Salió y empezó a disculparse.

Le agarré la mano.

—No pasa nada, sé que no es nuestro momento. Tú necesitas ser joven y yo necesito centrarme en mi trabajo.

Volvió la cabeza y por un momento creí ver lágrimas en sus ojos. Me rodeó con sus brazos y lloré sobre su pecho. Me abrazó, pero sabía que estaba de acuerdo. Permanecimos sentados así durante mucho tiempo.

Me llevé las manos a los ojos y empecé a sollozar. No sabía cómo marcharme; supe que al segundo de que saliera por la puerta, ya nada sería lo mismo. Nunca volvería a besarlo o a despertarme a su lado. Después de todo lo que habíamos compartido, nuestra vida juntos se acabaría.

Entré en la casa y empecé a hacer las maletas en el dormitorio, temblando entre sollozos, rogando en silencio que me detuviera, rogándome que me quedara. Pero se limitó a esperar en la sala de estar.

Me detuve frente a él con las bolsas preparadas y pude ver por sus ojos y su postura que ya se había ido. Ni siquiera se levantó para abrazarme y decirme adiós.

—Te quiero, siempre te querré —dije con congoja, y salí de su vida.

Al llegar a casa, a mi vacía y silenciosa casa, me metí en la cama y abracé a Lucy. Era sábado por la noche y todas mis amigas habían salido. Había pasado tanto tiempo desde la última vez que estaba sola en casa un fin de semana.

Para organizar la partida había aprendido a ser fuerte, valiente y a suprimir mi lado emocional. Había aprendido a interpretar a los jugadores y a poner en juego mis propias tácticas.

Pero esa noche no tenía armadura; no era más que una chica sola con el corazón roto en una gran ciudad.

Alejarme de Drew fue la decisión más madura y más difícil de mi vida adulta. No hubo trauma, ni drama, ni un final. Fue simplemente una cuestión de tiempo.

Habíamos llegado todo lo cerca que nuestras vidas y nuestras disfunciones nos permitieron.

24

Me enterré en el trabajo. La partida se convirtió en lo único que me importaba, aunque podía sentir cómo trepaban las sombras. Diego ya no era mi aliado. Tobey parecía obsesionado con el dinero que yo ganaba. La economía había entrado oficialmente en una espiral fuera de control y sabía que a mis jugadores que se ganaban el dinero en Wall Street y en el sector inmobiliario les estaba afectando.

Todo culminó con una llamada desde la oficina de Arthur. Era su ayudante.

—Hola, Molly, soy Virginia. Arthur quiere saber si te importa que la partida se celebre en su casa este martes.

No era realmente una pregunta.

—Claro, no hay problema, ¿a qué hora debo ir a montarla?

—Ah, no, no te preocupes. Arthur dice que no tienes que trabajar. Solo te pagará.

Hubo un incómodo silencio.

—Serán como unas vacaciones pagadas —dijo, con una risa difícil.

—Está bien —dije animadamente, encubriendo lo que realmente sentía, que era un miedo gélido.

Esto era malo, muy malo. Aunque tal vez Arthur no tuviera mala intención y únicamente quería ser el anfitrión durante una noche en su casa. Acababa de terminar la construcción de una mansión de ochenta y cinco millones de dólares y quizá solo quería presumir de ella. Había organizado muchas partidas en casas de otras personas. La gran bandera roja era que no quería que yo estuviera allí. Estaba planeando utilizar a mi personal, mis hojas de compra, mi mesa, mi Shuffle Master y mi repartidor.

Era mi partida sin mí.

La noche del martes traté de salir con mis amigas, pero cada segundo me destrozaba. Mi partida se estaba celebrando y yo no estaba allí. Tratar de divertirme fue un ejercicio inútil y no estaba de humor para estar por ahí, así que me fui a casa y esperé.

Finalmente, a las dos de la mañana, sonó el teléfono. Era Tobey.

—Estás jodida —dijo regocijándose.

—¿Qué significa eso exactamente? —pregunté, tratando de no llorar.

—De ahora en adelante Arthur quiere celebrar la partida en su casa.

Suavizó un poco la voz cuando escuchó la emoción en la mía.

Era obvio que esto me excluía.

—¿Todas las semanas? —pregunté para evaluar el daño.

—Sí.

Permanecí en silencio por un momento, tratando de tragarme el nudo que tenía en la garganta y evitando llorar.

—Gracias por el aviso. —Intenté que mi tono sonara despreocupado, pero las palabras se me quedaron atrapadas en la garganta y las lágrimas acudían a raudales.

—Intentaré hablar con él por ti —dijo con torpeza.

—Gracias —dije, con un resoplido, queriendo creerle.

—Lo siento —respondió, como si acabara de darse cuenta de que yo era una persona real con sentimientos reales.

Colgué y me obligué a concentrarme para encontrar una solución. Simplemente llamaría a Arthur y concertaría una reunión. Le explicaría toda la situación. Parecía un tipo razonable. Tenía que haber alguna manera de llegar a un acuerdo. Intenté quedarme dormida, pero mi mente estaba acelerada.

Me encargaría de esto cara a cara, pensé, y hablaría con él de persona a persona. Le explicaría lo que la partida significaba para mí, cuánto había arriesgado y sacrificado; le contaría la cantidad de trabajo que había detrás y que yo asumía. Era un empresario hecho a sí mismo, un emprendedor, seguro que lo entendería.

Su secretaria respondió a mi llamada. Apuntó mi nombre y cuando retomó la conversación, su voz sonaba fría.

Esperé todo el día y Arthur no me devolvió la llamada. Le envié un correo electrónico, sin respuesta. Le envié un correo electrónico a su secretaria, sin respuesta.

Mientras tanto, muchos de los chicos me llamaron para disculparse y explicármelo.

—Mol, si Arthur no fuera un pez tan gordo...

—En fin, es que va a *donar* veinte millones este año.

—Es un tipo tan burro.

No importaba lo buena que fuera en mi trabajo, este era un juego de dinero y no podía competir con un tipo que perdía millones en la mesa.

Arthur organizó la partida esa semana, y la siguiente, y pronto había pasado un mes entero con todos sus martes y sus partidas. Cada semana enviaba mi mensaje de invitación y cada semana recibía noes con sus respectivas disculpas. Luchaba contra el deseo de quedarme en la cama llorando todo el día. Necesitaba un plan. No podía esperar pasivamente a que cambiara la marea, necesitaba cambiarla yo misma. Tenía algunas opciones.

Podría aparecer en casa de Arthur y pedirle que me diera un trabajo en la nueva partida. Supe que su contable se ocupaba ahora de los libros de registro y que había contratado a la última modelo/actriz tras la que iba para que sirviera las bebidas. Todo aquello me ponía enferma. Sabía que la partida nunca volvería a ser mía.

Podría intentar crear una nueva partida en L. A.

O podría irme a otro lugar.

L. A. estaba llena de fantasmas. Drew, la partida y los amigos a los que había cambiado por mi nueva vida. Pero irme significaba algo más que alejarme de una partida de póquer: este acontecimiento había sido mi seña de identidad, la prueba de que yo era verdaderamente buena en algo. Yo había construido mi identidad y mi futuro en torno a Reardon, Drew y Los Ángeles Dodgers; ahora incluso los cimientos se estaban desmoronando. A veces un estúpido cuento sobre cerdos y la construcción de casas es más atemporal que un mundo tangible, que vive y respira, y que parecía ser para siempre e indestructible.

Uno de los peores errores que puede cometer un jugador de póquer es no saber cuándo abandonar. Había pasado miles de horas observando cómo los chicos se quedaban demasiado tiempo en sus manos y también demasiado tarde cuando la cosa estaba tan fría que no podían ganar una mano. Sabía que la mayoría de las verdades del póquer eran aplicables a la vida real, y aunque pensar en ello me machacaba, supe que había llegado la hora de marcharme.

Mi duelo duró una o dos noches y luego me enfadé… y la ira fue una sensación mucho mejor, más poderosa que la tristeza. Ahora podía ver Los Ángeles con claridad… era el tipo de ciudad al que iba la gente para probarse a sí misma y lo que valía, y allí se dedicaban a buscar algo con lo que asombrar y asombrarse. O bien escalabas hasta la cima y luego luchabas con toda la energía posible para poder aguantar, mirando a todos a tu alrededor con sospecha mientras aceptabas su aduladora admiración, o bien dejabas que los vencedores te masticaran y te escupieran, mientras se alimentaban de tu debilidad. Esta ciudad no estaba hecha para quedarse. Estaba diseñada para la rápida llamarada de un genio, para el chisporroteo, que moría en cuanto aparecía un nuevo genio. Eso no era lo que iba a pasar conmigo.

Desde que viajé al este con los McCourt, había soñado con la ciudad de Nueva York. Era hora de ir.

QUINTA PARTE

UNA FICHA Y UNA SILLA

NUEVA YORK, 2009-MAYO 2010

Una ficha y una silla (sustantivo)

Expresión que significa que siempre y cuando tengas una ficha y un asiento en un torneo de póquer, siempre puedes volver.

25

Así que a Nueva York me iba. Pensé en la magnitud del lugar. En la mítica partida que era cinco veces mayor que la mía. La única oportunidad que tenía para infiltrarme era Kenneth Redding, el magnate de Wall Street que había hecho temblar incluso a Tobey en la mesa de póquer. Me había asegurado de recaudar rápidamente su millón y medio y se lo había transferido antes de que se diera la vuelta en su G-5 y aterrizara en la ciudad. Y más tarde, cuando machacó mi partida con otro millón, le pagué rápidamente… aunque para ello tuviera que poner parte de mi bolsillo.

Cogí el teléfono y lo llamé, y contestó al primer tono.

—Molllyyyyyy —me dijo en un arrullo—. ¿Cómo estás? ¿Estás corriendo por ahí con tus amigas en bikini?

Aggg.

—Por supuesto. De hecho, estamos en la piscina ahora mismo hablando de ti.

—¿De mí? Oh, me encanta. ¿Qué puedo hacer por ti?

—L. A. se está volviendo aburrida, Kenneth —dije—. Necesitamos un cambio de escenario.

Volé a Nueva York para tantear el terreno con Tiffany, la modelo *playmate* que había conocido en el viaje a Las Vegas que hice con Drew. Se había convertido en una de mis mejores amigas y era una mujer inteligente de un modo que no se podía aprender, pero era tan guapa que nadie lo veía venir tras esos grandes ojos azules.

Según Kenneth, la gran partida de Nueva York no se convocaba muy a menudo porque era una paliza organizarla. Cuando le sugerí que me haría cargo de la «responsabilidad» de organizarla, me dijo que, personalmente, le encantaría, pero que los otros tipos podrían no estar de acuerdo. Le pregunté si podía asistir a la partida y conocerlos para tratar de ganármelos. Kenneth accedió.

Decidí quedarme en el Four Seasons de nuevo. Por supuesto, cuando entré en el hotel, los recuerdos de Drew me inundaron la cabeza. Se me vino a la memoria cuando contemplé el horizonte de Manhattan o el sentimiento de estar enamorada por primera vez. Así que, para desviar mi atención, Tiffany y yo salimos a explorar la ciudad y fuimos a los clubes, restaurantes y bares más de moda. A los extraños les parecíamos un par de chicas fiesteras, pero en realidad estábamos en busca de contactos, información y redes que poder aprovechar.

A todos con los que hablamos les encantó la idea de una partida de póquer «dirigida por chicas sexis», y en dos días ya teníamos suficientes nombres para empezar.

La gran partida estaba programada para mi última noche en la ciudad y fui sola. Esta vez, cambié mi ropa de fiesta por la de directora ejecutiva. Me puse una chaqueta sobre mi vestido negro, y gafas, con las que esperaba parecer mayor y más intelectual. Quería que me tomaran en serio.

Después de que mi taxi se detuviera me quedé sentada durante un momento en el asiento de atrás, frente a una casa señorial en Park Avenue, donde vivía uno de los tipos más grandes de Wall Street y donde tendría lugar la partida. Sabía que sería una sala sobrecogedora. Esta partida estaba repleta de tipos imponentes, maestros del universo de las finanzas que habían estado jugando durante una década y media por cantidades legendarias. Puede que los chicos de L.A. hubieran protagonizado o dirigido películas, pero estos eran los chicos que firmaban los cheques para financiar esas películas y, cuando hacían algún movimiento, todo el mercado financiero iba detrás.

Un hombre con un traje a medida me acompañó por un precioso vestíbulo y bajamos por una pequeña escalera trasera que conducía a un pequeño sótano sin terminar. Esto no era en absoluto lo que esperaba. Entre ellos estaban algunos de los hombres más ricos del mundo y jugaban la mayor partida de la que hubiera oído hablar nunca. Eran caballeros distinguidos vestidos con trajes a medida, y jugaban en una mesa improvisada con fichas baratas y sillas desemparejadas.

Kenneth me presentó a los jugadores. Yo ya me había informado por mi cuenta. Me ofrecieron una breve ronda de saludos corteses pero distantes, y me acomodé en mi asiento para mirar.

Ya sabía mucho sobre el propio Kenneth. Era uno de los hombres más poderosos de Wall Street, y sus contactos y éxito no tenían precedentes. Me había llamado una noche para preguntarme si podía conseguirle una reserva para tres: Steve Jobs, Bill Gates y él. Aún quería impresionar a los chicos en las partidas y asegurarse de que funcionaban perfectamente. Él sabía que yo me aseguraría de que eso sucediera.

Easton Brandt, el anfitrión, era un millonario hecho a sí mismo que tenía un fondo de inversión gigantesco con miles de millones en activos. Junto a Easton estaba Keith Finkle, una leyenda de aquellos días en los que las operaciones bursátiles que se hacían en el parqué podrían encumbrar o destrozar carreras. Había acumulado una cantidad obscena de dinero y lo había invertido en su propio fondo y en numerosas inversiones inmobiliarias. Helly Nahmad estaba sentado a la izquierda de Keith. Era un conocido *playboy* que salió con varias supermodelos y formaba parte de la pandilla de Leonardo DiCaprio. La familia de Helly tenía la mayor colección del mundo de arte clásico, valorada conservadoramente en tres mil millones de dólares.

En el quinto asiento estaba Illya. Se rumoreaba que el padre de Illya, Vadim, dirigía la mayor operación de apuestas del mundo, en las que participaban oligarcas rusos, sus amigos más cercanos. Illya era el hijo prodigio que había aparecido en Nueva York un par de años antes con una mochila con un millón en efectivo y una historia de portada sobre el negocio de acero de su familia. Perdió cada dólar en el póquer, volvió a las apuestas pequeñas, acumuló dinero y, después de un par de meses, se hizo con el control de la partida. Junto a él estaba Igor, un ruso bajito y exaltado a quien, al parecer, avalaba Vadim. Y, finalmente, estaban los gemelos. Estos hermanos idénticos se pasaban la mayor parte de la partida acosándose mutuamente y no eran bromas amistosas. Cuando uno de los dos perdía un bote grande o recibía una mala mano, el otro estaba genuinamente encantado.

Me quedé observando con discreción desde mi rincón. Kenneth se encontraba en una mano de cuatro millones de dólares con Illya. En silencio sumé mentalmente las pilas de fichas.

Jesús.

Miré alrededor para ver si tenían a alguien trabajando en la partida. Había un señor mayor de origen inglés que parecía ser el mayordomo, otro señor mayor de cabellos blancos que repartía las cartas y un chico de ojos oscuros de unos veintipocos años, que llevaba pantalones caídos y una gorra que le tapaba los ojos. Observaba atentamente la partida y parecía estar a cargo de las recompras.

Contuve el aliento cuando el repartidor sacó la *river* o carta final. Kenneth perdió. Esperé a que explotase, a que ordenara que despidieran al repartidor o a que me prohibiera la entrada de por vida; el tipo de teatralidad que a menudo ocurría en mi partida de L. A. En lugar de eso, empujó con despreocupación las fichas en dirección a Illya, sin detener apenas su conversación con Easton Brandt.

Contemplé incrédula todo aquello. Esta era una partida de caballeros y, al menos en la superficie, los hombres civilizados que había en la mesa parecían indiferentes por completo a la crisis económica que tenía al resto del mundo con el paso cambiado.

Después de haber estado observando el tiempo suficiente, salí para encontrarme con Tiffany, que se estaba tomando unas copas con algunos de los jugadores potenciales que habíamos conocido esa semana.

Tenía la mente acelerada. Me acababan de dejar entrar en la partida más grande del mundo que se celebrase en una casa. Durante quince años el mundo de las finanzas había estado rumoreando acerca de esta partida secreta y mágica, y yo conocía su secreto: puede que tuviera la reputación de un club secreto de la Ivy League, de la sociedad Skull and Bones, pero se parecía más a una noche de juegos en una fraternidad universitaria, aunque con millones de dólares avalando las fichas. Yo sabía que podía impresionar a estos hombres con detalles estéticos y un excelente servicio, pero si había algo que había aprendido durante mi vida en L.A. era que las victorias contaban más que el ambiente. Tenía que añadir un valor considerable: jugadores nuevos y de dinero fácil, gente interesante o de difícil acceso, como celebridades y atletas profesionales. Y añadir unas matemáticas impecables, pagos y recaudaciones oportunos, además de chicas hermosas y un precioso escenario. Podría funcionar.

26

Kenneth me llamó al día siguiente para decirme que los chicos habían aceptado darme una oportunidad y considerarla una prueba.

Eso era todo lo que necesitaba.

—Asegúrate de traer a las chicas… ah, y deshazte de Eugene. Es el hermano de Illya, pero no lo necesitamos —dijo Kenneth con un tono entrecortado.

—Vale.

Sentí una punzada de culpabilidad por Eugene, el niño que se cubría la cara con la gorra y se ocupaba de las recompras. Parecía un buen chico, perdido a la sombra de su hermano mayor y tratando únicamente de ser parte de su mundo.

Pero si eso era lo que querían Kenneth y sus amigos, eso sería lo que conseguirían.

Además, tenía cosas más importantes en las que pensar. Iba a ser la anfitriona de mi partida de debut en Nueva York. Tenía una oportunidad para probarme a mí misma. Volé de regreso a L. A. para prepararme.

Primero, conseguí que el Four Seasons de L.A. hiciera una llamada al de la ciudad de Nueva York para que me prepararan la habitación más bonita que tuvieran. Luego me puse en contacto con cada uno de los asistentes de los jugadores para saber qué bebidas, comidas y puros necesitaba tener a mano. A continuación, necesitaba encontrar chicas a las que contratar para que ayudasen en la partida y, lo más importante, tenía que encontrar al menos dos nuevos jugadores que fueran celebridades o que trajeran un montón de acción a la mesa.

Milagrosamente, conseguí juntar todas las piezas. Invité a Guy Laliberté y aceptó de inmediato. Tenía una pasión tan grande por el póquer que incluso cuando estaba perdiendo estaba contento. También invité a A-Rod. No había nada como un legendario atleta profesional para convertir a un montón de chicos duros y con éxito en niñitas soñadoras.

Cuando aterrizamos en JFK, las chicas y yo nos fuimos directamente al hotel.

Dimos gritos al entrar en la habitación, que era increíble. Las ventanas del suelo al techo proporcionaban una vista de Manhattan de trescientos sesenta grados. Cada habitación de la *suite* de cuatrocientos metros cuadrados era más impresionante que la anterior. Había un piano de cola *mignon* colocado elegantemente en medio de la sala de estar y unas brillantes arañas que colgaban de unos techos de seis metros.

Apenas había dejado las maletas cuando sonó el teléfono. Era un profesional local al que había conocido en L.A. Había puesto todo su esfuerzo para presentarse varias veces. Siempre tuvo muchas ganas de entrar en mi partida de L.A. y, aunque fui educada con él, nunca lo dejé entrar.

—Hola —dije.

—No serás capaz de organizar partidas en la ciudad de Nueva York —me dijo, adivinando mis intenciones con precisión—. Deberías irte a casa. Nueva York es diferente.

¿Era una amenaza? Ciertamente no era un consejo amable. Decidí ignorar su advertencia implícita, porque, en lo que a mí respecta, este tipo no era más que un oportunista inofensivo.

—Eddie es quien organiza la mierda aquí —continuó.

También sabía quién era Eddie Ting. Eddie se había criado en los ambientes clandestinos del póquer. Había empezado como jugador en mesas de uno o dos dólares y era lo suficientemente bueno como para haber ahorrado dinero para comenzar a organizar sus propias partidas. Desde mi punto de vista, era un astuto hombre de negocios que parecía preocuparse solo por los beneficios y que pasaría por encima de quien hiciera falta para seguir adelante. Eddie había dirigido un par de clubes clandestinos con varias mesas de póquer cuando ambos tenían gran afluencia y eran extremadamente lucrativos. Con el tiempo, se convirtió en el rey del póquer de Nueva York.

Un par de años después de que yo comenzara la partida de L. A., Eddie oyó hablar de la acción y de mis ingresos e intentó formar parte de ella. Alquiló un apartamento y trató de entrar en escena. No tuvo éxito y supe que regresó a Nueva York con el rabo entre las piernas. Estaba muy claro que Eddie no estaba nada contento de que yo hubiera venido aquí, y según Illya, estaba furioso porque ahora yo tenía una oportunidad en la gran partida en la que él había intentado infiltrarse durante tantos años.

—Gracias por el consejo. Espero que te vaya bien —le dije y colgué.

Me apunté mentalmente que debía tenderle la mano a Eddie para tratar de despejar el aire. Lo último que necesitaba eran enemigos.

Las chicas y yo nos esforzamos mucho para prepararnos para la partida. Sabíamos que era una audición. Eugene llegó poco antes de que comenzáramos.

—Guau, bonita habitación —dijo con aprecio, moviendo la cabeza ante las vistas.

Llevaba unos pantalones de chándal caídos y una sudadera que decía *TE JODES, PÁGAME*; olía muchísimo a hierba y a tabaco. No estaba segura de si ignoraba el hecho de que al menos debía hacer un esfuerzo para estar presentable, o si es que simplemente no le importaba.

—Hola —le dije, y después de que terminaran los comentarios amables, le conté que me iba a ocupar de las fichas durante esta partida.

Me lanzó una mirada oscura.

—¿Puedo mirar aunque sea? —dijo claramente, sin sentirse intimidado ni hacer la pelota.

Arqueé las cejas. Quería que esta noche fuera perfecta y ya sabía que a Kenneth, mi jugador más valioso, le irritaba su presencia.

—Supongo —dije—. Pero no te pongas detrás de los jugadores. Es una distracción.

Me lanzó una mirada, pero asintió.

Para cuando llegó el primer jugador, las chicas y yo estábamos completamente preparadas en la habitación de hotel con los mayores excesos de Nueva York como lugar de encuentro. Había comprado una mesa nueva, de primera línea, con un lujoso fieltro virgen verde, rieles de caoba con porta-vasos personalizados y, por supuesto, una abertura personalizada para la Shuffle Master. Uno a uno llegó el resto de jugadores, hombres en cuya realidad el lujo era algo esperable, salvo cuando les tocaba a ellos encargarse de la organización: como sus partidas de póquer semanales. Las chicas elevaron el encanto hasta el más alto nivel. Se rieron de las bromas, se maravillaron de las historias y se acomodaron a cada necesidad, a veces incluso antes de que a los jugadores se les ocurriera pedirlas. Había aprendido a no subestimar nunca el poder de hacer que un hombre se sienta especial e impresionante, por lo que había hecho una investigación a fondo y memorizado los mayores logros de cada jugador; a lo largo de la noche me aseguré de preguntarle a cada uno acerca de ellos.

Les encantó la mesa. Las fichas personalizadas con su peso y composición adecuados. Los chicos estaban disfrutando de la atención. La habitación estaba que se salía. Era muy diferente de la primera partida que presencié en casa de Easton Brandt. Parecía que nada podía salir mal.

Guy llegó, carismático como de costumbre, entreteniendo a los chicos con su increíble historia sobre el paso de mendigo a millonario, y decidieron empezar.

La partida comenzó agresivamente: Kenneth fue a todo en la primera mano y Bernie, que era una reciente incorporación al juego, Igor e Illya igualaron. Tragué aire y observé la acción.

La primera mano de la noche fue de un millón de dólares.

Mientras tanto, alguien me pidió que encendiera la televisión porque Bush estaba dando su discurso a la nación sobre cómo se estaba desmoronando la economía. Era septiembre de 2008, y mientras reequipaba a Igor, Bernie y Kenneth con otros doscientos cincuenta mil dólares por cabeza, no podía ignorar la ironía del discurso como telón de fondo de la mayor partida de póquer que jamás había organizado.

Bernie me preguntó si podía hacer una compra de cincuenta mil dólares. Tenía entendido que la compra mínima y la recompra eran de doscientos cincuenta mil dólares, así que le pregunté a la mesa si alguien tenía alguna objeción. Como de costumbre, cada vez que pedía a la mesa que decidiera, en lugar de tomar la decisión yo misma, surgía una discusión apasionada y polémica. A-Rod apareció en medio de la riña y la mesa se olvidó de la mezquindad de la pelea y todo se volvió agradable casi de inmediato. Le di a Bernie sus fichas y atendí a Álex, que decidió sentarse y mirar un poco.

—Qué partida —dijo, mirando las pilas de fichas—. La cena acababa de llegar y necesitaba observar la partida de cartas.

Asentí con la cabeza.

—Es una gran locura.

Por suerte, mi amiga Katherine acababa de aparecer con su uno ochenta y tres de estatura, su acento pausado de Georgia y un traje de cuero ajustado. Los hombres estaban hipnotizados. Ella se encargó de entretener a A-Rod y yo me encaminé hacia la mesa.

Eugene me dio unos golpecitos en el hombro.

—Oye —dijo informalmente—. No has escrito los cincuenta de Bernie.

Le lancé una mirada molesta.

—Sí que lo hice —le dije indignada.

Se estaba liando un porro y ni siquiera me miraba.

—Naaa, no lo hiciste.

Fruncí el ceño.

—No es la primera vez que organizo una partida de póquer —dije.

Afrontó mi mirada de odio con confianza, contemplándome ahora con unos grandes ojos negros almendrados.

—De acuerdo, lo que tú digas.

Cogí la hoja y señalé con sobreactuación el espacio junto al nombre de Bernie.

Estaba vacío.

Se me abrieron los ojos de par en par.

Eugene tenía razón. Él sabía de buena tinta que si yo triunfaba aquella noche, él perdería su trabajo, y también la propia noche, que utilizaba para crear un vínculo con su distante hermano.

—Gracias —dije—. Eso ha sido realmente bueno por tu parte.

Pasé el resto de la partida pegada a la mesa. Cuando la partida llegó a su fin, agarré a Eugene por el brazo.

—Déjame llevarte a desayunar —dije—. Es lo menos que te debo.

Se encogió de hombros y salió a fumarse su pulcro porro.

—El Parker Meridien tiene el mejor desayuno de la ciudad —dijo cuando regresó.

—Donde tú quieras —contesté.

Había ganado cincuenta mil dólares esa noche, lo que resolvía muchos de mis problemas, pero lo más importante era que había sido una gran partida. Todo el mundo parecía feliz.

Yo estaba más sorprendida que nadie de que hubiera

funcionado. Cuando salí del hotel estaba amaneciendo. La ciudad seguía en silencio. Llamé a un taxi y me dirigí, radiante, al Parker Meridien para reunirme con Eugene. Todavía seguía asombrada por su integridad. Sin su ayuda, mi noche habría sido muy distinta.

Apareció unos minutos después de que yo hubiera pedido un café.

—Solo quiero agradecértelo de nuevo —le dije.

—¿Vas a darme las gracias y luego a despedirme? —preguntó. Estaba sonriendo.

—No, el trabajo de repartir fichas es tuyo siempre que lo quieras. Eres bienvenido en cualquier partida que organice.

Pasamos dos horas en el restaurante. Bajo esa fachada punki-callejera, era ingenioso, inteligente e intrigante. Hablamos de nuestras familias y nos sentimos reflejados en la soledad que producía vivir atrapado bajo la sombra de un hermano. Illya no solo era un jugador de póquer prodigio y un gran apostador, una habilidad a la que su familia le otorgaba el valor más alto, sino que también había sido un jugador de tenis reconocido mundialmente.

Eugene me contó una historia que me rompió el corazón y que me hizo ver el lugar que ocupaba en la jerarquía familiar. El verano anterior, había visitado a su hermano en los Hamptons con su nuevo gatito. A ambos, a Eugene y a su mascota, les había mordido una garrapata que portaba la enfermedad de Lyme, y habían dormido juntos en la cama hasta que el gatito murió. Con la familia de viaje durante todo el verano y su hermano recorriendo las partidas de Las Vegas, Eugene se quedó en la cama solo, olvidado. Se le paralizó temporalmente la mitad de la cara y, sin embargo, nadie vino a ver cómo estaba. Sufrí por él. Su padre no creía que pudiera convertirse en un jugador de éxito porque era «emocional». Así que Eugene se ocupó de una pequeña partida en Brooklyn y jugaba con lo que sacaba trabajando en la gran partida.

—Ven a trabajar para mí —dije—. Puedes repartir en mis partidas. Ganarás mucho más dinero.

—Kenneth no me dejará.

—Estoy creando otras partidas. Muchas.

—Estoy dentro —dijo Eugene y, bajo su gorra negra, me sonrieron sus ojos oscuros.

Kenneth me llamó al día siguiente.

—A la mayoría de los chicos les encantó la partida, pero todavía hay unos cuantos que se lo están pensando. He sugerido extender el periodo de prueba —me dijo.

Estaba extasiada. Si me daba más tiempo, sabía que podría identificar a los que eran críticos y encontrar una manera de ganármelos.

Un nuevo horario surgió de las cenizas. Todas las semanas, las chicas y yo volaríamos a Nueva York el martes por la mañana, llegaríamos por la tarde, organizaríamos la partida aquella noche, nos quedaríamos en pie toda la madrugada y, sin dormir, nos arrastraríamos hasta el aeropuerto al día siguiente. También estaba organizando una pequeña partida en L.A. que no generaba tantos ingresos como la que había perdido, pero al menos me mantenía viva en el circuito. Después de algunas semanas, Eugene y yo nos hicimos buenos amigos y me pasó información importante. Me dijo que Keith Finkle era quien me criticaba más abiertamente. Con la conciencia de lo que tendría que superar, pude planificar todo en consecuencia.

Conseguir nuevos jugadores con grandes recursos y un estilo de juego poco rígido era crucial para mantener mi estatus en Nueva York. Mi partida de Nueva York tenía una compra monstruosa y unas ciegas tremendas, y estos chicos hacían apuestas de las que la mayoría de la gente nunca había oído hablar. Esto significaba básicamente que cualquier persona que trajera tenía que venir forrado y con disposición para aprender.

Pero yo estaba en una misión. Tenía algo que demostrar y no dejaría que mis adversarios me vieran fracasar.

Activé mi red de contactos, recorrí la ciudad para reunirme con todos los amigos y conocidos ricos de quienes sabía algo de oídas o personalmente y empecé a pasar cada vez más tiempo en Nueva York con mis chicas. Contraté a nuevos reclutas, me llevé a algunas de mis chicas de L. A. y salía todas las noches, paseándome por inauguraciones de galerías de arte, actos de caridad, clubes, restaurantes, locales de hora feliz.

Sunny era mi repartidora. Se había venido conmigo desde L. A. Era una belleza rubia, de ojos azules y espíritu libre. Aunque parecía una joven e ingenua estrella de cine, estaba mucho más interesada en las mesas de póquer y en los ambientes musicales de los DJ que en el séptimo arte. Cuando no estaba repartiendo cartas, jugaba o bailaba. Desaparecía con frecuencia durante días y finalmente alguien tenía que ir a sacarla por la fuerza de los atroces casinos de L. A.

Lola era una belleza morena y sensual que había crecido en Long Island, donde había trabajado y competido en partidas locales. Tenía un arma secreta total: su belleza te distraía y era, además, una jugadora habilidosa. Cuando necesitaba enviar a un espía para infiltrarme en una partida, la avalaba a ella. (Avalar es el acto por el que una persona pone dinero en efectivo para que un tercero juegue al póquer, con la esperanza de que dicho jugador gane. Todos los beneficios obtenidos se dividen en un porcentaje predeterminado entre el avalista y el jugador). Sabía que me traería a nuevos jugadores y, por lo general, un buen beneficio.

Julia era preciosa, asiática y un genio de las matemáticas. El padre de Caroline era diplomático y ella, una famosa que hablaba cinco idiomas. Kendall era el tipo de chica de al lado, de ojos azules, pelo rubio, criada con maíz, muy americana y también era masajista profesional. Rider tenía un verdadero don para el trabajo de detectives, útil cuando necesitaba ayuda para recopilar información y vetar a posibles jugadores. Tiffany se vino conmigo de L. A. Ella era mi amiga *playmate*: una maestra de la seducción. Por último estaba Little, que era una modelo de uno setenta y ocho, rubia y esbelta, que destacaba en las tareas de organización y en todos los asuntos domésticos; ella era mi asistente personal.

Este era el equipo a grandes rasgos, y me sentía preparada para asumir el control de la Gran Manzana. Me mudé y conseguí un apartamento elegante y moderno en Manhattan, con ventanas del suelo al techo, una gran vista y mucho espacio para que las chicas pudieran quedarse a dormir.

Tendí la mano a promotores de clubes, chicas de barras, «galerinas» (chicas guapas contratadas por galerías de arte) y anfitriones del casino de Atlantic City, y les ofrecí a todos incentivos en efectivo si me enviaban jugadores.

Rápidamente nos hicimos conocidas por toda la ciudad. El misterio y la atracción nos perseguían, los susurros se extendían a nuestro paso. Después de un mes, organizamos la gran partida, que se jugaba entre el Four Seasons y el Plaza, y dos partidas más pequeñas que se hacían en mi apartamento. Por suerte, mis únicos vecinos de planta eran un jugador de baloncesto de la NBA que no solía estar y un guionista medio famoso al que, irónicamente, le encantaba el póquer y se unió a la partida. Los porteros, sin embargo, estaban muy confundidos al principio. Dos veces por semana, de nueve a diez hombres y un grupo de hermosas chicas venían a las siete de la tarde y no salían hasta la madrugada.

Con el tiempo, cuando les di a esos porteros lo suficiente en propinas como para pagarles sus alquileres, les conté lo que estaba pasando. Nos reímos un buen rato.

No obstante, aún se estaban gestando problemas bajo la figura de Eddie Ting. Los rumores corrían veloces en los ambientes del póquer de Nueva York y mis partidas se estaban convirtiendo rápidamente en infames. Eddie se había disgustado cuando pensé en abrir mi negocio en Nueva York..., pero ahora que estaba aquí y que tenía varias partidas con muchos jugadores, escuchaba más cosas sobre él y sobre sus sentimientos hacia mí a través de muchas personas distintas.

Eddie se había acercado a Illya y le había pedido que no me dejara organizar la partida grande; por suerte para mí, su influencia no era tan considerable como él deseaba. Por supuesto, Eddie estaba molesto. Había sido excluido de las partidas de L.A. y ahora su ciudad estaba siendo invadida por una chica que ni siquiera jugaba al póquer.

Una noche me dejaron caer que Arthur Grossman estaba en la ciudad. Tenía espías e informantes por todas partes, desde promotores de club pasando por las mencionadas chicas de barra y hasta conserjes de hotel. Ahora estaba firmemente asentada en la ciudad de Nueva York y estaba consiguiendo el doble, si no el triple, de lo que había conseguido en L. A. Dirigía las partidas y todo el mundo lo sabía; nadie se atrevía a faltarme al respeto o a exigirme que gritara por una propina. Pero aún tenía un asunto pendiente. Quería que Arthur me mirara a los ojos y me dijera por qué me había eliminado. Tenía la sensación de que había algo en la historia que me había estado perdiendo.

Así que le envié un mensaje: *Hola, Arthur, he sabido que estás en la ciudad. Voy a salir con las chicas, me encantaría verte.*

Me respondió al instante. La gente responde con mucha mayor facilidad cuando, en lugar de pedir, se ofrece algo.

Quedamos en vernos en Butter, un club que había al final de la calle donde yo vivía y un famoso punto de encuentro de celebridades. Llamé a mi amigo, el dueño del club, y reservé la mejor mesa. Mientras todas nos preparábamos, bebimos champán, nos reímos, nos maquillamos unas a otras y nos probamos distintos conjuntos. Era la típica sesión de chicas que se arreglan para salir… eso, hasta que nuestra agente, Little, llegó y puso fajos de dinero sobre la cama. Había estado recorriendo la ciudad para hacer la recaudación para la gran partida.

Hicimos una pausa en nuestros preparativos para repasar los fajos y comprobar la contabilidad.

—Dos cincuenta —dijo Tiffany, mostrando su fajo.

—Tres cuarenta —anunció Kendall.

Todos la miramos. Las matemáticas no eran su fuerte.

—Lo he contado tres veces —insistió.

—Dos ochenta —dijo Julia, agarrando el fajo de Kendall para comprobarlo.

—Tengo cuatrocientos mil aquí —dije—. Buen trabajo, Little —añadí, entregándole doscientos y una copa de champán—. Únete a nosotras —la invité con un guiño.

Puse el dinero en la caja fuerte y me apliqué unos toques finales de maquillaje.

Dejamos atrás la cola, le dimos unos besos en el aire al anfitrión y nos acompañaron hasta nuestra mesa, donde Arthur ya estaba esperando con su séquito. Sus ojos se movieron súbita y rápidamente mientras acogía al grupo de hermosas chicas.

Fui encantadora y dulce con él, como si no hubiera pasado nada. Bebimos y bailamos y esperé mi momento. Justo entonces una de sus asistentes me agarró del brazo, visiblemente borracha.

—Lamento tanto lo que pasó en L. A. —me susurró al oído.

Sentí su aliento caliente y alcohólico en la mejilla; yo quería apartarme, pero era esto por lo que había venido.

—Debes de estar muy molesta. ¿Por qué estaba tan empeñado en eliminarte? —masculló.

La miré.

—No sabía que Arthur me odiaba tanto —le dije.

—No, no era Arthur —dijo ella—. Arthur no. Tobey. Todo esto tenía que ver con Tobey. Los oí hablar. Arthur estaba preocupado por ti.

Me senté en mi sitio, tambaleándome. Sabía que Tobey

no podía soportar el dinero que yo estaba ganando, pero no me había dado cuenta de lo profunda que era esa veta de resentimiento. Si lo que me contó la asistente de Arthur era cierto, utilizaba su celebridad para atormentar a Arthur y el dinero de Arthur para atormentar al resto de los jugadores, y luego fingía ser mi amigo para poder asestarme el golpe de gracia.

Me dejó amargada, aunque también me maravillase lo inteligente que era. Debería de haberme dado cuenta.

No le dije ni una palabra sobre la partida a Arthur, me bebí el *whisky* lentamente y fingí divertirme.

Al final de la velada, Arthur me cogió del brazo.

—Vente a L.A. —dijo—. Organiza una partida en mi casa.

Y así fue como me di cuenta de que podría recuperar L.A. ¿Quería? Sin duda, quería mirar a Tobey a la cara y quería que ocurriese bajo mis condiciones. Así que dije que sí.

—Gracias, Arthur, eso me encantaría —dije.

Había fantaseado con ese momento tantas veces desde que perdí mi partida… cómo volverían a mí arrastrándose y me rogarían que regresara. No fue tan dramático, pero lo suficiente para que me sintiera mejor. Mentiría si dijera que no estaba ansiosa por ver la cara de Tobey cuando me presentara en la partida cuya expulsión había diseñado tan cuidadosamente.

Pero antes de que pudiera regresar a L.A., tenía un pequeño problema que solucionar. Uno de los nuevos jugadores que había reclutado, un tipo llamado Will Fester, todavía no había pagado la partida y debía medio millón. Habían pasado tres semanas y las cosas no pintaban bien.

Antes solo me había enfrentado a un caso en el que alguien quisiera tangarme: un atleta profesional que, después del asunto, supe que tenía algunas conexiones serias con bandas.

En aquel entonces, uno de mis jugadores, un productor de hip hop, se había ofrecido a ocuparse del problema por mí. Después de la partida me apartó y me dijo:

—Oye, Molly, podría sacarle la pasta a esa montaña de escoria.

—¿De verdad? ¿Cómo?

—No quieras hacer esa pregunta.

Cortésmente rechacé la oferta.

Cubrir los cuarenta mil dólares era irritante, pero mucho mejor que involucrarme en asuntos de extorsión o violencia.

Esta vez, un amigo mutuo se ofreció al final para ocuparse del que me tangaba en Nueva York. Este amigo era un hombre muy poderoso, que había heredado varios miles de millones de dólares de los negocios familiares. Will estaba en el mismo negocio y esperaba que una llamada de nuestro amigo fuera efectiva, ya que mis mensajes en el buzón de voz no lo habían sido.

Un día después, recibí finalmente una llamada de Will.

—Hola, muñeca —dijo.

—Hola, Will —dije, manteniendo una actitud amistosa.

Para estos chicos ofenderse o enfadarse es el camino fácil para no pagar.

—Siento el retraso —dijo—. Han sido un par de meses de locos. ¿Puedes reunirte conmigo en Miami? Tengo dinero en efectivo allí y no quiero que mi mujer vea salir esa cantidad de mi cuenta.

—Claro.

—¿Mañana?

—Dime dónde y cuándo —dije. Contuve el aliento hasta que me contestó.

Necesitaba que este tipo me pagara. El futuro de mi partida en Nueva York dependía de ello.

Afortunadamente me envió un mensaje con un punto de encuentro y luego colgué y me registré en línea para reservar un vuelo. Estaba a punto de hacer clic en la compra del billete cuando se me encendió la bombilla: no había manera de poder transportar con seguridad medio millón en efectivo por el Aeropuerto Internacional de Miami, el epicentro del tráfico de drogas. Allí vigilaban más que en cualquier otro aeropuerto de Estados Unidos.

Tendría que alquilar un avión que me llevara de camino a casa.

Eugene se ofreció a venir conmigo para hacer la recaudación, así que reservé una habitación de hotel para poder pasar el fin de semana. Eugene y yo nos liamos pronto. Nuestra relación evolucionaba de manera rápida y furiosa; era una experiencia embriagadora y un tipo de amor muy distinto del que había tenido con Drew. Eugene conocía mi mundo. Había crecido en él. Nunca tenía que disculparme por estar atrapada en el trabajo, ni ocultarle nada de lo que hacía. Nuestro amor era abierto y honesto y, por un tiempo, parecía perfecto.

Cuando aterrizamos en Miami, le envié un mensaje a Will. Sin respuesta. Esperé en ascuas durante una o dos horas. «¿De verdad me había hecho volar hasta aquí para luego no aparecer?».

Yo estaba en apuros no solo por su deuda, ahora también por el avión que había alquilado. No paraba de dar vueltas nerviosamente.

—Zil, saldrá bien —dijo Eugene.

Zilla era el nombre cariñoso por el que me llamaba. Era tan agradable estar con alguien que entendía todo por lo que estaba pasando. Nunca había experimentado algo así desde que el póquer se convirtió en mi vida.

Finalmente apareció Will.

—Lo siento mucho, Molly, han sido un par de meses difíciles, con el mercado y todo eso.

Asentí mostrándole empatía, aunque sabía por mis fuentes de los casinos que Will iba a Atlantic City y a Las Vegas con regularidad y se jugaba unas cantidades enormes a pesar del «mercado».

Me lanzó una bolsa con dinero en efectivo, fichas de casino y un lingote de oro. Conté el contenido. Aún faltaban cien mil dólares.

—Me ocuparé del resto cuando vuelva a Nueva York —dijo, poniendo cara de «voy a mejorar».

Tenía ganas de gritarle y decirle exactamente lo que pensaba de sus excesos, pero necesitaba mantener la cordialidad, al menos hasta que cobrara los cien mil dólares que faltaban.

Se fue y me volví hacia Eugene.

—Zil, si alguien te va a tangar, no paga casi todo, se tanga la cantidad total.

Tenía sentido, era lógico. Eugene sabía mucho más sobre este mundo de lo que yo jamás sabría. Había crecido rodeado de apostadores, casi formaba parte de su ADN. A mí me habían mimado en L.A., donde nadie tangaba por las consecuencias sociales que tenía el juego. Eran básicamente los mismos jugadores en cada partida y nadie quería entrar en la lista negra. Tenía una lista nueva por completo en Nueva York y claramente un nuevo conjunto de reglas que aprender.

Había reservado una habitación en el Setai, mi hotel favorito de South Beach. Tenía muchas ganas de ir a buenos restaurantes con Eugene, de tumbarme en la arena y relajarme con él. Pero Eugene era mi pequeño vampiro y estaba en una acalorada partida de póquer en línea sobre la que le habían avisado, así que, en su lugar, pedimos la cena al servicio de habitaciones. Se quedó en pie toda la noche y no se acostó hasta las siete de la mañana.

—De todos modos, Zil, yo odio el sol —dijo, con el sueño en la voz, mientras yo me levantaba para pasar el día en la playa.

La segunda noche avalé a Eugene en una partida local. Supuestamente, esta era la mayor partida de Miami y estaba llena de peces. Volvió una hora antes de nuestro vuelo a las ocho de la mañana con un fajo de billetes y algunos contactos valiosos.

Estaba muy lejos de cualquier viaje que hubiera hecho con mis novios anteriores, pero cuando embarcamos en nuestro G-5 con medio millón en efectivo y lingotes de oro, la sensación fue jodidamente sexi, como Bonnie y Clyde, pero sin derramamiento de sangre.

Eugene me miró con sus ojos negros mientras nos abrochábamos los cinturones.

—Te quiero mucho —dijo.

Yo también lo quería. Más intensamente que a nadie con quien hubiera estado. Utilizamos nuestro amor y nuestra obsesión por el juego para llenar los vacíos de nuestras vidas, para aislarnos de la realidad de la que tanto intentábamos escapar.

Las Vegas me llamaba de nuevo. Illya había estado allí durante una estancia prolongada y necesitaba que volviera a Nueva York para la gran partida. Tenía un notorio miedo a volar y era famoso por «quedarse atascado» en lugares durante muchos meses seguidos, porque le asustaba demasiado regresar en avión. Así que decidí lanzarme a la multitarea. Orquestaría un viaje a Las Vegas, sacaría a Illya de allí y llevaría a los chicos de Nueva York a L. A. para jugar en la partida que estaba organizando para Arthur.

Envié las invitaciones, fleté los vuelos, reservé los hoteles en Las Vegas y L. A. y planeé un programa social activo. Me llevé a Eugene, por supuesto. Para todos los demás era solo mi empleado. Hicimos un inmaculado esfuerzo por ocultar nuestra relación. De alguna manera todo tomó forma y embarcamos en el vuelo de Nueva York a Las Vegas. Fieles a su costumbre, no hubo un segundo entre el despegue y el aterrizaje en el que los chicos no estuvieran jugando a algo. El trayecto en avión incluyó una enorme partida de *backgammon*, póquer chino y una partida sin recompra de quinientos mil dólares entre el ruso Igor y el Gran Boudini, John Hanson, un mentor y socio empresarial de Illya. John, que había sido uno de los maestros de ajedrez más jóvenes de la historia, era como un ordenador humano. Illya y él siempre estaban inmersos en alguna acalorada discusión sobre estadísticas y probabilidades, póquer chino, Hold'em y Stud.

Antes de aterrizar en Las Vegas, ya había cifras de millones de dólares en juego.

El ritmo que se había desatado en el vuelo continuó en el hotel. Ni siquiera había deshecho las maletas en nuestro inmenso y lujoso chalé cuando los chicos se lanzaron a jugar a los dados: una partida de Cee-lo de un millón de dólares. Algunos hacían apuestas deportivas. Otros habían cogido la baraja de cartas y colocaban unas sumas enormes al rojo o al negro.

Yo los seguía con mi portapapeles, intentando frenéticamente mantener un registro de las cifras de todos ellos. Cada par de horas alguien me llamaba y tenía que calcularle sus ganancias o pérdidas netas.

—¿Cuál es mi cifra?

—¿Cuál es mi cifra?

Era una locura. Jugaron al póquer durante un tiempo y luego Phil Ivey, posiblemente el Tiger Woods del póquer y uno de los mayores jugadores del mundo, me preguntó si *me sentía* afortunada. Quería jugar a los dados. Salimos de la habitación y fuimos a las mesas, donde vi a Ivey perder tres millones de dólares en media hora.

Era el primer día, y el daño ya superaba los cinco millones de dólares.

Nos fuimos de clubes esa noche. Muchos de los chicos de Nueva York, con todo lo ricos que eran, no estaban acostumbrados a este tipo de acceso a la escena social de élite que yo podía proporcionarles. Eran los reyes del mundo financiero, pero se pasaban el día en traje de chaqueta y, la mayor parte del tiempo, entre otros trajes. Observé sus caras, observé su lenguaje corporal y el valor inherente de los excesos resultaba evidente. Vender un estilo de vida siempre había sido una parte eficaz en mi campo. No importaba quién fuera el jugador, si tenía dinero para jugar y pagar, podía proporcionarle acceso a las fiestas más exclusivas, a mujeres hermosas, a celebridades y multimillonarios... y los chicos de Nueva York eran mucho más fáciles de impresionar que los de L. A. Eugene se metió en mi habitación por la noche y me susurró no solo palabras dulces sino información y observaciones. Hizo que todo estuviera bien.

Al día siguiente, había un partido de golf de cien mil dólares por agujero, otra partida de póquer con compra de un millón de dólares, otra partida de Cee-lo de un millón de dólares y un *blackjack* de treinta mil dólares por mano.

Cuando nos marchamos en dirección a L. A., las victorias y las pérdidas alcanzaban ya cifras de ocho dígitos. Nadie había dormido; todos los hombres estaban completamente sobreexcitados. Cuando salimos de Las Vegas y nos dirigimos al aeropuerto privado de Los Ángeles, antes de que los pilotos cerraran las puertas ya había dos partidas enormes de *backgammon* y póquer chino. Luché por mantener los ojos abiertos, pero no podía dejar de registrar una victoria o una derrota.

Observé todo y no pude evitar preguntarme si las cosas no se nos estaban yendo peligrosamente de las manos. Estos chicos se pinchaban el juego en vena, como si fuera una droga. Nada les parecía suficiente. Las ganancias se multiplicaban, pero nunca cubrían las pérdidas. Esto no hacía más que crear mayor compulsión. Estos hombres podían permitírselo y esto era lo que decidían hacer por placer. No hacía daño a nadie. Al menos eso es lo que me decía a mí misma.

27

A pesar de la economía diezmada, de la resistencia de mis competidores de Nueva York, como Eddie Ting, y de la percepción de que me había visto obligada a dejar L.A. para guardar las apariencias después de haberlo perdido todo, la realidad era que había ganado. Y lo había hecho de manera espectacular. Mis partidas en Nueva York eran mayores, mejores y más rentables que la partida de Los Ángeles. Ahora tenía una perspectiva muy diferente, aunque no dejaba que se me borrase el recuerdo de aquello por lo que había pasado. No me permitía a mí misma ser complaciente; nunca dejaba de buscar a la ballena siguiente, al siguiente burro. Eugene se había convertido en una parte integral de ello. Lo convertí en socio y constantemente le aseguraba un *vogue* para que pudiera jugar en partidas en las que podría obtener contactos. Mi *vogue* era tan bueno como el oro y le permitía jugar en cualquier partida de la ciudad. Aún manteníamos en secreto la parte romántica de nuestra relación. Este arreglo me resultaba enormemente beneficioso en el terreno empresarial, pero a cambio entregaba a Eugene a la noche.

Por primera vez en su vida, Eugene tenía carta blanca para jugar en cualquier lugar y me di cuenta de por qué su padre le había dado a Illya, y no a él, la mochila con el dinero para infiltrarse en Nueva York. Eugene era un adicto. A veces jugaba durante dos días seguidos. Se estaba convirtiendo rápidamente en uno de los peces más grandes de la ciudad de Nueva York. Y, por desgracia, cuando se quedaba en una partida demasiado tiempo, empezaba a ponerse emocional cuando perdía y entraba en *tilt*. Todo el conocimiento y estrategia que había adquirido con tanto esfuerzo saltaba por la ventana. Además de estar reclutando a jugadores valiosos y consiguiéndome información que era importante para mí, también estaba acumulando una deuda bastante significativa. Apenas lo veía ahora.

Mis amigos ricos me proporcionaron muchos contactos; uno en particular me llevó hasta Glen Reynolds. Según decían, Glen era joven, rico e imprudente. Nos puso en contacto un amigo en común y empezamos a hablar por teléfono y por correo electrónico. Lo invité a unas cuantas partidas. Él estaba definitivamente interesado, como demostraban todas las preguntas que me hacía, pero no apareció de inmediato. Glen tenía la costumbre de llamarme al día siguiente de una partida para saber los chismes y los resultados. A mí me agradaba hacerlo... Estaba mordiendo el anzuelo.

Glen apareció finalmente a las nueve de la noche de un viernes cuando estaba organizando una partida experimental con apuestas más pequeñas y una compra de solo cinco mil dólares.

Tenía a todas las chicas trabajando, vestidas de punta en blanco y con bebidas para relajar el estado de ánimo. Tenía la esperanza de que al reducir las apuestas y crear un ambiente festivo, podría conseguir una partida divertida que fuera menos seria que la grande. Eugene había traído consigo a algunos de los peces más grandes que había conocido y llené la mesa con el resto de mis reclutas.

Glen me echó una mirada cuando entró y, con su acento de Long Island y toda la agresividad y el fervor de un agente de bolsa, exclamó:

—¿Qué coño estás haciendo tú organizando partidas de póquer? Deberías ir descalza y embarazada, hacer yoga o ir de compras.

Su comentario me sorprendió, aunque también mi reacción. Estaba ofendida, pero sentí una voltereta en el estómago. Era la primera vez en mucho tiempo que un hombre me hablaba como si fuera una mujer. No era exactamente guapo, pero había algo en él que resultaba atractivo y al mismo tiempo insultante.

Por el rabillo del ojo vi a Eugene observándonos.

Glen pidió un vodka con Red Bull, se lo liquidó en dos segundos y le dijo a Tiffany que se los siguiera sirviendo. Luego le dio una ficha de cien dólares.

Era exactamente la persona que yo quería que fuera.

Al principio de la noche, la partida iba exactamente como esperaba: amistosa y social. Pero en cuanto Glen se tomó un par de cócteles comenzó a impulsar la acción. Pronto ya iba por cien mil dólares y los demás chicos olieron la sangre en el agua y ese fue el final de mi partida amistosa.

Hay algo que les sucede a las personas cuando ven la oportunidad de ganar dinero. Cuando la codicia se condimenta con la desesperación, especialmente en una mesa de póquer, se genera una situación en la que a la gente le cambian los ojos, la humanidad desaparece y los jugadores se convierten en depredadores sedientos de sangre con ojos inexpresivos.

La primera vez que vi cómo sucedía fue en L. A., cuando Ned Berkley, el heredero malcriado de la empresa familiar, vino a jugar. Era muy obvio que Ned no conocía exactamente las reglas del póquer. Los chicos se dieron cuenta de inmediato, cambiaron a su naturaleza codiciosa y se convirtieron en una jauría hambrienta; al final de la noche, Ned había perdido una pequeña fortuna.

La jauría, sin embargo, no había terminado con él. Estaban borrachos de codicia. Le preguntaron a Ned a qué le gustaba jugar.

—Al *blackjack* —dijo, no queriendo decepcionar a sus nuevos amigos famosos.

No sorprende que también fuera un terrible jugador de *blackjack*. Los chicos se turnaban para ser la banca. Pude verlos repartir las cartas todo lo rápido que pudieron. Asentían y se susurraban cosas unos a otros.

Su codicia era tan transparente que sentí vergüenza al ver en la cara de Ned la expresión de lo que estaba pasando. Intentó abandonar, pero insistieron. Continuó jugando, perdió con gentileza y pagó, pero supe que nunca volvería.

Glen se me acercó con otro vodka con Red Bull para pedirme otros cien mil dólares.

—Ven a hablar conmigo primero.

Entramos en mi dormitorio y se puso cómodo en mi cama.

—Bonita habitación —dijo, agitando el brazo en dirección a las ventanas del suelo al techo.

—Gracias. Bien, por lo general les pido a los jugadores que vienen por primera vez que paguen en efectivo. Como sabes, estoy en apuros por culpa del dinero en efectivo. ¿Dónde tienes la cabeza?

Solo estaba un poco preocupada. Uno: mi amigo había avalado a este tipo; dos: claramente tenía un ego de tamaño natural y sus colegas estaban en la mesa; tres: tenía noticias de que había ganado un millón en Las Vegas el mes pasado.

Pero… estaba borracho y estaba dejando que se lo cargaran.

—Soy bueno en ello. No tienes nada de qué preocuparte. —Luego añadió—: Háblame de ti… Estoy fascinado.

Sonreí pero no respondí.

—Está bien. Si no me dices nada, entonces creo que volveré a la mesa.

Nos miramos y surgió una química innegable.

Me levanté y salí, y pude sentirlo muy cerca en la espalda. Eugene nos miró atenta y fijamente mientras salíamos de mi habitación. Le sonreí para reconfortarle.

Eran las tres de la mañana y algunos de los chicos más responsables se estaban levantando.

Keith Finkle, uno de los chicos de los fondos de inversión de mi gran partida, les propuso jugar al póquer Stud. Glen aceptó con entusiasmo.

«Oh, no», pensé. Esto era malo. Hold'em era una cosa, pero el Stud era un juego mayor con mucho más riesgo, y Keith era, de lejos, el mejor jugador que jamás había visto.

Mientras tanto, estaba recibiendo llamadas de jugadores de mis otras partidas… Illya, el hermano de Eugene, y

Helly Nahmad; ambos querían confirmar que Glen había entrado en *tilt* y estaba derramando dinero a borbotones. Lo confirmé.

Helly e Illya venían con más frecuencia últimamente, incluso a mis partidas más pequeñas. Me enteré de que habían organizado un grupo para participar en apuestas deportivas que supuestamente incluía a John Hanson, el brillante maestro del ajedrez, a un chico del MIT que había desarrollado un algoritmo para seleccionar equipos ganadores y a un genio de la programación informática para que lo registrara todo.

Ambos se presentaron e hicieron compras de cien mil dólares, y Keith añadió también fichas.

De repente, mi pequeña partida de Texas Hold'em de cinco mil dólares se había convertido en una partida de Stud con una compra de cien mil dólares.

A medida que fue amaneciendo, las chicas y yo nos escabullimos, corrimos las cortinas opacas y pedimos desayuno y café para todos... excepto para Glen, que iba por su enésimo vodka con Red Bull.

Mi equipo y yo estábamos agotados pero la partida era una auténtica locura y todas las chicas estaban haciendo mucho dinero con las propinas. Glen iba por cuatrocientos mil dólares, así que pedimos comida, más cigarrillos y más vodka. Sintonizamos los canales de deportes para los chicos: tenía varias pantallas de televisión en mi sala de estar con este fin. Pero estaba cerca de eliminar a Glen porque no podía permitirme un golpe tan grande si decidía no pagarme.

La mayoría de los organizadores de partidas siguen en esencia los patrones de Ponzi. Conceden un crédito gigantesco sin tener realmente el capital para respaldarlo: por eso muere la mayoría de las partidas. Yo no trabajaba así... no concedía créditos que no pudiera respaldar y siempre cubría la diferencia. No podía permitirme morir.

Afortunadamente, Glen empezó a ganar de alguna manera. Sonrió y me guiñó un ojo y, de nuevo, su coqueteo me afectó. Había algo en su imprudencia que me ponía. Miré a Eugene, y aunque todavía lo amaba, conocía nuestras limitaciones. Nunca podría convertirse en un verdadero novio si alguna vez yo dejaba este mundo.

Glen y Keith tenían una mano enorme y cuando se decantó por Glen, fue una gran victoria para él. Keith compró trescientos mil dólares. Glen estaba contando sus fichas.

—¿Puedo coger trescientos mil en fichas de la mesa? —preguntó.

Miré a Keith. Permitir que un jugador apartara de esta manera algunas de sus ganancias dependía básicamente de la mesa, porque las reglas decían que no. En una partida sin límite, todo el dinero permanece en juego.

Le hice un gesto a Keith para indicarle que le correspondía a él tomar la decisión y, como era de esperar, se negó, así que siguieron jugando. Ya eran las cuatro de la tarde. Habían estado jugando durante casi un día entero. Envié a las chicas a casa y traje un nuevo turno de repartidores. Entonces Glen perdió una mano tremenda ante Illya. Pronto, quizá por el cansancio o porque el Red Bull le pasó factura, entró en un *tilt* tremendo y le barrieron la pila de fichas que tenía.

Lo vi comprar cincuenta mil dólares. Cuando un jugador que está perdiendo comienza a comprar pequeñas cantidades en una gran partida, suele significar que seguirá perdiendo.

Perdió y se levantó.

—He terminado.

Se marchó al baño. Los chicos me rodearon al instante.

—¿Es bueno?

—¿Volverá?

—¿Me puedes pagar a mí primero?

Estaba agotada y molesta.

Glen volvió y me hizo un gesto para que hablara en privado con él.

—Oye —dijo—. Tengo trescientos cincuenta mil en efectivo en mi casa. Los gané en Las Vegas el mes pasado.

Moví la cabeza, fingiendo sorpresa.

—Te lo puedo dar ahora o mañana —me dijo.

—Ahora sería genial —le dije.

Mientras me disponía a marcharme, Eugene me agarró del brazo.

—¿Estás bien? ¿Quieres que vaya?

—Estoy bien, te veo dentro de un rato —le dije.

Esta era otra de mis reglas: nunca dejes que un jugador consulte una deuda con la almohada si puedes evitarlo. No te conviene que les dé tiempo a perder el dinero, o que se lo piensen demasiado y decidan tangarte.

Helly me ofreció valientemente su Phantom blanco y a su conductor para mis misiones recaudatorias y Glen y yo disfrutamos juntos de un extraño trayecto en los asientos de atrás del ostentoso coche. Los dos estábamos agotados y él estaba alimentando su ego herido. Pero aún existía una innegable tensión sexual entre nosotros.

Subimos en el ascensor sumidos en un extraño silencio. Volvió a recoger el dinero de la caja fuerte y me lo entregó en un sobre. Lo metí en el bolso.

—Gracias —dije.

—Te llamaré mañana —dijo Glen y se acercó para abrazarme.

Sorprendida, perdí el equilibrio y él me cogió, sosteniéndome durante más tiempo del necesario antes de que me volviera a enderezar. Me estaba mirando directamente a los ojos y sentí que iba a besarme.

—Tienes que estar agotado —dije, y el momento pasó.

—Sí —respondió, aunque aún me miraba intensamente.

—Buenas noches —dije.

El sol estaba fuera a mitad de la tarde como estábamos.

—Buenas noches —dijo.

Conté las facturas de vuelta al apartamento y todo estaba allí. Cuando entré, me estaban esperando los buitres.

—¿Lo has conseguido?

—¿Lo tienes?

—Sí —dije—. Nos encargaremos de ello por la mañana. Tengo algunas cosas que resolver.

—¿Me puedes dar aunque sea cien mil? —preguntó Helly.

—Te llamaré mañana —dije, y me metí en mi habitación.

Oí un golpe en la puerta. La abrí y allí estaba Helly, poniéndome caras.

—¿Me puedes dar aunque sea diez mil? Le debo dinero a mi corredor de apuestas.

Suspiré y le entregué el dinero, luego cerré la puerta firmemente y me acosté para descansar. Eugene entró unos momentos después y se acurrucó junto a mí. Por primera vez en mucho tiempo compartimos la misma franja horaria de sueño y recordé lo agradable que era no estar sola.

***

Me desperté con un mensaje de Glen que decía: *Voy a impugnar los otros ciento cincuenta mil. Me deberías haber dejado coger trescientos mil de la mesa.*

Lancé un gruñido y enterré la cara en la almohada.

Había que hacer los pagos de la partida; yo lo había garantizado. Si alguien no pagaba, yo tendría que cubrir el cheque. Sabía que Glen no tenía un argumento de peso –o de ningún tipo–, pero en este mundo eso no importaba. No había tribunales, ni jueces, ni contratos, ni agentes de policía.

Cuando les tangaban, la mayoría de los organizadores de partidas se comportaban como gánsteres; vendían las deudas en las calles o contrataban a matones e intentaban intimidar a la gente para que pagara... o peor aún. Esa no era una opción para mí: puede que yo hubiera estado operando en la zona gris, pero aún tenía un sistema de valores morales y conciencia de la ley (o eso pensaba), y la intimidación y la violencia cruzaban ambas rayas. Mi única línea de defensa era mi perspicacia para comprender el comportamiento humano y mis habilidades para resolver problemas. Sabía que había una solución; solo tenía que ser lo suficientemente inteligente para llegar a ella.

Después de observar a Glen durante más de veinticuatro horas, lo que sabía de él era lo siguiente: tenía un ego gigantesco, le afectaba la presencia de chicas guapas y parecía querer impresionarlas, era un macho alfa, tenía mucho juego en él y el dinero para pagarlo. Basándome en la información a mi alcance, sabía que ni podía presionarlo, ni sonar amenazante, ni parecer enfadada. Solo necesitaba convencerlo positivamente para que pagara su deuda.

Los dos activos más valiosos con los que contaba para recaudar esta deuda eran los incentivos: el acceso específico a chicas guapas, grandes partidas y gente importante, y mi feminidad. Si podía conseguir que me viera como a una mujer a quien podía salvar simplemente con el pago de su deuda, tenía una oportunidad mucho mayor de recaudarla.

Cogí el teléfono y lo llamé. Respondió bruscamente, preparándose ya para una llamada en la que se mantendría firme ante la recaudación y en la que defendería su postura de que convocar a la mesa había sido injusto.

—Holaaaa, ¿qué vas a hacer esta noche? —pregunté en un tono ligero.

—Nada —dijo, aún serio.

—Ven a cenar y al club con las chicas y conmigo.

Se quedó en silencio. Necesitaba que dijera que sí. Conseguir «socializar» con él era una parte muy importante de mi plan.

—¿Quién va?

Enumeré sus nombres.

—Vale —dijo—. ¿A qué hora?

Glen fue puntual y estaba visiblemente complacido de ser el único hombre rodeado por siete chicas que lo mimaban y le reían las gracias. Esa noche no se mencionó ni una palabra sobre su deuda.

Cuando llegó la cuenta, montó un gran espectáculo ceremonioso para coger el *ticket*. Sonreí y le di las gracias profusamente. En mi interior me estaba riendo. Aún me debía ciento cincuenta mil dólares, por lo que su intento de caballerosidad se quedaba corto en unos ciento cuarenta y nueve mil dólares.

Nos fuimos a un club, donde el promotor nos recibió

con su habitual bienvenida y nos acompañó a una de las mejores mesas. El alcohol fluía, las chicas bailaban, Glen seguía feliz. Vino a sentarse a mi lado en el banco. Yo estaba haciendo números en el teléfono (las matemáticas de las deudas y las recaudaciones).

—Hola —dijo—. ¿Cómo puede ser que estés aquí sola, sentada y sin divertirte como todas las demás?

Le devolví una sonrisa valiente.

—Estoy un poco estresada, tratando de resolver algunos problemas.

—Eres demasiado guapa para tener problemas.

—Vine aquí después de perderlo todo en L.A. y realmente necesito que esto funcione. Tengo bocas que alimentar —le dije dirigiéndome a las chicas— y algo que demostrar.

—Lo entiendo —dijo mirándome a los ojos—. Lo solucionaremos. Ahora ven y diviértete. Todo irá bien, te lo prometo.

Bingo.

Dos semanas después, Glen se presentó en mi gran partida con un cheque por los ciento cincuenta mil dólares. Esa noche ganó trescientos mil dólares, así que rompí el cheque.

Rápidamente se convirtió en uno de mis jugadores más valiosos.

Ya rara vez veía a Eugene. Jugaba en las partidas durante el día y en las partidas nocturnas. Desaparecía durante días: regresaba a casa, se metía en la cama y dormía veinticuatro horas seguidas; luego, volvía a marcharse. Ya no reclutaba mucho y, aunque no lo hacía a propósito, estaba apoyando a mis competidores.

28

Decidí alquilar una casa en los Hamptons para el verano. Hacía demasiado calor en la ciudad y, de todos modos, la mayoría de los jugadores estaban en la isla para pasar el verano, así que contraté a un agente inmobiliario y encontré una mansión disparatada, con unos terrenos impecables, una piscina infinita y una pista de tenis que venía junto con un instructor de tenis para el verano. La casa era tan grande que las chicas y yo teníamos nuestra propia ala. Como estrategia, había llegado a un acuerdo con Illya y Keith para compartir la casa. Esto nos garantizaría, casi con total seguridad, un montón de partidas y juegos en la casa y podría compensar el alto precio del alquiler.

El viernes, las chicas y yo nos apretujamos en mi Bentley y pusimos rumbo al este para pasar allí el primer fin de semana del verano. Teníamos un calendario social completamente planeado: desfiles de moda, la apertura de un nuevo restaurante y, por supuesto, el partido anual de polo de Bridgehampton, que marcaba el inicio oficial de la temporada de verano. Llegamos a última hora de la tarde y las chicas chillaron de emoción cuando vieron aquella propiedad disparatada. Corrieron todas escaleras arriba para repartirse las habitaciones y empezar a prepararse.

Me puse cómoda junto a la gran piscina de agua salada y, ataviada con mi vestido blanco, empecé a tomar rosado.

El abatimiento que había en mi vida se había disipado y por el momento sentía paz. Tenía esa sensación plena en el corazón que solo se alcanza cuando todo vuelve a estar bien en el mundo.

Al partido de polo de Bridgehampton solo asistían quienes eran alguien en la alta sociedad. Famosas impecablemente vestidas con sus copas de champán y sus manos con manicura, caballeros de porte distinguido que apestan a dinero viejo, celebridades de primera y modelos increíblemente guapas se reúnen bajo carpas blancas, mientras guapos jinetes como Nacho Figueras entran en calor en los suntuosos campos verdes. Era fácil perderse en la novedad y el *glamour* de todo aquello, pero yo estaba allí con un fin. Sabía que este sería un terreno fértil para reclutar jugadores. Las chicas y yo encontramos una mesa y nos bebimos el champán a sorbos mientras disfrutábamos del ambiente. Éramos caras nuevas en el circuito y no pasó mucho tiempo hasta que una marea constante de hombres comenzó a acercarse a la mesa. A estas alturas éramos profesionales capaces de determinar sutil pero rápidamente si un individuo era o no un jugador potencial.

Estaba entreteniendo a un multimillonario de una compañía farmacéutica cuando levanté la vista y vi a Glen con el brazo echado sobre una guapa rubia. Para mi desgracia, sentí una punzada de celos. Eugene era mi alma gemela y lo quería de una manera de la que yo no sabía que era capaz, pero estaba cada día más desaparecido. Glen era arrogante y egocéntrico. Echó una ojeada y establecimos contacto visual; sonreí y rápidamente desvié la mirada. Menos mal. Nada, absolutamente nada, bueno podía venir de salir con Glen Reynolds.

Esa noche hicimos una fiesta en nuestra casa y continué con lo que había comenzado en el encuentro de polo, sondear a la multitud en busca de activos/jugadores. Cuando me arrastré hasta la cama, sentí agotamiento pero también emoción por la cantidad de contactos que habíamos logrado.

Quería llamar a Eugene y decirle lo bien que iban las cosas, así que marqué su número. La llamada fue a parar directamente al buzón de voz, como de costumbre. Me lo imaginé vestido de negro, yendo de partida en partida, sin dormir durante días y, por fin, pasando solo la noche en su dorado apartamento de la torre Trump. Sentí una punzada en el corazón. Luego miré el teléfono una última vez para ver si el horrible de Glen Reynolds me había enviado algún mensaje. Ninguno.

Cuando Glen me llamó unos días más tarde para invitarme a cenar, lo rechacé cortésmente. Pero no era de los que se rendían. Me lo pidió una y otra vez y yo siempre decía que no.

Y entonces fue inteligente; Glen sabía que el camino hacia mi corazón pasaba por mi partida.

Una semana o dos más tarde, me envió un mensaje para

preguntarme si podría organizar una partida en su casa de la ciudad y en el que me decía que sus amigos de Wall Street querían jugar.

No podía decir que no. Glen había ofrecido traer nuevos jugadores. Me presenté en su casa con las chicas, mis repartidores, mi mesa, la Shuffle Master, sillas, aperitivos y la intención de que todo fueran negocios.

—Cariño… —dijo cuando abrió la puerta principal, ofreciéndome su sonrisa más encantadora. Me abrazó muy fuerte. Le di un golpecito en el hombro educadamente y me escabullí de entre sus brazos.

—¿Dónde deberíamos montarla? —pregunté, tratando de mantenerme concentrada.

Me llevó hasta la sala de estar. Su apartamento, aunque bonito, era indudablemente un piso de soltero. A medida que fueron llegando sus amigos, me los presentó. Todos eran jóvenes, ricos y locuaces, chicos de Wall Street.

La partida no tardó mucho en desmadrarse. La energía era tremenda; estos chicos se pasaban el día apostando en el mercado y parecían capear los cambios con facilidad. Comencé a recibir llamadas de jugadores que querían un asiento.

Le envié a Glen un mensaje sobre el último asiento, mencionando que tenía un montón de buenas opciones.

Va a venir otro tipo, escribió.

Sonó el timbre. Fui a abrir la puerta esperando ver a otro apuesto agente de bolsa y en su lugar me encontré cara a cara con Eddie Ting.

Volví a mirar a Glen y él asintió.

—Hola, Molly —dijo Eddie con una voz muy amistosa.

—Hola —respondí, tratando de ocultar mi ira.

Ahora estaba muy molesta con Glen. ¿Cómo podía pedirme que organizara una partida y obviar el hecho de que mi archienemigo y mayor competidor iba a aparecer por allí?

—Tenemos que hablar —le susurré al oído a Glen después de ponerle a Eddie unas fichas.

Fuimos a su despacho.

—¡Qué estás haciendo! Me va a robar jugadores. Este es mi modo de vida, es mi negocio —le expliqué en un tono encendido.

—Conozco a Eddie desde hace años; quería jugar y quiere ser amable contigo. Te lo prometo —dijo, poniéndome las manos sobre mis hombros y mirándome a los ojos con sinceridad—. Nadie te está robando nada, me aseguraré de ello.

Sí, claro, Eddie quería ser amable conmigo ahora. Tenía las mejores partidas en Nueva York. Tenía acceso a jugadores que él no. Sabía lo que estaba tramando.

La partida transcurrió sin problemas y mantuve la serenidad con Glen, centrándome estrictamente en lo profesional a pesar de sus evidentes intentos de coqueteo.

Vino a buscarme a la cocina.

—¿Estás enfadada conmigo por la chica que llevé al partido de polo o por lo de Eddie Ting?

—¿Enfadada? ¿Quién está enfadada? —dije con ligereza.

—Me asustas —dijo.

—Lo dudo —le contesté, refrescando su bebida—. No pareces un tipo asustado.

—¿Me dejarás llevarte a los Hamptons este fin de semana?

—No creo que sea una buena idea —dije.

—Venga, relájate, no estoy tratando de acostarme contigo. Quiero hablarte sobre algo. —Vio mi escepticismo—. Es un asunto de negocios.

«Di que no, Molly, di que no, di que no».

Fue uno de esos momentos en los que sabes con claridad que puedes ir por el camino bueno o por el malo. Sabía exactamente cómo terminaría esta historia. Sabía que tenía un alto potencial para perjudicar mi partida. Pero a veces echaba tanto de menos a Eugene que me dolía físicamente, y la atención de Glen era al menos una distracción temporal.

—Bien —dije, ignorando mi radar interno—, pero más vale que se trate de negocios.

Sabía perfectamente que no era así.

También sabía que tenía que terminar las cosas con Eugene. Eugene se había ido. Lo quería pero ya no encajaba en mi mundo. Quería intentar tener un novio de verdad, no un chico que vivía entre las sombras. Le envié un mensaje de texto; tenía miedo de no ser capaz de hacerlo en persona si lo veía. Traté de ser pragmática, le dije que no estaba funcionando. Nunca nos veíamos. Debía ocuparse de lo suyo, era joven y yo necesitaba algo más. Podíamos seguir trabajando como socios y siempre seríamos amigos íntimos.

Apareció en mi puerta bajo una lluvia torrencial. Se quedó allí, empapado, con los ojos como estanques oscuros repletos de dolor. Lo arrastré dentro, nos abrazamos y lloramos. Sentí como si me estuvieran arrancando el corazón del pecho. Sus lágrimas me hundieron en una tristeza mayor que cualquiera que fuera capaz de recordar.

—¿Por qué, Zilla? —me preguntó—. Te quiero mucho. Yo nunca te haría daño así.

Su dolor me dejó hundida, pero volví la cabeza y ahogué un sollozo.

—Simplemente no funciona. Siempre seremos amigos y socios.

Presionó su cara empapada en lágrimas contra la mía; la sostuvo entre sus manos y me besó con fuerza. Pude sentir sus lágrimas y su boca… apasionada y afligida. Me pegué a su cuerpo; no sabía cómo iba a poder sobrevivir sin Eugene. El vacío me inundó el pecho.

Me miró a los ojos… y luego se fue.

—Siempre te querré, Zil, siempre.

Cerré los ojos y lo escuché marcharse.

El amor era una responsabilidad. Simplemente no podía permitírmelo en mi mundo. Empujé el dolor y la sensación de vacío hacia algún lugar en el fondo de mi mente e hice las maletas para el fin de semana.

Glen me recogió en su BMW negro.

—Me gustas —dijo mirándome a los ojos intensamente.

—No me conoces —le dije—. Definitivamente no soy tu tipo.

—¿Y cuál es mi tipo? —preguntó.

Se echó a reír.

—Descalza y embarazada —le dije, devolviéndosela, en referencia al comentario que me había hecho la primera vez que nos vimos.

—Podemos trabajar en eso.

Aún seguía riéndose.

—Nunca podrás llevar bien mi vida, mi trabajo.

—La llevaré bien. Me gusta. Creo que es genial que seas tan ambiciosa.

Yo sabía que dejaría de creer que era genial cuando esa

vida me empujara fuera de su cama cinco noches a la semana, o cuando no lo invitase a las noches o a los viajes en los
que reclutaba a jugadores. Tiempo atrás no le habría dado a
Glen ni una segunda mirada. Me habría mantenido centrada, pero en algún lugar dentro de mí empezaba a querer
algo más que esta vida.

Al principio, las citas con Glen fueron geniales. Salíamos
como personas normales a grandes restaurantes, me llevaba a
ver obras de teatro y a actos de caridad. Aún quería a Eugene.
Pensaba en él a menudo y me preguntaba cuándo se calmaría
el dolor que sentía en el corazón, pero podía tener una relación adulta con Glen y eso era agradable. La partida que organizaba en su casa era rentable y entretenida. Eddie venía
cada semana, haciendo todo lo posible por ser mi amigo.

Mi instinto me decía que no confiara en Eddie, pero
con el tiempo estaba empezando a gustarme. Era divertido
y crítico consigo mismo, y parecía haber abandonado toda
su animadversión. Pronto relajé mis defensas. Para mi sorpresa nos hicimos amigos, verdaderos amigos.

Nuestro cese al fuego resultó ventajoso. Había un vínculo
tácito proveniente de nuestra experiencia común… Eddie y yo
éramos los organizadores de las partidas más grandes del mundo y nos entendíamos de una manera que nadie más podía.
Participó en mis partidas con sus jugadores más valiosos y yo
le envié algunos también. Formamos un frente unido ante las
personas que nos debían dinero y nos ayudábamos mutuamente con los cobros. Si un tipo que le debía dinero a Eddie
ganaba en mi partida, yo le transferiría a Eddie las ganancias
en lugar de pagarle al jugador, y él hacía lo mismo por mí.

Comenzamos también a llevarlo al terreno social; Glen
y yo salíamos en pareja con Eddie y su mujer.

La vida iba bien. Glen y yo nos estábamos divirtiendo, la mayoría de mis partidas eran geniales y no sentía la inminente amenaza de los enemigos, ni abiertos ni subversivos. Sin embargo, empezaron a aparecer las grietas.

Aún pensaba en Eugene. Se estaba hundiendo cada vez más en un agujero negro. Jugaba en todas las partidas, incluso en las más turbias de Brooklyn y Long Island. Estaba acumulando enormes deudas. Lo último que supe es que lo habían engañado para que pagara medio millón para convertirse en socio de una partida rival. Intenté hacerlo razonar.

—Eugene, tú eres un gran activo. No solo traes jugadores, juegas durante días, creas la suficiente acción para que todo el mundo se quede y la comisión se dispare —le decía cuando nos veíamos de vez en cuando, casi siempre por transacciones económicas.

Sabía que la puerta a nuestro mundo secreto había desaparecido.

También estaba empezando a tener algunos problemas para completar la gran partida. Había perdido a algunos jugadores; uno, debido al ultimátum que le dio su segunda mujer, joven y guapa, y otro, un tipo que se estaba desmoronando por una inversión con Madoff. Que durante un par de semanas no se celebrase la gran partida no era el fin del mundo, pero dejaba abierta una puerta por la que me podrían expulsar. Y yo no iba a dejarla escapar. Era demasiado lucrativa, demasiado grande.

Estaba hablando con Eddie.

—Kenneth es una mina de oro. Lo que has construido es tan impresionante; siempre puedes crear una partida en torno a Kenneth —me decía.

—Se está convirtiendo en algo más difícil de lo que

piensas —le dije—. Creo que incluso los dioses de Wall Street se están bajando a ratos de sus tronos intocables.

—¿Por qué no nos hacemos socios? —me dijo Eddie de manera informal—. Puedo aportar los jugadores que tú pierdas, y yo mismo jugaría.

Eddie tenía una gran ballena y un establo completo de jugadores con los que había jugado durante años.

—Sí, puede que funcione, déjame que lo piense...

—Estupendo —dijo, y me sirvió un trago de tequila—. Podríamos formar un equipo imparable.

Estaba ante un dilema muy grande. Por un lado, quería confiar en Eddie, quería creer que esto no era una estafa a largo plazo para robarme mi gran partida. Por otro, sería muy, MUY agradable tener a alguien con quien poder compartir la presión económica a la hora de cubrir las deudas de los pagadores lentos y el estrés de llenar los asientos. En estos momentos estaba financiando y cubriendo la partida yo misma. Si un chico no pagaba rápido o tardaba más de una semana, era yo quien firmaba el cheque para aliviar la ansiedad que pudiera sentir el ganador.

Eddie y casi todos los demás organizadores de partidas permitían a uno o dos profesionales en sus mesas y se llevaban un porcentaje de sus ganancias y sus pérdidas. El hecho de que yo no jugara me permitía ser mucho más objetiva y justa en todos los aspectos de la partida.

En contra de mi parecer, decidí darle una oportunidad a la propuesta de Eddie. Apareció con sus mejores activos y con algunos profesionales. Kenneth no estaba contento. Eddie fue el alma de la fiesta pero la acción más floja de la partida. Sabía que no solía jugar así y que esta era la oportunidad que había estado esperando. Había recorrido un largo camino desde aquellos agujeros de ratas de uno y dos dólares. Kenneth ganó y la partida fue un enorme éxito. Había dejado que Eddie hablara con los repartidores sobre la comisión. Yo nunca había cobrado comisión en la gran partida. Sobre todo, porque nunca hubo un alto riesgo y las propinas eran enormes.

Al final de la noche, después de que se fueran los jugadores, Eddie y yo nos ocupamos de los números. Entre la comisión y nuestros «caballos» (los chicos de los que nos llevábamos una parte), cada uno ganó más de doscientos mil dólares. Era mucho más de lo que hubiera ganado nunca en una partida. Los enormes beneficios me motivaron mucho, pero también sentí una culpa perenne, como si hubiera engañado o robado a mis amigos. Me parecía algo simplemente sucio.

Estaba en la cresta de la ola. Me había hecho amiga de mis enemigos, caía bien a las personas más críticas conmigo y ganaba tanto dinero que ni siquiera era capaz de gastármelo.

Glen, que antes de conocernos había sido un jugador diletante, jugaba ahora con regularidad. Quería que la partida en su casa se convirtiera en algo semanal.

—Será tu partida y podrás tener todo el control —me dijo.

Eso era un problema. Celebrar la partida en casa de un jugador me restaba poder. Pero acepté. Era mi novio.

Glen era siempre quien más perdía. Esto representaba otro desafío, porque mi posición como recaudadora implicaba, en gran parte, cobrarle dinero a mi novio para pagar a sus compañeros y mi sueldo.

También tenía otras partidas de las que ocuparme y escabullirme de las partidas de Glen no era fácil. Una noche en concreto había perdido doscientos mil dólares y yo tenía que irme a otra partida.

Esa noche había algunos tipos impredecibles en la partida de Glen. Uno de ellos era Deacon Right, un chaval que trabajaba en fondos de inversión. Deacon era un mal jugador. Muy malo.

A Deacon le encantaba que Glen entrara en *tilt*.

—¿Glen? ¿Se va tu chica? —le dijo.

Y luego se volvió hacia mí.

—¿Te vas de la partida de tu hombre a medianoche? ¿Adónde podrías ir?

Apreté los dientes. No era la partida de «mi hombre»; en primer lugar, porque yo había invitado a la mayoría de los jugadores y era quien hacía posible que jugaran. Estaba asumiendo riesgos para conseguir que fuera una partida genial, como, por ejemplo, permitir que Deacon tuviera un asiento.

Pero Deacon no paraba.

—¿Tu chica se va y has perdido doscientos mil? —presionó.

Glen me lanzó una mirada desagradable. Tenía que ir a la otra partida para revisar la contabilidad, la hoja de compras y el crédito. Los números no habían cuadrado la semana anterior y estaba preocupada porque estaba convencida de que mi sistema de contabilidad era infalible.

Mi vida personal y mi vida profesional volvían a estar en desacuerdo, y eso no me hacía feliz. En esta sala, en esta partida, yo no era la animadora de Glen ni su novia, estaba dirigiendo un negocio. Si me iba ahora, lo avergonzaría delante de sus amigos y no quería que perdiera aún más dinero, pero necesitaba ocuparme de otros asuntos.

Me levanté para marcharme y él me hizo una señal para que esperara.

Fue al vestíbulo.

—Es medianoche —dijo.

—Tengo que revisar la otra partida.

Discutimos por un momento y lo corté.

—Me voy. Volveré más tarde.

En las escaleras, me volví para decir buenas noches. Me cerró la puerta en la cara.

Tan pronto como llegué a la otra partida, Willy Engelbert, un niño rico de Nueva York, vino corriendo hacia mí con su pila de fichas.

—Otra loca remontada —dijo sin aliento.

—Buen trabajo —dije, mirándolo de cerca.

Algo olía raro. Había visto miles de victorias y de derrotas y algo no iba bien.

—¿Me puedes pagar? —preguntó con la misma voz desesperada.

Mientras tanto, el anfitrión de la partida tenía un descuadre tremendo y, al parecer, había convencido a mi asistente para que le concediera mucho más crédito de lo que me parecía permisible. El anfitrión, aunque era rico y supuestamente un socio de la partida, era un degenerado en el que no se podía confiar.

Me alegré de haber ido. Aquella partida era una especie de batalla campal. Había algunos rostros desconocidos que parecían estar algo fuera de lugar y el repartidor había estado trabajando durante tres horas, a instancias del anfitrión. No me gustaba que mis repartidores trabajaran más de una hora seguida.

Era hora de recuperar el control de la partida. Tuve una charla con el anfitrión, que me enseñó su contabilidad *online* e incluso me transfirió algo de dinero a mi cuenta. Luego intenté familiarizarme con las caras nuevas mientras ponía en orden los registros.

Glen iba a hacer que me explotara el teléfono.

—La partida ha terminado, ¿dónde coño estás? Esto es muy poco profesional, necesito que cuadres la contabilidad y le pagues a la gente.

Volví a sumergirme en la fría noche y llamé a un taxi para que me llevara de vuelta a casa de Glen para así poder cuadrar la contabilidad allí y extender cheques a los ganadores y al personal. Según mis registros, Glen había perdido doscientos diez mil dólares y estaba borracho. Después de firmar los cheques para los ganadores, se fue a su habitación dando zapatazos.

Silenciosamente me escabullí de nuevo para regresar a la otra partida y asegurarme de que estaba funcionando sin problemas. Una vez que me quedé por fin satisfecha de que mi personal la tenía bajo control, volví a casa de Glen justo cuando amanecía.

Me arrastré hasta la cama rezando para que no se despertara.

—Me quedo con todas las propinas de esta noche y quiero que se me incluya retroactivamente en todas las partidas que hemos organizado —dijo, dándome la espalda.

La ira arrasó mi pecho como un fuego incontrolado. Quería decirle a voz en grito todas las razones por las que esta petición era injusta, improcedente e inmoral… como, por ejemplo, por el hecho de que él era un corredor de bolsa en Wall Street y este era mi negocio.

Me había pasado la vida construyendo mi empresa para poder jugar con mis propias reglas y para querer a alguien de verdad, no porque lo necesitara.

En ese momento Glen se convirtió en mi enemigo. Así que, en lugar de discutir, me tranquilicé. Necesitaba una estrategia.

—Hablemos de ello más tarde —le dije, y me di la vuelta, fingiendo que dormía hasta que se fue a trabajar.

Me desperté a las seis de la mañana con un mensaje de texto de mi repartidor: *La partida está descuadrada en diez mil dólares otra vez.*

En mi mente se iluminó Willy y el comportamiento sospechoso que había percibido en él. Y cuando empecé a examinarlo todo, descubrí que la partida de esa noche no era la única que había estado descuadrada durante las dos últimas semanas.

Me puse en contacto con los demás organizadores de las partidas que frecuentaba Willy y todos ellos me confirmaron que Willy había estado en todas las partidas que mostraban alguna discrepancia en la contabilidad.

Llamar a alguien tramposo sin pruebas concretas podría causar una gran cantidad de problemas. Willy simplemente lo negaría, diría que era una coincidencia y, entonces, posiblemente me difamara por la ciudad. Lo que necesitaba era una prueba. Lo que necesitaba era pillarlo con las manos en la masa. Así que instalé cámaras sin decírselo a nadie, colocándolas de manera que no comprometieran a ninguno de los jugadores al mostrar sus manos o sus caras.

La única manera en que Willy se lo podía estar llevando,

razoné, era si de alguna forma agregaba fichas a su pila sin hacer compra. Era posible que hubiera pedido fichas personalizadas que fueran idénticas a las mías o que de alguna manera las robara de mi set o de las que había en la mesa.

Efectivamente, en la siguiente partida, cuando Willy, que era un jugador terrible, volvió a perder, acabó de alguna forma con unas pequeñas ganancias. Luego, prácticamente rogó que le pagaran de inmediato.

Comprobé el sistema de vigilancia y, claro como el agua, durante toda la partida se estuvo sacando fichas del bolsillo que ponía sobre la mesa.

Llamé a Willy y le pedí que viniera a mi apartamento, diciéndole que tenía listos todos sus cheques.

Apareció con las mejillas sonrosadas por el frío y un abrigo muy caro.

—¡Hola! —me dijo, dándome un beso y un abrazo—. Solo quiero que sepas lo impresionantes que son tus partidas, organizas la mejor partida de la ciudad y eso es algo que todo el mundo sabe.

Sonreí y le di las gracias.

—Quiero enseñarte algo.

Vio la cinta y su rostro palideció.

—Molly, no entiendes toda la presión que tengo —dijo con desesperación—. Me metí en problemas con mala gente y no puedo pedir ayuda a mi familia; me matarían... ya creen que soy un perdedor.

Empezó a llorar de verdad. Le di unos pañuelos.

—Lo entiendo —le mentí.

Pobre niño rico que prefiere robar antes que enfrentarse a sus padres. Era un ladrón, un tramposo y un cobarde, pero necesitaba que me viera como a alguien que le hacía un favor, no como a una enemiga. Willy estaba desesperado y era alguien sin escrúpulos, y eso lo convertía en un enemigo peligroso. Así que me posicioné como aliada.

—Escucha, no voy a enseñarle a nadie esta cinta, pero tienes que pagar las partidas que has tangado y no puedes volver a jugar nunca. Voy a romper estos cheques y me puedes pagar el resto cuando te recuperes. Juegas con muchos de los amigos de tu padre y con gente importante que puede ser clave para tu futuro.

Aceptó de inmediato, con agradecimientos y repetidas disculpas.

Sabía que si me hubiera enfrentado a él sin pruebas, se habría puesto desagradable. También sabía que los demás organizadores de partidas de la ciudad no lo habrían solventado con tanta diplomacia.

—Salda tus deudas y el vídeo es tuyo.

Me dio un abrazo antes de irse, con aspecto de estar humillado y hundido.

—Gracias por resolverlo así —dijo en voz baja—. Eres una buena chica.

Al final, Willy me pagó todo y le di la cinta. Como es obvio, me guardé una copia, pero nunca volví a saber de él y nunca tuve que utilizarla.

El fiasco me enseñó una valiosa lección: no podía dejar que nadie más dirigiera mis partidas. Tenía que estar allí.

Uno de mis jugadores habituales me llamó justo después de que Willy se marchara para impugnar una suma de doscientos cincuenta mil dólares que le había pagado a Illya en diciembre.

Este jugador debía en torno a un millón y ahora básicamente me estaba diciendo que no iba a pagar los doscientos cincuenta mil dólares. Llamé a Illya, que, por supuesto, me dijo que el tipo se equivocaba.

Cerré los ojos y apoyé la cabeza en el sofá, con un agotamiento que nunca antes había sentido. Sin haber dormido y emocionalmente consumida como estaba, el peso de las responsabilidades que descansaban únicamente sobre mis hombros empezaba a parecerme físicamente aplastante. Para empeorar las cosas, tenía que ir a hablar con Glen.

Abrió la puerta y me detuve, sin saber qué estado de ánimo tendría.

Me abrazó con fuerza.

—Lo siento, cariño, estaba fuera de control. Puedes quedártelo todo, la partida, todo.

Quería creerle, pero no lo hice. Estaba demasiado cansada para pelear y me permití derrumbarme en sus brazos. Anhelaba la bondad de Eugene, la pureza de su amor.

Me convencí de que estaba ayudando a Eugene, pero solo me ayudaba a mí misma; sentía el enorme peso de la culpa en el pecho. No le había ayudado, lo había destrozado. Glen y yo fuimos a cenar esa noche y ambos bebimos mucho vino. Me agarró las manos, como si me fuera a proponer matrimonio.

—¿Cuál es la cifra?

—¿Qué quieres decir?

—¿Cuál es la cantidad de dinero que te haría salir del póquer? Firmaré ese cheque. Invertiré en cualquier cosa que hagas.

Sacó su chequera. Tenía los ojos de un loco.

—¿Cuánto es esa cantidad? ¡La firmaré ahora mismo!

—¿Por qué? ¿Crees que así seré tuya?

De repente me puse furiosa. Glen estaba tan acostumbrado a poder utilizar su dinero para controlar situaciones... Y ahora estaba tratando de utilizarlo para controlarme a mí.

—No hay una cifra, Glen. No estoy en venta.

Las cosas con Glen fueron de mal en peor. Se volvió más controlador y yo me alejé. Cuanto más me apartaba, más sentía que intentaba controlarme, y con los únicos medios eficaces que tenía: la partida.

Según mis registros, nunca me pagó los doscientos diez mil dólares que perdió la primera noche que nos peleamos. Comenzó a retener más dinero que creo que debía de cuando perdía en otras partidas, diciéndome que era una mala novia cuando se trataba de recaudar. Cuando finalmente me registré en un hotel bajo un alias y le escribí un correo electrónico de despedida, se quedó destrozado. Me llamó, y también a mis amigos, a mis ayudantes. Vino al Plaza y exigió saber en qué habitación me hospedaba.

Perdió completamente la compostura.

De alguna manera, no me sorprendió.

Al día siguiente le envié un correo a Kenneth Redding sobre la gran partida. Me respondió de inmediato: *Esta noche jugamos en casa de Eddie. Pensé que lo ibais a hacer juntos.*

Sentí cómo la sangre corría hacia mi cara. Mierda. Mierda. Mierda.

Supe al instante lo que estaba pasando. Glen debió de ir a hablar con Eddie y lo obligó a elegir un bando. Y Eddie, al que yo creía mi amigo, en realidad no era amigo de nadie. Era un hombre de negocios y vio su oportunidad para eliminarme y ganarse a Glen como activo.

Sentí cómo crecía la rabia en mi interior. Cogí un vaso y lo tiré con fuerza contra la pared. Se rompió en mil pedazos.

Las siguientes semanas fueron un infierno. Eddie se había quedado con la gran partida, Glen estaba organizando mi partida del lunes por la noche en su casa y apenas podía conseguir otra partida durante la semana. Ni Glen ni Eddie me devolvían las llamadas. Según mis registros, ambos me debían mucho dinero.

Si me vas a robar o vas a faltar a tu palabra, al menos ten el valor de mirarme a la cara.

Mi mente se tambaleaba. No aceptaría este destino sin rechistar. No iba a salir corriendo asustada como había hecho en Los Ángeles. Además, esta vez no tenía dónde ir.

Comencé a urdir maquinaciones para recuperar mi partida. Tenía información que podía hundir a ambos. Por supuesto que la tenía. Conocía los secretos de todo el mundo. Fui la anfitriona de sus noches de transgresiones. Pero también ellos podrían hundirme a mí. Todos estábamos expuestos de alguna manera. Algunos estábamos violando leyes serias. Así que me decidí por el camino correcto.

Tenía más contactos. Tenía otras partidas. Pero la novedad de Nueva York se estaba agotando.

SEXTA PARTE

COLD DECK

NUEVA YORK, JUNIO 2010-2011

Cold Deck (sustantivo)

Una baraja que ha sido intencionadamente manipulada («amontonada») de forma que el jugador no pueda ganar.

29

El verano había vuelto y el invierno largo y frío, tanto real como metafóricamente, dio paso a la esperanza y al hedonismo. Alquilé otra mansión en los Hamptons y las chicas y yo nos preparamos para las fiestas, el polo y, por supuesto, las partidas.

Había reconstruido la lista y volvía a ganar dinero, pero no disfrutaba mucho. Estaba cansada. Cansada de que se aprovecharan de mí. Parecía que a menos que estuviera dispuesta a rebajarme a su nivel, no podía competir con gente que no tenía honor. Tenía que vigilar mis espaldas constantemente y sentía como si todas las personas a las que conocía estuvieran intentando robarme las partidas; tenía a todos mis «amigos» en nómina o jugando en la partida. Me estaba cansando de las cargas y de la soledad.

Pasé el mes de julio en Ibiza y Saint-Tropez haciendo lo que siempre había hecho: reclutar, politiquear y jugar. Una noche en Ibiza recaudé cincuenta mil dólares de varias personas que me debían dinero; todos me entregaron fajos de billetes. Pero la pasión y el fervor estaban ausentes. En lugar de bailar en las mesas con el resto de ellas, me senté en un banco y contemplaba el remolino de chicas medio desnudas, chicos sudorosos, drogas, alcohol y fraude.

Salí del club y regresé andando sola al hotel. Estaba amaneciendo y mis amigas estarían fuera durante varias horas más. No me podía desprender de la sensación de vacío.

Cargar con fajos de billetes en la cartera no me preocupaba, aunque había momentos en que las cantidades de dinero que tenía que transportar por la ciudad superaban los cincuenta mil, y en esos momentos tomaba medidas de seguridad.

Tenía un conductor al que contrataba específicamente para esas ocasiones.

Quedé con Silas para que me recogiera porque necesitaba ir al centro para recoger algo de dinero. Silas trataba las calles de Nueva York como el escenario de su propio videojuego, y podía llevarme desde mi apartamento en el Upper West Side hasta el Distrito Financiero en menos de diez minutos.

Entré en el Cadillac Escalade de lunas tintadas y saqué el ordenador.

—Hola, Molly —dijo Silas.

—Hola —le dije, mientras consultaba mis hojas de cálculo.

—¿Cómo te va?

—Bien —le dije, distraída por la extrema disparidad entre lo que me debían a mí y lo que debía yo.

Estaba muy expuesta y la ansiedad de tener que recoger mi propio dinero cada semana me estaba afectando. Silas no solía ser tan hablador, y eso en parte era lo que me gustaba de él. Nunca le dije qué hacía para ganarme la vida y, aunque estaba segura de que él lo sabía, nunca me lo preguntó.

—Oye —continuó Silas, que con su acento italiano convertía las palabras en un charco sonoro que tenía que atravesar si quería entenderlo realmente—. Tengo algunos amigos que viven en Jersey. Organizan grandes partidas con fondos de inversión... quieren conocerte.

Levanté la vista del portátil. La parte más importante de este trabajo era alimentar la partida con sangre nueva y, aunque me parecía un poco entrometido por parte de Silas querer involucrarse, de lugares más extraños me habían llegado consejos útiles.

—Está bien —dije—. Dale mi número a tu amigo, Silas. Gracias.

Le sonreí desde el asiento trasero y me puse los auriculares para poder terminar los cálculos numéricos sin interrupciones durante los siguientes seis minutos del trayecto.

Me olvidé por completo de la conversación con Silas hasta que me llamó unas horas después para hablarme del asunto.

—He hablado con mis amigos y te quieren conocer —dijo con su fuerte acento.

No me resultó extraño que Silas estuviese actuando como intermediario. Todo el mundo quería siempre sacar tajada, y si él negociaba el trato, se llevaría la suya.

—Tus amigos me pueden encontrar en el Four Seasons —le dije—. Estaré allí el viernes.

Ya había cerrado una reunión allí con un marchante de arte que quería empezar una pequeña partida semanal para otros marchantes, artistas y dueños de galerías, por lo que no me consumiría demasiado tiempo si al final no llegaba a nada.

Estaba sentada en un rincón terminándome un té helado cuando aparecieron los «amigos» de Silas. Los vi de inmediato. Eran dos hombres enormes que estaban de pie en la zona del bar, mirando a su alrededor confundidos. Con sus trajes brillantes y las cadenas de oro parecía que hubieran salido del set de *Uno de los nuestros*.

Se me abrieron los ojos de par en par. Definitivamente no era lo que esperaba y tampoco era una reunión que me apeteciese tener. Sin embargo, me habían visto y venían hacia mí. Me puse de pie para saludarlos y se abalanzaron sobre mí.

—Eeee, ¿eres Molly? —dijo uno, con expresión confundida.

Ya estaba acostumbrada a esto. La mayoría de los jugadores nuevos se sorprendían cuando veían que era una mujer joven y bajita, vestida profesionalmente con un traje Armani y perlas.

—Hola —dije educadamente, como si no pasara nada.

Le hice una seña al camarero, que les echó un vistazo arrogante a mis compañeros.

—¿Qué os gustaría beber? —pregunté.

Se sentaron en las elegantes sillas de cuero; su lenguaje corporal revelaba que se sentían tan fuera de lugar como parecía.

—Ah, sí… Tomaré, emmm… un martini de manzana —dijo el más grande, que se había presentado como Nicky.

Casi escupo el té helado por toda la mesa. ¿El tipo duro

quería un martini de manzana? ¿De verdad? Todo aquello me hacía reír. Los trajes, la bebida afrutada para chicas. Era demasiado.

El más pequeño, Vinny, se dirigió a mí:

—Queremos hablar de una colaboración —dijo, y con su tono me dejó saber que era más una orden que una oferta—. Te podemos ayudar a recaudar el dinero. Ya nadie te joderá. Nos hemos enterado de que organizas una buena partida, un buen juego, pero todo el mundo trata de joderte porque eres una chica. Si estás con nosotros, nadie te joderá, nunca.

Por muy cierta que fuera esta declaración y por muy buena que pareciese la oferta, sabía que no era honesta y respetable.

Hice una pausa y me tomé un sorbo extra largo de té helado.

—Chicos, realmente aprecio la oferta, pero de verdad que no necesito ayuda —les dije, y traté de establecer un contacto visual firme pero amistoso.

—Mira, esto no es Beverly Hills —me dijo Vinny—. Así es como funciona: nos das una parte y te mantenemos a salvo. En realidad no se trata de una oferta, es lo que es.

—Esta no es ese tipo de partida —les dije, tratando de razonar con ellos—. Si me meto en la cama con vosotros, pierdo a mis clientes.

Eso era cierto. La ausencia de contacto con los bajos fondos era lo que me mantenía fuera de peligro. A los policías no les importaban las partidas de póquer mientras no estuvieran relacionadas con la violencia, las drogas, la prostitución o la usura. Involucrarme con estos tipos no me mantendría a salvo en absoluto... sería una puerta abierta a mayores problemas.

Estuvimos con un tira y afloja durante algo de tiempo, hablando en círculos. Vinny se estaba acalorando un poco y Nicky le lanzó una mirada.

—Mira, déjame pensar en ello.

Ya me estaba devanando los sesos para encontrar una solución, una manera en que yo les resultase valiosa aunque sin tener que involucrarlos en mi negocio.

—Hablemos dentro de un par de días.

Me levanté para estrecharles las manos y se lanzaron sobre mí.

—Oídme —les ofrecí, casi como una ocurrencia de último momento—, la vuestra parece una manera dura de ganarse la vida. Sabéis, conozco a gente. Si queréis cambiar de dirección, podría ayudaros, presentaros a algunas personas que podrían apreciar el conjunto único de, umm, habilidades que habéis adquirido.

Les ofrecí mi más sincera sonrisa y me miraron como si yo fuera del espacio exterior.

—Estaremos en contacto —dijo Vinny en voz baja.

Nicky me llamó a finales de semana.

—¿De veras crees que podrías ayudarme? —Su voz sonaba lastimera, no como la de un tipo que va de duro.

—¿Qué necesitas?

—Quiero hacer algo distinto. No sé qué, simplemente distinto.

Lo festejé en silencio.

—Claro —dije—. ¿Por qué no quedamos para comer después de las vacaciones y lo hablamos?

—Gracias, Molly —dijo.

Gracias a Dios, pensé. Problema resuelto. No hay necesidad de volver a pensar en ello.

Apenas tuve tiempo de percatarme de que tenía una llamada perdida de Nicky. Llamó de nuevo, pero yo estaba demasiado desbordada de trabajo para responder. No le devolví la siguiente llamada, ni la siguiente. Tenía mayores problemas de los que ocuparme: uno de mis jugadores había firmado un cheque de doscientos cincuenta mil dólares que había sido devuelto. Y Kenneth tardaba en pagarme el medio millón que me debía, a pesar de que su riqueza era multimillonaria.

Entonces llegó la Navidad y el momento de volver a casa. Tenía que hacerlo. Hacía siglos que no iba a Colorado y echaba de menos a mi familia.

30

Colorado estaba precioso, cubierto de una nieve blanca y prístina. Había pasado mucho tiempo desde que había estado en casa por última vez. Bajé las escaleras por la mañana y mi madre, mi abuela y mis hermanos estaban sentados en pijama viendo un vídeo de YouTube de un reciente «deseo» que mi hermano había concedido mediante su organización de caridad, y con el que ayudaba a ancianos solitarios o pobres a realizar sus sueños de toda una vida. Salí a pasear con mi madre y todos los vecinos me saludaron por mi nombre cuando pasamos. Cuando fuimos al Starbucks local, el empleado me preguntó qué tal me iba el día y me siguió hablando, preguntándome qué iba a hacer con el resto de «este hermoso» día. Era tan diferente de mi vida en Nueva York; parecía un planeta diferente.

Mi familia era maravillosa, pero me resultaban extraños en estos días. Por mucho que hubiese madurado y conseguido logros, mi sentimiento de inferioridad y de ser una intrusa nunca desaparecía. Mis dos hermanos estaban haciendo cosas increíbles. A Jordan lo habían aceptado en el programa de residencia de Harvard; se había casado con el amor de su vida y planeaban empezar una familia. Jeremy no perdió tiempo después de retirarse de su ilustre carrera deportiva… lanzó de inmediato una compañía tecnológica y *Forbes* lo distinguió como uno de los «30 por debajo de 30 en Tecnología». La filantropía de Jeremy no era solo innegablemente conmovedora, sino que además había recibido una importante inversión para financiar su trabajo y estaba recibiendo muy buena prensa. Traté de dejar a un lado mis sentimientos de inadecuación para centrarme simplemente en disfrutar y valorar a mi familia. No fue fácil.

En la cena, contemplaba el plato mientras escuchaba a mis hermanos hablar de sus vidas. El póquer era lo único en lo que yo era real y verdaderamente buena. Había construido una empresa multimillonaria desde cero, pero aún no sentía que ocupara un lugar en la mesa. Comí en silencio, llenándome el vaso de vino muchas veces. No tenía nada digno que agregar a la conversación. Mi familia conocía la partida. Intentaban ignorarla, tratándola como si fuera una fase que yo estaba atravesando. Llegó un momento en el que ya no podía controlar la frustración que sentía al estar, al menos así lo veía, infravalorada; quería rebelarme. Comencé a hablar… sobre el dinero, sobre los «amigos» que eran multimillonarios y celebridades, los *jets* privados, el chófer a tiempo completo, el personal, los clubes. Solo porque a los miembros de mi familia no les pareciesen impresionantes estas cosas no significaba que el resto del mundo no soñara con la vida que les estaba describiendo. Yo sabía que sonaba repulsiva.

Podía verlo en sus ojos mientras me juzgaban con desaprobación.

—¿Realmente es esta la vida que quieres? —preguntó Jordan.

—Sí que lo es. Yo no juzgo vuestras pequeñas vidas perfectas, honradas, aburridas, pegadas a la ley.

Estaba cada vez más enfadada y chillona y, definitivamente, demasiado borracha.

—No me importa una mierda lo que penséis de mi carrera. No tenéis ni idea de lo que he construido, de los obstáculos que he superado, así que ahorraos vuestros comentarios santurrones y vuestras miradas de desaprobación.

Subí corriendo a mi antigua habitación, di un portazo y lloré sobre la almohada. Me sequé con enfado las lágrimas y saqué el ordenador. Estaba avergonzada y enfadada conmigo misma; me quería ir. Reservé un vuelo y pedí un servicio de coches para que me viniesen a recoger.

Mi madre llamó a la puerta.

—Cariño, solo estamos preocupados —dijo al entrar—. Te queremos y todos estamos muy orgullosos de ti. Simplemente no pareces tú; pareces infeliz.

—No hay nada de qué preocuparse, mamá. Estoy bien. Solo estoy cansada. Quiero tumbarme, ¿vale?

—Vale, cariño, te quiero muchísimo. —Me abrazó.

Cerré la puerta e hice las maletas.

Dejé una nota:

Lo siento, es que necesito volver a NYC.

Cuando llegó el coche salí de la casa con la maleta. Podía oír a mi familia riéndose en la sala de estar. Me detuve durante un minuto.

Estaban viendo álbumes de fotos antiguos y burlándose unos de otros. Cerré silenciosamente la puerta principal a mi espalda. No quería despedirme; solo quería volver a Nueva York lo antes posible.

En el avión de vuelta a Nueva York pensé en la partida, en el negocio. Era lo único que me hacía sentir especial, lo único que no me había roto el corazón. Había desafíos, pero siempre encontraba una manera de abordarlos. No era solo la partida; había un mundo de oportunidades que iban de la mano.

La partida era mi entrada a cualquier mundo del que quisiera formar parte. El mundo de los fondos de inversión. El mundo del arte. Podría organizar una partida con políticos, artistas, realeza. Cada subconjunto de cada sociedad tenía jugadores en su seno y desenterrarlos era mi especialidad.

Medité sobre las distintas posibilidades durante el trayecto desde el aeropuerto a la ciudad. Nueva York estaba cubierta de nieve y decoraciones festivas y me emocionaba estar de vuelta. Realmente me encanta la ciudad. Sentí una pasión y energía renovadas.

Saludé a mi portero, Roger, como a un viejo amigo y subí.

El edificio estaba en obras y el pasillo estaba vacío y tranquilo. Los pocos inquilinos que vivían allí se habían marchado de vacaciones. Lucy se estaba quedando con mi vecina June, que también era quien la sacaba a pasear. Estaba tan emocionada de verla que me detuve en el apartamento de June para recogerla. June no contestó, así que subí.

Roger golpeó en la puerta con mi equipaje –más bolsas que de costumbre–, porque me había traído algunas cosas de Colorado.

—Felices fiestas, Roger —dije, y le di una propina extragenerosa.

Cuando se iba, me acordé del correo y le pregunté:

—¿Hay algún paquete?

—No lo creo —dijo—. Si hay alguno, te lo traeré.

Le di las gracias.

Había empezado a deshacer las maletas cuando oí un golpe. Probablemente era Roger con mi correo, pensé. Abrí la puerta y era un desconocido. Avanzó con fuerza hacia la entrada. Antes de que pudiera quejarme, me empujó y entró en mi apartamento, cerrando la puerta rápidamente a su espalda.

Abrí la boca para gritar y se sacó una pistola que llevaba bajo la chaqueta y me golpeó contra la pared. Sentí un dolor que irradiaba desde el centro de mi cráneo.

Me clavó el cañón de la pistola en la boca.

—Mantén la puta boca cerrada —dijo.

El tiempo se ralentizó.

Un arma en la boca, tenía un arma en la boca. Me castañeteaban los dientes y el impasible y frío acero repiqueteaba.

Un terror frío y adrenalina me recorrían las venas. Moví la cabeza para indicar que haría lo que me dijese, me sacó el revólver de la boca y lo presionó contra la parte posterior de mi cabeza.

Tal vez viniera Roger. Era mi única esperanza.

—Camina —dijo, conduciéndome con la pistola en dirección a mi habitación.

Me empujó hacia la cama y caí sobre el colchón, exactamente donde no quería estar. Aún tenía la esperanza de que apareciese Roger, ¿pero y si no había llegado ningún paquete? ¿Y si se le había olvidado? O peor aún, ¿y si este loco le había disparado?

Necesitaba recobrar la compostura, pero el terror me impedía pensar con claridad. Retrocedí y me senté contra el cabecero.

—Tengo dinero —conseguí decirle—. Tengo mucho dinero.

—¿Dónde?

—Tengo efectivo en mi caja fuerte.

Me agarró por el pelo. Todavía me dolía en la zona en la que me golpeé cuando me estrelló contra la pared. Me sentía mareada.

—¿Dónde?

—En mi armario.

Señalé el rincón de mi habitación. Bien, esto era bueno. Quizás estuviera aquí por dinero. Regresó algo de claridad. Lo miré a la cara; tenía el cabello oscuro y grandes ojos negros. Iba rapado. ¿Por qué no se había puesto una máscara? ¿POR QUÉ NO LLEVABA UNA MÁSCARA? Tal como estaban las cosas, podría identificarlo fácilmente… La respuesta me golpeó como un ladrillo.

«Me va a matar».

Había dejado a mi familia sin decir adiós. Había sido horrible y mala.

«Me va a matar».

Me agarró del brazo y me llevó al armario, luego me apretó la mano en el hombro y me puso de rodillas de un empujón. Mi cuerpo renqueaba y saber que estos eran muy probablemente mis últimos minutos en la tierra había reemplazado al miedo por el dolor.

Apuntó a la caja fuerte con la pistola.

Aturdida, introduje mi código en el teclado. La pistola me presionaba el cráneo.

La puerta metálica se abrió para revelar fajos de diez mil dólares pulcramente organizados con sus bandas elásticas y cajas de joyería, junto con documentos importantes como mi certificado de nacimiento y mi pasaporte.

—Dame el dinero y las joyas —dijo.

Podía detectar emoción en su voz.

Le di los fajos. Le entregué las joyas que me había dejado mi abuela.

—Dame una bolsa —ordenó.

La necesitaba para llevar todo el dinero. Me levanté con cuidado y le di una bolsa Balmain de entre mi extensa colección de bolsos de diseño.

Empujó los fajos, un medallón de oro con una foto de mi bisabuela que era mi tocaya, el anillo de bodas de mi madre y un par de pendientes de diamante de mi abuela. Cerró la cremallera de la bolsa con aire complacido.

Luego se inclinó hacia donde yo estaba arrodillada y me agarró la cara con sus manos ásperas y callosas, aproximando su cara a la mía. Su aliento olía a caries y a cigarrillos. Presionó su boca contra mi oreja y me susurró:

—¿Todavía crees que puedes tener la sartén por el mango, pequeña hija de puta?

—¿Qué quieres decir? —le pregunté débilmente.

—Esto es culpa tuya. Si no fueras una perra con mis amigos, no tendría que hacer lo que tengo que hacer.

Y ese fue el momento en que aquello cobró sentido: lo habían enviado los tipos a los que conocí en el Four Seasons.

Me pasó la palma de la mano por la mejilla.

—Es una verdadera pena, tienes una cara tan bonita.

Me puso en pie agarrándome por el pelo.

Me golpeó la cabeza contra la pared. Todo me daba vueltas. Estaba llorando. Apenas volví a abrir los ojos, sentí su puño conectar con mi mejilla. Me golpeó de nuevo en la nariz.

Sentí como si me estallaran todos los nervios y luego un entumecimiento. Mi mano voló hacia mi cara; me brotaba sangre por la nariz que luego me entraba por la boca. No podía respirar. Me estaba ahogando con mi propia sangre. Volvió a pegarme. Sentí su puño como una barra de hierro mientras me golpeaba contra los delicados huesos de mi cara. Me imaginé todos los huesos rompiéndose, fragmentándose en pedacitos. Sentía la cara como si se estuviera inflando como un globo. Grité y traté de alejarme de él, pero no había ningún lugar en el armario en el que poder refugiarme; me eché hacia atrás todo lo que pude, contra los vestidos y los abrigos, sangrando sobre el susurro de la seda y las suaves y delicadas pieles.

Me dolía todo. Me dolía tanto que casi me dejaba de doler, como si fuera un sentimiento completo que simplemente cambiaba la forma de sentirse vivo. Yo era como un animal, jadeante, atrapado.

Me sacó del armario y luego cogió la pistola de su chaqueta.

Vi las caras de mi madre y mi padre, las de mis hermanos, la de Lucy y la de Eugene.

—Por favor, tengo una familia. Por favor, no me mates —dije ahogada.

No me importaba lo que quisiera, haría cualquier cosa. Simplemente no quería morir.

—Molly —dijo, y ahora su voz era tan suave como la

mano sobre mi espalda, y triste—. Ya te lo he dicho. No queríamos que esto fuera así…

Me apuntó con el arma a la cara. Me estremecí y cerré los ojos. Pareció que duraba una eternidad.

—Abre los ojos. Podríamos tener una relación muy buena, simplemente no nos desprecies nunca más.

Me las arreglé para mover la cabeza en señal de asentimiento.

—Y ni te plantees llamar a la policía. Sabemos dónde vive tu mamá… en una casa verdaderamente preciosa en las montañas de Colorado.

Dios mío, Dios mío… ¿Qué había hecho?

—No lo haré… Te lo prometo —dije entre sollozos.

—Esta es tu primera y única advertencia.

Vi cómo su puño volvía sobre mí, y luego, oscuridad.

Cuando recobré el conocimiento estaba sola. Mi cuerpo había perdido toda su fuerza así que me arrastré hasta la puerta principal, me levanté agarrándome al pomo y eché el cerrojo. Luego me senté con la espalda contra la puerta, a la espera, escuchando.

No podía llamar a nadie, ni a la policía, ni a la seguridad del edificio, ni a un novio ni a mis amigas. Quizá pudiera llamar a Eugene.

Marqué su número.

—¿Qué pasa? —preguntó. Había estado frío y distante desde que comencé a salir con Glen.

—Eugene, ¿puedes venir? Te necesito. —Mi voz era débil y llorosa.

—Ah, ahora que no estás con Glen, ¿me necesitas? Lo siento, Zil, tomaste una decisión. Estoy ocupado.

—Por favor, Eug —le supliqué.

—No puedo, lo siento.

Y colgó. Estaba completamente sola.

No sé cuánto tiempo estuve sentada con la espalda en la puerta. Me sentía débil y congelada. Cuando finalmente me levanté con las piernas temblorosas y fui al baño, mi reflejo en el espejo era horrible. Tenía los ojos hinchados y ennegrecidos, el labio cortado y ensangrentado, y la cara, el cuello y el pecho embadurnados de sangre seca. La ropa estaba cubierta de sangre. Era como mirar la imagen de otra persona. Me metí en la ducha y me quedé allí de pie bajo el agua, con el agua caliente acribillándome la piel magullada y cortada. No me importaba. Me hundí de rodillas y sollocé bajo el agua, llorando por las cosas que había perdido, por la soledad, por todas las cosas en las que esperaba convertirme.

Pero, sobre todo, sollocé porque supe que no iba a huir... ni siquiera ahora, ni siquiera después de esto.

31

Pasé la Nochevieja sola, esperando a que sanaran mis contusiones. Mentí a mis amigos, mentí a mis padres. Contemplé por la ventana, aturdida, cómo llegaba la medianoche y comenzaba 2011. No salí de mi apartamento durante una semana. Pasé la mayor parte del tiempo en la cama, acurrucada con Lucy, que me miraba con sus ojos profundos, conmovedores y preocupados. Cuando por fin salí, creía ver la cara de mi atacante por todas partes. Estaba segura de que mi chófer había tenido que ver con esto, casi segura de que uno de los porteros había cobrado para dejarlo pasar. No confiaba en nadie.

Recibí otra llamada de Vinny. Esta vez se la devolví.

—Molly, ¿cómo estás?

—Bien —le dije.

—Tengamos otra reunión. Creo que ahora verás las cosas más claras.

—De acuerdo —dije. No tenía elección y lo sabía—. La semana que viene —le dije—. Estoy de viaje esta semana.

No podía verlo con los cardenales. No le daría esa satisfacción.

El día antes de la reunión en la que se suponía que iba a verme con los responsables de mi paliza y mi robo, con aquellos hombres con los que me vería forzada a hacer algún tipo de trato, cogí el *New York Times*. En portada vi: *El FBI arresta a unos 125 en una redada de mafias.*

Seguí leyendo. Fue la mayor redada de mafias en la historia de la ciudad de Nueva York.

Nunca recibí la llamada que esperaba de Vinny... ni de cualquier otra persona. No podía creerme lo afortunada que era.

La suerte no me duró mucho: me llegó una citación por correo certificado. Brad Ruderman, uno de mis jugadores en mi antigua partida de L. A., había sido imputado por el gobierno federal. Supuestamente su fondo había seguido un esquema Ponzi. «Bad Brad» Ruderman era conocido en mis partidas de Los Ángeles como «dinero gratis». Se convirtió en una rutina que, después de que yo enviara el mensaje de invitación para la partida semanal, todos respondieran: *¿Juega Brad?*. Era tan malo que a menudo tenía la impresión de que intentaba perder aposta. Nadie podía jugar tan mal a las cartas después de dos años de práctica constante. Y luego estaba Brad.

Lo conocía bien, así que después de haber estado en mi partida durante un par de meses, lo aparté un día:

—Puede que esto no sea para ti —le dije con gentileza, y le ofrecí unas lecciones de póquer. Quería que Brad jugara, pero también quería que tuviera oportunidad de ganar.

Incluso Tobey intentó ayudarlo para que aprendiese a jugar, lo que me sorprendió un poco hasta que comprendí cuál debía de ser su motivación: a Tobey le encantaba la partida cuando venía Brad porque atraía a jugadores importantes. Brad necesitaba mejorar para seguir volviendo. Si perdía demasiado, lo dejaría.

Me caía bien, pero siempre hubo algo extraño en Brad, algo que no iba bien. Me parecía un poco perdido. Llegamos a ser lo suficientemente amigos como para ir al entierro de su madre cuando falleció. También me parecía un poco torturado, pero era muy agradable por lo general. Ahora entendía por qué su estado afectivo había sido tan extraño: había estado ocultando un secreto gigantesco. La mayoría de los inversores en el fondo de Brad eran familiares y amigos. Ni siquiera estaba inscrito en la Comisión de Bolsa y Valores, y para cuando lo detuvieron, le quedaban solo sesenta mil dólares en su fondo... muy lejos de los cuarenta y cinco millones de los que informó a sus inversores. Por eso, aunque nunca ganaba, seguía jugando. De repente todo tenía sentido. Puede que hubiera perdido más de cinco millones de dólares en la partida, pero había utilizado el terreno de juego para levantar millones, consiguiendo que los demás jugadores invirtieran con él mientras se dejaba arrebatar el dinero.

Ahora el fiscal quería que yo declarara. Brad ya había revelado información sobre la partida, los jugadores, la cantidad que perdió, a quiénes fueron a parar los cheques y, supuestamente, que la partida la dirigía y organizaba yo. Seguí leyendo la citación. Brad afirmaba que yo lo había atraído a mis partidas y que en estas habitaciones clandestinas había desarrollado una adicción al juego que lo llevó a perder de vista su moral, cuya culminación era el esquema Ponzi.

Así que volé a Los Ángeles.

Mi antiguo abogado de L.A. me recogió en el aeropuerto. La declaración fue tan desagradable como esperaba. Después de horas esquivando preguntas y confirmando únicamente detalles inocuos, estaba agotada. Las preguntas desenterraron recuerdos de mi vida en L.A., recuerdos que yo había empujado a ese rincón de mi mente que me negaba a visitar.

Había pasado tanto tiempo desde mi vida en California. Me estaba hospedando en el Four Seasons; el hotel avivaba muchos recuerdos, y parecía como si los fantasmas acecharan por los pasillos, pero habían cambiado muchas cosas. Yo era una persona diferente. Y la partida de L.A. también. Rick Salomon había acusado a Arthur Grossman de hacer trampas y, aunque se retractó de su acusación, ya no estaba invitado. Y lo más interesante de todo es que rara vez invitaban a Tobey.

Arthur se había convertido en el mayor ganador de la partida, permitiendo que uno de los profesionales locales jugara a cambio de recibir lecciones de póquer. Los repartidores estaban en nómina y las chicas iban y venían dependiendo de si eran o no novias.

Me senté en mi patio contemplando la ciudad que sentí que una vez había presidido. Aquellos lugares míticos y familiares, la vista que solía invocar ese sentimiento de confianza y triunfo, ahora parecían rechazarme.

Me preguntaba si, al final, Tobey sentía que todo esto había valido la pena.

32

Estábamos a principios de marzo y, una vez más, el frío invierno dio paso a un clima más templado, con el que conseguí elevar el ánimo. Iba a toda prisa por la gran ciudad, organizaba reuniones, cerraba tratos y desenterraba a nuevos jugadores en Nueva York. Mi visita a Los Ángeles me había recordado que ya una vez lo había perdido todo y me había recompuesto, y que podía hacerlo de nuevo. Así que ese era mi plan ahora: reconstruir mi imperio en Nueva York... aunque no para siempre. Cuando estuviera lista, saldría de él con dignidad y comenzaría una nueva vida tan lejos del póquer como me fuera posible.

Ahora iba por mi cuenta, con desconfianza y cautela ante cualquiera que se acercase demasiado, pero resultaba seguro. Y estaba descubriendo el encanto de una nueva generación de clientes: los rusos ricos. Me intrigaba este nuevo subconjunto de jugadores. Tenían dureza y una especie de generosidad a un mismo tiempo; y me respetaban, incluso me reverenciaban.

También a ellos les gustaba el lujo, apreciaban los detalles y parecían tener muy poco apego al dinero... parecían adquirirlo sin esfuerzo y deshacerse de él con la misma facilidad. Ese era uno de los diversos matices en el comportamiento de esta comunidad que me parecía fascinante, como también el hecho de que nunca se preguntaran entre ellos a qué se dedicaban. Esa línea de investigación se habría considerado grosera. La que era una de las preguntas más frecuentes entre mis jugadores estadounidenses, «¿A qué te dedicas, hermano?», se consideraba un desprecio y una falta de respeto entre mis nuevos amigos rusos.

Establecí una relación particularmente cercana con un hombre llamado Alex, que parecía ser un líder en cualquier cosa. Era increíblemente inteligente, sofisticado y misterioso, con una serenidad tranquila pero imponente.

En Nueva York parecía haber un suministro interminable de rusos con coches de lujo, zapatos de lujo y relojes de lujo que querían jugar. Todos parecían tener bolsillos sin fondo. No se quejaban, pagaban rápidamente, no pedían condiciones especiales y querían jugar todos los días de la semana.

Había vuelto a mi senda, y me gustaba su toque internacional.

También había reconstruido mi gran partida e iba mejor que nunca. Junto con los rusos, los chicos de Wall Street, los atletas y las celebridades estaban de vuelta. Tenía una partida épica programada para esa noche: uno de mis mejores jugadores de Londres estaba en la ciudad y los rusos me dijeron que iban a llevar a algunos tipos de Moscú que supuestamente estaban entres los mayores jugadores del mundo. Si la noche iba como planeaba, serviría como prueba sólida de que siempre podría volver, mejor, más fuerte, sin que importase quién intentara derribarme.

Estaba arreglándome en mi tocador para la partida. Eran las diez de la noche y acababa de regresar de una recaudación que me había llevado mucho más tiempo de lo que esperaba.

Me apliqué rápidamente el maquillaje y entonces sonó el teléfono. Era un número bloqueado.

—¿Sí? —dije, mirándome en el espejo.

—No vayas a tu partida esta noche —me advirtió una voz ahogada.

—¿Quién es? —pregunté.

La línea se cortó.

Desde el ataque en mi apartamento, había comenzado a cambiar con regularidad los lugares de mis partidas y había contratado a guardias de seguridad.

Estaba de nuevo en lo más alto. Me imaginé que la voz del teléfono pertenecería a uno de mis competidores, que estaba tratando de asustarme.

Me terminé de vestir, intentando ignorar la llamada críptica. Me deslicé un vestido de seda blanco, unos tacones de aguja de color *nude* con tiras, mi abrigo de zorro plateado y una pulsera de diamantes *vintage* de Dior. Los rusos hacían que fuese divertido de nuevo ponerse de punta en blanco; apreciaban el *glamour* y la presentación. Me eché una última ojeada en el espejo y salí. Llamé al ascensor. Entonces mi teléfono comenzó a vibrar incesantemente. Lo pesqué y eché un vistazo al mensaje.

Miré el mensaje de Peter, un jugador que ya estaba en la

partida. Yo estaba junto al ascensor; cuando llegó, se abrieron las puertas y dejé que se cerrasen. Estaba en estado de *shock*: *¡El FBI está aquí! 20 o así. Te están buscando.*

Leí las palabras una y otra vez, intentando encontrarles algún sentido.

Me quedé quieta. Todo lo demás seguía en movimiento. Todo el universo giraba y yo estaba congelada en aquel pasillo. Después de un momento el trance se disipó. El ascensor vino y se fue, las puertas se abrieron y se cerraron, y yo reaccioné. Volví a toda prisa a mi apartamento.

Me di cuenta de que tenía muy poco tiempo para actuar. Para entonces los agentes ya debían de haberse dado cuenta de que yo no estaba en la partida. Mi apartamento sería su próxima parada, si no estaban ya en la entrada del edificio, preparados y esperando a que saliera. *Los federales.* LOS FEDS.

Esto era infinitamente mayor que cualquier cosa que hubiera previsto nunca. Estaba aterrada. Quería a mi madre. Cogí mi bolso, una maleta que llené a toda prisa, a Lucy y salí corriendo por la puerta.

Cerré los ojos, esperando que el FBI no estuviera esperándome en el vestíbulo mientras recorríamos los veintiún pisos. La puerta se abrió, me preparé.

Allí no había nadie.

Caminamos hasta las puertas delanteras, las empujamos y salimos al aire frío de la noche. Contuve el aliento mientras nos detuvimos en el bordillo, esperando luces y gritos y pánico. No había nada inusual, solo los transeúntes vestidos con su ropa informal de negocios y el hedor de los caballos de los carruajes al otro lado de la calle, en Central Park.

Mi Escalade negro estaba esperando.

Me di la vuelta y miré mi glamuroso apartamento de ensueño. El letrero de *EMPIRE* en el lateral del edificio brillaba con sus letras rojas. Me sentí triste. De alguna manera sabía que era la última vez que estaría aquí.

—¿ADÓNDE? —dijo Joe, mi nuevo conductor, con aire jovial y relajado.

Me sorprendió que el mundo de los demás no terminase aquella noche. Tan solo el mío.

—Joe —le dije—. Tenemos que salir de aquí. Por favor. Rápido.

—¿Hacia dónde, señorita Bloom?

—Simplemente conduce, por favor —le dije.

Llamé a mi abogado a su casa.

—Siento molestarte. Los federales han hecho una redada en mi partida esta noche. Tiraron la puerta abajo y me estaban buscando.

—¿Dónde estás? —preguntó, pasando de estar dormido a despierto y alerta en un segundo.

—Estoy en un coche de camino al aeropuerto. Quiero irme a casa, a Colorado. —Se me quebró la voz—. ¿Es... es delito abandonar el estado?

No me podía creer las palabras que salían de mi boca.

—No, no es delito, pero puede que estén en el aeropuerto para detenerte. Quédate en Nueva York esta noche. Vete a un hotel, quédate en casa de un amigo y me ocuparé de esto a primera hora de la mañana.

—Solo quiero irme a mi casa. Te llamaré desde Colorado.

—Si te arrestan, no digas nada. Llámame e iré hasta allí. *Recuerda, no digas nada.*

—Vale —respondí.

Reservé un vuelo con mi tarjeta de crédito para salir del aeropuerto de Newark.

Luego le dije a mi chófer que me dejara en JFK.

Si los federales me estaban siguiendo, esperaba poder despistarlos con esto. Cada segundo parecía una eternidad. Me acerqué al mostrador de venta de billetes. Miré con nerviosismo la cara de la agente de la aerolínea mientras introducía mi información en el sistema.

Mi vuelo no salía hasta después de un par de horas, así que cogí a Lucy y mi maleta y me encerré en uno de los cuartos de baño. Nos sentamos y esperamos ese tiempo.

Finalmente llegó el momento de embarcar. Me acerqué a la puerta. Aquí estaba. Si conseguía pasar, estaría en casa, al menos por un momento, al menos el tiempo suficiente para ver a mis padres y darles un abrazo de despedida.

Estaba amaneciendo en la ciudad de Nueva York. Miré cómo se desvanecía la isla conforme empezaba un nuevo día y el avión subía entre las nubes. Quería llorar, pero me sentía paralizada y muerta por dentro. Cuando aterrizamos me dieron las maletas y vi a mi chófer.

Condujo por la ruta habitual hasta la casa de mis padres en las montañas, mientras por mi cabeza pasaban los recuerdos de mi infancia, esquiando cada fin de semana con mi familia.

Finalmente llegamos a la entrada de la casa de mi madre. Llamé al timbre y me abrió en bata. Se le abrieron los ojos de sorpresa cuando me vio. Me desmoroné sobre ella, perdiendo mi entereza.

—Cariño, ¿qué ha pasado? —me dijo—. Dime, cariño, puedes decírmelo, ¿te pasa algo?

Y luego me derrumbé en lágrimas. Mi madre me abrazó y no pude dejar de sollozar.

Después de contarle a mi madre lo que había pasado, me arrastré hasta su cama y ella se quedó conmigo, acariciándome la cabeza hasta que caí en un sueño sin sueños. Me desperté cuando estaba anocheciendo. Allí acurrucada en el bosque, me sentí a años luz de mi vida de póquer. Sentí que podría esconderme en esta casa para siempre. Pero sabía que no podía, tenía que enfrentarme a esto.

Llamé a mi abogado; me dijo que yo era parte de una investigación y que eso requeriría una tarifa extra para que él trabajara en mi nombre. Inicie sesión en mi cuenta bancaria.

Mi saldo era de -9.999.999,00. Revisé el resto de mis cuentas, y reflejaban el mismo saldo negativo.

Llamé a mi banco.

—Necesito saber por qué todas mis cuentas tienen saldo negativo.

—Lo siento, señorita Bloom —dijo torpemente el empleado del banco con el que hablaba—. Hay una nota aquí para que se ponga en contacto con la oficina del fiscal del distrito de Estados Unidos.

Llamé de inmediato a mi abogado, que me informó de que el gobierno me había embargado mis bienes. Me comunicó que el gobierno quería que fuera y «hablara con ellos» sobre el crimen organizado.

Pensé en los ojos sin alma de mi agresor en Nueva York y, en especial, en su amenaza contra mi madre.

—No, no voy a hacer eso —le dije con firmeza.

—Se lo comunicaré —dijo.

—¿Qué pasa ahora? —le pregunté.

—Bueno, si no cooperas, no puedo recuperar tu dinero y existe la posibilidad de que te imputen.

—Pero nosotros examinamos las leyes —le dije, refiriéndome a la investigación que le había encargado que hiciera sobre lo que decían los estatutos federales en relación al póquer.

Su opinión profesional, así como la mi abogado de L. A., era que yo no violaba ninguna ley federal… por lo que el hecho de que pudieran imputarme federalmente era alucinante.

—El gobierno hace esto a veces, trata de exprimir a la gente para sacarle información —me informó mi abogado.

No tenía dinero, ni respuestas, ni deseo de entrar en un programa de protección de testigos.

Solo unos años antes había llegado a Nueva York a bombo y platillo, y ahora me iba sola y en silencio.

Mi teléfono dejó de sonar, las chicas se fueron. Vendí mi mesa de póquer y la Shuffle Master, dejé mi apartamento. Pagué a una empresa de mudanzas para que empaquetaran una vida en cajas y la almacenaran en alguna parte de Queens.

Me mudé a casa de mis padres. Traté de aprender a vivir tranquilamente, en la naturaleza. Había tantas preguntas sin respuesta. El miedo a lo desconocido era una presencia constante que subyacía en mi vida. Tenía días buenos y días malos. A veces sentía una increíble sensación de alivio y otras estaba tan deprimida que no podía salir de la cama.

Recordé a un viejo profesional al que conocí en la sala de póquer del Bellagio. En aquel momento estaba intentando atrapar a una enorme ballena y tenía los ojos fijos en él mientras fingía contemplar cómo jugaba Eugene.

Se sentó a mi izquierda; acababa de recibir un golpe de mala suerte. Se volvió hacia mí con los ojos de un sabio y me anunció:

—El póquer te romperá el corazón, jovencita.

—Oh —le dije sonriendo—. Yo no juego.

—Todos jugamos —respondió—. El póquer es el juego de la vida.

Tenía razón. El póquer me había roto el corazón.

Sin embargo, aprendí a superarlo. Salía a caminar, leía y escribía.

Mi hermano y yo nos fuimos a recorrer Perú durante siete días, que concluimos en Machu Picchu. Me senté allí, en lo alto de una montaña, y me maravillé de la asombrosa obra maestra que me rodeaba: el legado que esta gran civilización había dejado atrás. Pensé en la partida. Cuando era el centro de atención en aquellos áticos decadentes, me sentía como si estuviera en la cima del mundo, pero era un mundo material. Había tanta emoción y drama a mi alrededor. Todos los reyes de ese mundo estaban sentados allí juntos, jugando con sus imperios. Cuando se repartía la última carta, cuando se retiraba la mesa, después de que se fueran las limpiadoras, no quedaba prueba alguna de las rivalidades, ni vestigios de gloria, ni grandes monumentos a la victoria. Solo silencio, como si nunca hubiera sucedido.

EPÍLOGO

Pasé dos años recomponiendo las piezas de mi vida. Seis meses después de que los federales hicieran la redada en mi partida, arrestaron a Alex y a otros rusos. Supuestamente estaban organizando una gran estafa y habían defraudado seiscientos millones de dólares a compañías de seguros. Mi abogado me dijo que esa era muy probablemente la razón por la que se habían involucrado los federales. Yo sabía que la poderosa red que había pasado años construyendo y las relaciones que había cultivado ya no eran viables. El rumor no solo se había extendido por toda la comunidad del póquer, sino que se había creado una gran atención mediática a raíz de la imputación de Bradley Ruderman y de una demanda posterior por la que cada uno de los jugadores que habían recibido un cheque de Brad en la partida de póquer tuvo que ir a juicio. Muchos de esos jugadores eran celebridades, y con solo rascar un poco, los periodistas dejaron al descubierto las partidas, los jugadores y la chica que dirigió toda la operación. Me apodaron la Princesa del Póquer, la

Señora del Póquer, o cosas aún peores. Los *paparazzi* fueron a casa de mi madre, a casa de mi padre, a mi instituto. Llamaron a mis amigos, a mis exnovios y me enviaron incesantes correos electrónicos. No hablé con nadie y finalmente me dejaron en paz.

Me mudé de nuevo a L. A. justo antes de mi cumpleaños, casi dos años después del día en que mi mundo se vino abajo. Encontré un bonito apartamento, nada parecido a las lujosas casas que tuve en mi vida anterior, pero lo hice mío. La mayoría de mis «amigos» habían saltado del barco cuando se acabo el dinero, pero me quedé con los pocos amigos de calidad que había hecho a lo largo del camino y me sentía agradecida de tenerlos. Una mañana, temprano, estaba paseando a Lucy y me encontré con Eugene. Allí estaba, como si no hubiese pasado el tiempo, sonriéndome con sus ojos oscuros. Se había mudado a Los Ángeles y por casualidad había alquilado un apartamento a un par de manzanas del mío.

—¡Zilla! —dijo con su voz suave, y me dio un fuerte abrazo.

Estaba tan feliz de saber que se había marchado de Nueva York. Lo último que había oído de él es que era socio de Eddie Ting, quien, como era de esperar, lo había jodido. Hablamos durante mucho tiempo, recordamos nuestros buenos momentos, aquellos días de locura. Me disculpé por la forma en que lo había tratado.

—Siempre te querré, Zil —me dijo—, y hace mucho tiempo que te perdoné. Eres la chica más fuerte y más guapa que conozco, con las alas y los pies más pequeños.

Me reí. Lo echaba tanto de menos, echaba de menos vivir en nuestro mundo de fantasía. Él era la única persona que realmente me conocía, que me vio de verdad, y viceversa. Era mi alma gemela y mis sentimientos por él eran viscerales, pero sabía que nunca podríamos ser pareja. Era jugador; siempre viviría en la noche, viviría para la mano siguiente, la partida siguiente, el movimiento siguiente. Nos miramos; toda nuestra pasión, nuestro amor y nuestra historia eran vertiginosos.

—Será mejor que me vaya —le dije, un poco a regañadientes.

—Vale —me respondió.

Nos despedimos con un abrazo.

Caminé a casa pensando en la ironía de que se hubiera mudado tan cerca. Pensé en mi vida loca en el póquer, y a veces la echaba de menos. El peligro, el dinero, la emoción, pero no era sostenible. Ahora había aprendido a vivir de otra manera. Dormía mucho, pasaba tiempo fuera, al sol, me alimentaba saludablemente, vivía con frugalidad. Era tranquilo.

Cuando me preparé para meterme en la cama aquella noche, me puse el camisón de seda blanco de La Perla que Eugene me había regalado por mi cumpleaños hacía mucho tiempo.

Sonreí. Le iban bien las cosas y eso era lo único que siempre quise para él. Escribí un poco antes de dormir, abrazándome a Lucy, la única verdadera constante en mi vida.

Me desperté con el incesante sonido del teléfono. Confundida, miré la hora. ¿Las cinco de la mañana? Ya no recibía llamadas de números extraños a horas extrañas. Respondí.

—¿Molly Bloom?

—¿Sí?

—Soy Jeremy Wesson, del FBI. Estamos fuera de su apartamento. Si no abre inmediatamente, derribaremos la puerta. Tiene veinte segundos.

Me puse en pie de un salto, con el corazón acelerado y las manos temblando. ¿Era una broma, alguien que intentaba hacerme daño? No lo entendía.

—Tiene quince segundos, señorita Bloom.

Corrí hacia la puerta y la abrí.

Era como una escena de película, agentes del FBI, tal vez veinte, tal vez más. Armas de asalto, esposas, voces a pleno grito, cosas que les gritan a los criminales violentos. Solo me quitaron las esposas para que me cambiara de ropa. Me tuve que cambiar delante de dos mujeres agentes.

—No se ponga un sujetador con aros —me ordenaron.

No me dejaban tocar nada, así que me vistieron ellas. Después de volverme a poner las esposas, me metieron en un SUV oscuro.

—¿Adónde vamos? —pregunté en voz baja.

—Al centro. —Fue lo único que me dijeron.

Entramos en un oscuro garaje subterráneo.

—¿Listos con la prisionera? —preguntó un hombre por radio.

—Sí —contestaron.

Me llevaron arriba y anunciaron algo sobre el prisionero que estaba ya allí.

Me tomaron las huellas dactilares, una foto y luego me pidieron que me colocara de cara a la pared. Una agente me puso unas esposas en los pies.

—Gírate —me ordenó.

Cogió un cinturón grande formado por una cadena y

me rodeó la cintura. Luego me esposó las manos al cinturón y, junto a otro agente, me llevaron a una celda. Era difícil caminar con los grilletes, me estaban cortando los tobillos, pero no me atreví a quejarme. Abrieron la puerta de una celda sucia. Los miré a la cara, aterrorizada. Me llevaron dentro y me encerraron con una llave grande.

—¿Cuánto tiempo estaré aquí? —le pregunté educadamente.

—Yo que tú me pondría cómoda, cariño —dijo la mujer.

Escuché que los *marshals* gritaban:

—¡Prisioneros al suelo!

Levanté la cabeza. Esperé a que unos pies que se arrastraban doblaran con su sonido la esquina. Mis ojos establecieron contacto visual con aquellos ojos oscuros almendrados tan familiares… *¡Eugene!* Busqué su cara y me miró por un momento y luego volvió la mirada fríamente. Detrás de él estaba su hermano Illya; Helly, el rico famoso; Noah, el matemático al que llamaban el Oráculo, y que sirvió de *handicapper* para el grupo; y luego vino Bryan Zuriff, el chico de los fondos de inversión. Cuando finalmente se presentó mi abogado, me entregó la gruesa acusación, que detallaba una supuesta conspiración criminal. Parecía un guion de película. Los acusados iban desde un hombre conocido como Vor, un líder del crimen organizado ruso que era, además, uno de los diez fugitivos más buscados del mundo; a Helly, el rico *playboy* que había salido con un incontable número de supermodelos; a John Hansen, el maestro del ajedrez; a Noah, el sabio de las matemáticas; a Pete el fontanero, que había perdido tantas partidas que ya apenas le quedaba algo de su negocio de fontanería, y que ahora se utilizaba supuestamente como una tapadera para lavar dinero. Y luego estaba

Eugene, su hermano y su padre que, según la acusación, estaban llevando a cabo una operación de apuestas de cien millones de dólares en el apartamento de la torre Trump, donde yo había pasado tantas noches.

Había treinta y cuatro acusados, de los que en su mayoría nunca había oído hablar.

Yo era la única mujer.

Finalmente me pusieron en libertad bajo fianza de cien mil dólares y me ordenaron presentarme ante el juez del distrito sur de la ciudad de Nueva York para hacer una declaración.

Estar en la sala del juzgado fue una de las experiencias más extrañas de mi vida. En los bancos a la izquierda se encontraban amigos, familiares y periodistas. Miré a mi madre, que, sin saberlo, estaba sentada junto a la madre de Eugene, que parecía angustiada. Se me rompió el corazón por esta mujer; toda su familia había sido acusada. Los bancos del lado derecho de la sala eran para los acusados, y los que seguían encarcelados estaban sentados aparte, justo delante y separados por un cristal. Mis abogados se sentaron tranquilamente a mi lado, explicándome todo lo que estaba pasando y asegurándose de que yo estaba bien. Miré a mi alrededor, a los denominados coconspiradores. Algunos llevaban trajes elegantes, otros iban con sus conjuntados chándales de terciopelo y otros con el uniforme de la prisión. Había leído el comunicado de prensa en la web del FBI. Me enfrentaba a una condena de cinco a diez años.

El juez entró y todos nos pusimos en pie. La mayor parte del discurso que hizo fue sobre el procedimiento. Miré a mi alrededor buscando a Eugene; estaba sentado en la primera fila, vestido con ropa informal. Esperé mientras cada acusado –muchos necesitaban traductores– se declaraba no culpable. Finalmente, muy al final de la lista, dijeron mi nombre. Me puse de pie, aunque apenas podía sentir las piernas. Todo la sala se volvió para mirarme y sentí que empezaba a dar vueltas.

—¿Cómo se declara, señorita Bloom?

—No culpable, Su Señoría —conseguí contestar.

—Lo siento. No he podido oírla desde el fondo. ¿Cómo se declara ante los cargos que se le imputan?

Toda la sala seguía en silencio. De alguna manera, conseguí sacar una reserva extra de fuerza que no sabía que tenía.

Dije en alto y con fuerza:

—Me declaro no culpable de los cargos, Su Señoría.

El año después de mi arresto e imputación fue muy doloroso y aterrador, pero también fue un año para vivir un proceso increíble de maduración. Decidí no recurrir la acusación. Por desgracia, no siempre se trata de un caso de culpabilidad o inocencia. Si hubiera decidido recurrir, me habría costado millones de dólares (y apenas tenía suficiente dinero para viajar en los días en que me tenía que presentar obligatoriamente en el juzgado), así como años de mi vida, y todo sin una garantía de que se hiciera justicia. También rechacé una vez más la oferta de cooperar con el gobierno. Así que, en el día más frío del año, el 12 de diciembre de 2013, saqué la bandera blanca y acepté los cargos. Ese día me convertí en una delincuente convicta, y esperé la sentencia.

No sé a qué me condenará el honorable juez federal, pero sé que no importa lo que decrete: él no decide mi destino. Soy *yo*. Me han preguntado muchas veces: «Si tuviera que pasar por todo esto de nuevo, ¿elegiría el mismo camino?». Mi respuesta es sí, mil veces sí. Viví una gran aventura. Aprendí a creer en mí misma. Fui valiente y me engrandecí. También fui imprudente y egoísta. Me perdí en el camino. Abandoné las cosas que importaban y las cambié por riquezas y estatuas. Tenía sed de poder e hice daño a la gente. Pero me vi obligada a enfrentarme a mí misma, a perderlo todo, a darme de bruces ante el mundo, y las lecciones que aprendí al levantarme fueron tan valiosas como las que recibí al caer. Sé que esta vez voy a utilizar todo lo que he aprendido para hacer algo que importe.

AGRADECIMIENTOS

Escribir este libro no ha estado exento de desafíos. Quiero reconocérselo a aquellas personas que estuvieron a mi lado, me alentaron y creyeron en mí.

Carrie, gracias por creer en mi historia y por trabajar incansablemente para hacer del libro lo que es. Has sido una extraordinaria colaboradora y amiga.

Lisa Gallagher, siento que te conocí hace un millón de vidas. Hemos pasado por tantas cosas juntas. Has ido siempre más allá, como amiga y como agente. No puedo imaginarme a una compañera más brillante, experta y compasiva con la que compartir este viaje.

Susan, eres increíble. Tu trabajo duro y tu amabilidad han sido una parte integral de este proceso.

Lynn, mi editora, gracias por todo tu apoyo.

Joseph, gracias por tu creatividad y tu visión.

Matthew, estoy tan agradecida por ese encuentro serendípico que tuvimos hace varios años. Te has convertido en uno de mis mejores amigos y asesores de confianza. Soy una gran fan del clan Hiltzik. Gracias por tu ayuda y por tu orientación y por hacerme reír siempre.

Jim Walden, ¿cómo puedo agradecértelo suficientemente? Eres un verdadero gladiador. Tu integridad, compasión y firme compromiso con la justicia restauraron mi esperanza en mis momentos más oscuros.

Sarah Vacchiano, tu amabilidad y competencia han significado más de lo que te puedas llegar a imaginar. Me siento honrada de tenerte a mi lado y como amiga.

Leopoldo, ¿qué puedo decir? Has sido parte integral tanto del libro como de toda mi vida. Aportas luz al mundo con tu radiante bondad. Te quiero tanto.

Jordan y Jeremy, gracias por vuestro amor incondicional. Cada día me asombra más comprobar las personas tan extraordinarias en que os habéis convertido. No sois solo mis hermanos, sino mis mejores amigos.

Abu, me siento bendecida por haber pasado tanto tiempo contigo, cuando era niña y luego de nuevo como adulta. Te quiero.

Ali, me siento abrumada y llena de amor solo con escribir tu nombre. Has permanecido a mi lado sin ninguna duda, sin juzgarme. Cuidaste de mi espíritu roto con gentileza y con consejos delicados. Predicaste con el ejemplo el valor de la gratitud, de la compasión y de la generosidad. Eres mi mejor amiga, mi hermana y mi brújula. No hay palabras que puedan describir adecuadamente la gratitud que siento… solo una vida para intentar ser tan buena contigo como tú lo eres conmigo y con el resto del mundo. Realmente eres mi heroína.

Steph, eres una inspiración tan grande para mí. Gracias por tu amistad incondicional, por las sesiones de estrategia y por tu apoyo inquebrantable.

LL, fuiste una de las primeras amigas que tuve en L. A. Gracias por volver a mi vida cuando más te necesitaba.

Y finalmente, papá, para mí siempre has sido alguien imponente. Me enseñaste a no tener miedo y a creer en mis sueños, y me diste el aliento y la orientación para conseguirlos.

Te quiero, papá.